大学生心理教育的理论与模式研究

梁彦红 ◎ 著

中国原子能出版社
China Atomic Energy Press

图书在版编目（CIP）数据

大学生心理教育的理论与模式研究 / 梁彦红著 . --
北京 : 中国原子能出版社 , 2022.12

ISBN 978-7-5221-2409-4

Ⅰ . ①大… Ⅱ . ①梁… Ⅲ . ①大学生—心理健康—健康教育—研究 Ⅳ . ① G444

中国版本图书馆 CIP 数据核字 (2022) 第 228271 号

大学生心理教育的理论与模式研究

出版发行 中国原子能出版社（北京市海淀区阜成路 43 号 100048）

责任编辑 潘玉玲

责任印制 赵 明

印　　刷 北京天恒嘉业印刷有限公司

经　　销 全国新华书店

开　　本 787mm × 1092mm 1/16

印　　张 11.5

字　　数 257 千字

版　　次 2022 年 12 月第 1 版 2022 年 12 月第 1 次印刷

书　　号 ISBN 978-7-5221-2409-4 **定　　价** 76.00 元

前　言

随着信息化时代的到来，社会竞争日益激烈，而在对人才要求越来越高的今天，我国高校的心理健康教育仍处于十分薄弱的阶段。一些心理教育的方式不仅存在照搬其他国家方式的嫌疑，还有部分高校将以往思政教学方式应用于心理教育中，而在新时期大学生的行为发展中，这些教学理论与方式都会潜移默化地影响学生的思维与行为习惯，严重影响大学生心理健康教育的效果。只有遵循大学生个性特点进行教学，才能够真正提高学生的心理素质。

目前我国高校心理教育并没有相符合的针对性教学模式，不管是西方先进的教学思维还是以往思政教学的理念方式都不符合我国大学生的身心发展特点，在应用中难免会出现学生适应不强的情况。心理健康教育主要是为了培养学生良好的心理素质而开设，所以教师在教学中可以充分将学生的生理特点与以往教学模式相结合，分析其有效的应用方式与无效的方式，再将西方优秀的思想与传统思想政治教学的理论与方法以及学生生长发育的特点相结合，这种结合方式可以充分让大学生将学习方式与校园文化活动合为一体进行学习。

中国教育与西方教育最大的不同就是家长望子成龙的心理，由于家长将自身未来的希望寄托在孩子身上，所以一旦孩子的成绩不佳就会出现家长无理取闹的现象。中国大学生的压力来源比较广泛，由于大部分学生都是家里的独生子女，从小就被娇生惯养，在面对一点小挫折的时候就会出现退缩，甚至崩溃的现象，所以心理教育教师在对学生进行教学时要让学生学会正视自己，在出现心理问题的时候一定要学会倾诉，或者及时告知心理教师，由教师帮助学生进行分析与解决，从而培养学生的基本心理承受能力与实践能力。

为了提升本书的学术性与严谨性，在撰写过程中，笔者参阅了大量的文献资料，引用了诸多专家学者的研究成果，因篇幅有限，不能一一列举，在此一并表示最诚挚的感谢。由于时间仓促，加之笔者水平有限，本书难免存在不足，希望各位读者不吝赐教，提出宝贵的意见，以便笔者在今后的学习中加以改进。

目　录

第一章　心理健康教育

第一节　撬动心理健康教育的支点

随着素质教育的全面推进，心理健康教育在学校教育工作中发挥着越来越大的积极作用。结合实际工作，广东省深圳市龙岗区横岗街道安良小学积极搭建平台，从教师队伍建设、心育课程、心育与德育相结合、心育校园文化环境四个方面，将“心育”渗透到学校教育和教学工作的方方面面，充分发挥心理健康教育工作对学校教育教学工作的促进作用。

一、与教师队伍建设相融合，为学生成长保驾护航

学校重视学生的心理健康教育工作，在“心育”过程中，遵循学生心理发展规律，通过多种教育途径，提高学生的心理素质，培养学生积极乐观、自尊自信、坚忍顽强的心理品质，促进学生人格健全发展，充分开发学生的心理潜能，为学生健康成长和幸福生活奠定基础。

打造梯队形心理健康教师队伍。为了形成心理健康工作长效机制，学校从专业人才引进与培养、心育骨干教师队伍建设、心育普通教师队伍建设三个方面打造梯队形心理健康教师队伍。首先，通过招聘引进心理学专业研究生及以上学历的心理健康教师，为学校的心育工作提供人才保障和专业保障。在此基础上，每位心理健康教师每学年接受60学时以上的专业培训，保障其专业知识能力不断提高。其次，打造一批心理骨干教师队伍。定期对班主任进行专业心理健康培训，鼓励班主任考取心理健康教育C证、B证，掌握相关心理学知识，在平时的班主任工作开展中，能够有效运用心理学原理和知识进行教学和德育工作，能够有效识别和紧急应对校园心理危机事件。最后，增加科任教师的心理健康知识，发现和识别学生心理危机，及时进行上报，并运用心理学原理和知识进行教学。

提高教师心理健康水平。只有心理健康、积极向上的教师，才能为学生营造一个和谐的学习环境。学校积极关注教师的心理健康状况，开展心理健康专题培训、心理

沙龙、团队建设等多种形式的活动，疏解教师的心理压力，让教师学会正确排解不良情绪及压力的方法，提高教师的心理健康水平。

二、与课程相融合，搭建心育主阵地

根据学生特点，设立校本心理课程。学校里的外来务工人员子女，有着群体性心理特点，他们较本地学生更敏感自卑，容易产生学习焦虑，但懂事明理。为了更好地促进他们的成长，使心育更有针对性，每个学年的开学初，学校都会对学生进行心理健康状况、应对方式、学习方法等心理测评。根据测试结果，有针对性地开展教学。比如“对‘学习焦虑’说不”让学生充分认识学习焦虑并不可怕，改变他们的认知；“我的情绪我做主”让学生学会调控情绪，排解烦恼。课程结束后，会对学生进行后测，检查教学效果，再进一步完善课程。

培养学生思维品质，提高学科学习能力。心理健康教育不仅仅是对学生情绪调节、认识自我、个性品质等进行训练，还有很重要的一点是让学生学会学习，掌握科学的学习方法和良好的学习习惯。我校开设心育课程时，注重对学生思维能力和心理健康两方面的培养，在设计课程时，采用思维型教学，强调对学生方法技巧的训练，以达到“授人以渔”的效果。如在“风马牛都相及”的教学中，与语文学科相结合，训练学生的联想能力。导入部分用“风马牛不相及”和“蝴蝶效应”两个典故，让学生形成认知冲突：“看似不相干的两个事物，它们到底是不相及还是都相及呢？”在每个教学环节中都鼓励学生积极思考，寻找解决办法。教师着重引导学生理清“你将运用什么方法来解决问题”，给学生提供脚手架，让学生自主建构、积极思考，自己寻求解决问题的办法。

有效利用“四点半课堂”，拓展心育工作阵地。利用“四点半课堂”，开设创新思维社团、朋辈互助社团、心理剧社团等。根据学生的兴趣和关注的热点设计活动，发挥学生的主观能动性，提高学生的思维能力、人际沟通能力、心理健康水平等，同时激发学生对心理知识的学习热情，关注自身的心理健康。

三、与德育相融合，教育效果事半功倍

如今，越来越提倡“大德育视野中的心理健康教育”，心育是进一步加强和改进中小学德育工作的重要组成部分。可以说，心育与德育既互补又相融，而且存在互动关系。在平时的教学中，学校提倡将心育与德育工作相融合，使教育达到事半功倍的效果。

深化拓展德育的内涵。在对学生进行德育教育时，只注重道德概念、原理的灌输是远远不够的，需要根据不同年龄阶段学生的心理发展特点，将心育与德育相结合，将道德情感、信念和行为内化成学生的内在信念，才能真正发挥出德育的效果。

心育是实施德育的有效途径。从心育中选择一些方法作为德育工作的新途径，提升德育工作的成效。如对学生进行教育时，采用疏导、角色扮演等方法，让学生更加容易和乐意去接受。针对“预防校园欺凌”的教育主题，我们会通过班会课、专题讲座、国旗下讲话等在学生中进行宣传教育。但是对于隐性存在的校园欺凌者或是在校园欺凌中对被欺凌者造成的心理创伤，我校会运用心理剧的形式，让学生亲自参演，根据生活情景自编自演。在创作中，为学生搭建自助和互助的舞台，促使学生进行反思，从而达到自我教育的目的。

在班级建设中，重视学生的心理建设，通过班会课、心理课、教室环境文化布置、学生工作渗透等，让学生从内心接纳班级，改善班级心理环境，从而使学生对班级产生真正的向心力，使学生之间更加团结友爱。

四、与校园文化环境相融合，渗透实施心育工作

将心理健康教育融入校园文化环境中，通过环境潜移默化地对全校师生进行心理健康教育知识宣传工作，让更多人认识心理、了解心理。

学校在校园里开辟心理宣传专栏，定期向学生普及心理健康知识；在心理咨询室门口设立实体悄悄话信箱，同时公布电子信箱，让学生把心里的烦恼投放进来，心理教师通过回信、个体预约等方式为学生提供安全、私密性强的心理援助。

在每月的校报开辟“心理加油站”板块，每期选取一个学生关注的热点心理话题进行讨论。比如“爸爸妈妈我爱您”“轻松应试我能行”“对假期拖延症 say no”，同时将在学校开展的心理活动中进行总结，让学生和家长进一步了解心理，走近心理。

在心理健康宣传月中，每年设定不同的主题，让学生、教师共同参与，形式丰富多样，有心理知识展板宣传、心理剧大赛、心理手抄报比赛、黑板报比赛、心理游园活动等。通过丰富多彩的活动，增强学生心理健康的意识，丰富学生的课余文化生活，使他们能以健康的心态对待生活和学习。

学校心理健康教育如何有效开展是每所学校必须重视的课题，也是一个需要长期研究的课题。时代在变化，我们的教育环境和教育背景也在不断变化，更需要与时俱进地开展心育工作。学校既要教书，又要育人，其心理健康教育正是彰显了以人为本的育人理念。

第二节　如何优化心理健康教育

随着时代的发展、社会需求的改变，心理健康教育成了素质教育的重要构成内容，

成了校园文化建设的重点工作。尤其是小学阶段，素质教育要求积极开展心理健康教育，打造拥有健康、阳光心理的儿童，以适应日后激烈的社会竞争。但是，目前小学心理健康教育形式单一、教育渠道狭窄，教学效果并不理想。鉴于此，本节就优化心理健康教育进行了论述。

经过多年的研究，大家在衡量心理健康的标准上达成了共识，共有七方面的内容：智力水平是否正常、是否有自我意识、人际关系是否和谐、生活态度是否积极、社会适应能力是否良好、性格是否乐观向上、人格是否完整。这为小学心理健康教育指明了方向。因此，小学心理健康教育是运用恰当的方法和策略，有计划、有目的地教育、渗透自我意识、社会适应能力、人际关系、情绪调节等方面的内容，维护、调整心理健康状态，帮助小学生构筑良好心理素质的教育。然而，目前小学心理健康教育并没有落到实处，有教无育。换句话说，小学生知道什么是健康的心理，但是不知道如何打造健康心理。这说明教师的教学出现了问题。鉴于此，我提出了以下三种有效的心理健康教育形式，以优化心理健康教育。

一、重视心理辅导活动

世界上没有完全相同的两个人，尤其是在自由、开放的今天，学生个性鲜明，个体差异较大。因而，在心理健康教育中，教师尤其不能采用“放羊式”教学，忽略小学生心理差异。那么，应该怎么做呢？心理辅导活动是一种有针对性和实践性的教学方式。所以，在教学中，教师可以根据不同学生的心理需求设计心理辅导活动，帮助学生在活动中调整心态，学会构建健康心理的方法，使每个人的心理都有所改善。

例如，教师可以组织“分享会”活动。即全班学生围成一个大圈，在教师的引导下每个学生都进行内心分享，可以是痛苦的，也可以是喜悦的，以此宣泄情绪，找到调节自我心理状态的方法。同时，教师认真记录每位学生的发言，了解班级学生的心理健康状态，从而对症下药，调节学生心理。比如学生 A 分享了自己遭受校园暴力的故事，宣泄了情绪。针对此，首先引导学生给予他拥抱和鼓励，让他感受温暖，勇敢面对伤害;其次就他的遭遇，教师进行专项心理辅导，帮助他调节心理，恢复心理健康。在整个心理辅导活动中，一方面，学生之间可以互相给予帮助；另一方面，教师可以进行专门辅导，一举两得。所以，心理辅导活动是优化心理健康教育的有效形式。

二、注意团体辅导活动

团体辅导是一种“归类”辅导方法，具体来说，是将拥有相同心理状态的学生放在一个群体环境中，开展有针对性的辅导。这种辅导活动的好处在于，学生之间能够形成心理支撑，使他们能够有勇气面对心理问题，找到解决问题的方法。所以，团体辅导活动也是小学心理健康教育的有效形式，既可以减轻教师心理辅导负担，又可以有效调整学生心理，起到事半功倍的效果。

例如，面对一批在人际交往上存在困难的学生，教师可以组织“无敌风火轮”游戏，在游戏中落实团体心理辅导，提高学生协调人际关系的能力，增强心理素质。游戏具体如下。

首先，小学生们需要在规定的时间内制作一个能够容纳 12~15 人的大圆环并立起来，在这个过程中，考验学生克服困难、协调组织、计划配合等方面的心理素质；其次，团体成员站进圆环内边走边滚动圆环，这一过程考验学生服从指挥、相互信任的心理；最后，就游戏过程中的表现进行相关心理评价，使学生找到解决心理问题的方法，有效调节心理。在整个过程中，学生通过感受、反思，获得了打造健康心理的方法，提高了心理素质。所以，团体辅导活动是优化心理健康教育的重要形式。

三、强调心理教育讲座

小学心理健康教育的最终目的是培养学生良好的心理素质。但是，目前学生对于心理健康教育认识不足，缺乏调节心理意识。对于此，教师可以开展心理教育讲座，针对小学生普及心理健康知识，帮助学生安全度过青春期，形成健康心理意识。

例如，小学中、高年级的学生马上要进入青春期，心理上会发生一些变化。为了避免学生无所适从，教师可以组织心理健康讲座，讲座可分为两部分：讲解和解答。讲解部分的内容包括：青春期心理特点、青春期常见心理问题、心理问题等级划分标准、解决心理问题的办法、如何正确看待心理咨询、青春期不健康心理的危害举例等；解答部分主要是与学生进行互动，解答学生存在的疑问。通过青春期心理健康讲座，小学生形成了维护心理健康的意识，做好了面对青春期心理变化的防御工作，培养了良好的心理素质。因此，组织心理健康讲座可以优化心理健康教育。

总之，在小学心理健康教育中，教师要以学生为中心开展心理健康教育工作，解决目前存在的心理健康教育问题，优化心理健康教育形式，使心理健康教育落到实处，切实提升小学生的心理健康素质。

第三节 普通高中生的心理健康教育

当今世界科学技术飞速发展，国际竞争日趋激烈，我们要实现中华民族的伟大复兴，就必须努力培养同现代化要求相适应的数以亿计高素质的劳动者和数以千万计的专门人才。良好的心理素质是人的全面素质中的重要组成部分，是未来人才素质中的一项十分重要的内容。当代中学生是跨世纪的一代。他们正处在身心发展的重要时期，随着生理、心理的发育和发展、竞争压力的增大、社会阅历的丰富及思维方式的变化，在学习、生活、人际交往和自我意识等方面可能会遇到或产生各种心理问题。有些问题如不能及时解决，将会对学生的健康成长产生不良的影响，严重的还会导致学生出现行为障碍或人格缺陷。他们的健康成长，不仅需要有一个和谐宽松的良好环境，而且需要帮助他们培养调控自我、发展自我的方法与能力。

一、“教师应当是心理医生”是现代教育对教师的新要求

现代教育的发展要求教师“不仅仅是人类文化的传递者，也应当是学生心理的塑造者，是学生心理健康的维护者”。做一名心理保健工作者，也许不是一名班主任的主要任务，然而作为一班之“主”的班主任，能否以科学有效的方法把握学生的心理，因势利导地促进各种类型学生的健康成长，将对教育工作的成败有决定性的作用。

经过长期观察，我认为当前中学生中普遍存在的心理问题表现为以下两个方面。

（1）情绪方面的极不稳定，喜怒无常。当其情绪喜悦时，学习积极性高涨，与别人相处和谐；当其情绪烦躁忧郁时，学习积极性低落，与别人难以友好相处，甚至出现逃学、打架斗殴等现象。

（2）意志方面的优柔寡断、虎头蛇尾，自制力差，易受暗示。当其情感冲动时，自制力较差，不能正确对待自己和控制自己；当外界诱因强烈时，容易动摇；当学习中遇到困难，生活中遇到不顺心的事时，就表现为悲观、失望、退缩，甚至意志崩溃，破罐子破摔。

二、班主任开展心理健康教育的内容

（1）认知与学习心理。如观察、记忆、思维、创造、社会认知。研究表明，加强这方面的心理健康指导，可以使中学生按学习规律去学习，讲究学习方法和用脑卫生，注意劳逸结合，消除学习中的被动状态，从而更好地掌握注意、记忆、观察、思维规律，学会学习。

（2）心理品质。如认识自我、自信、兴趣、动机、性格、情绪、意志、战胜挫折等。学习这部分内容，有助于让学生学会自我控制、自我管理与自我监督，从而学会做人。因为任何教育都必须通过学生自身的努力内化为自己的认知、情感结构，而内化的程度将取决于他们自身的素质，特别是心理素质。因此，心理品质教育是中学生健康教育的重要内容，是重头戏。

（3）人际关系。如社会交往，善待他人，正确处理与同学、家长、教师与集体的关系。通过这方面的教育，可使中学生提高交往能力，学会调整人际关系，使其现在和将来

都能在和谐、轻松、愉快的氛围中学习、工作和生活。

三、班主任开展心理健康教育的途径

（一）在班级管理中开展

班集体作为一个有着一定规章制度的严密群体，班主任可以利用这一群体有效地开展心理健康教育。

1. 建立自主合作的管理模式

班级常规管理是一项整体性的育人工程，把学生的积极因素调动起来，制定班级管理的目标，才能够形成合力，共同构筑学生自主合作的管理机制。因此，班主任必须想方设法构建学生自我管理体制，为学生设置多种岗位，让每个学生都有机会上岗“施政”，有服务同学、锻炼自己、表现自己、提高自己的机会。如：建立各管理中组，明确各中组成员的岗位责任制；设立中班主任、中老师岗位，实行“一日班长轮值制”——每天由一位同学担任“值日班长”。

2. 在处理学生间的矛盾时，注重学生深层心理的分析

因为心理健康教育注重的是人的发展性的问题，所以在处理学生矛盾时，就不能简单地仅仅告诉学生对与错，还要多问一个“为什么”，为学生提供多种选择，使学生的心理在自悟中得到发展。

（二）在心理辅导课中开展

心理辅导课是班主任开展心理健康教育的一个专门的课程，可以针对学生在成长过程中所遇到的或将要遇到的一些典型的问题而进行团体的辅导。如：新生入学的适应性问题、学生在交往中怎样处理与朋友的矛盾、学生怎样克服以自我为中心和任性等。

（三）在环境布置中渗透

首先，要重视班级环境的布置，培养良好的班风。班级环境的布置既要符合学生心理，又要有浓厚的爱国主义、集体主义气氛。如张贴名人名言，出好每期黑板报，开辟专栏。重大节日和开展活动时，班级布置突出主题。班主任要把培养良好的班风作为班级工作的重中之重，同时树立“民主治班”的思想，创造宽松的环境，只有形成奋发向上的班风，才能让学生在集体的氛围中受到感染，培养学生积极向上的健康心理。

其次，要重视校园文化建设，培养优良校风。为了提高学生的心理素质，学校可通过多种形式，营造良好的育人气氛。如利用校园广播站，开辟心理健康教育讲座，通过黑板报进行心理健康教育宣传，保持合理竞争，激发学生的上进心。总之，校园

文化的建设要能引起学生情感的共鸣、心灵的共振，将校园文化渗透于学生心理各方面，再转化为学生的良好行为。

当然，学校开展心理健康教育的途径和方式是多种多样的，如心理预防、心理辅导、心理咨询、行为矫正等。但我们更应重视学校心理健康教育渗透的作用，将心理健康教育融入学校教育全过程，促进全体学生心理素质的发展和提高。

总的来说，心理健康教育不是班主任工作的全部内容，若想对学生进行心理健康教育，严格意义上，必须配合一定的心理健康课程与学校专门的心理咨询措施，但是作为一名班主任，结合心理健康教育来开展工作，又是必要和有效的。当然以上仅是我的一些粗浅探讨，那么如何在二者间寻找更加有效和完美的切入点，需要我们德育工作全体同仁继续探讨和实践。

第四节　体育“学困生”心理健康教育初探

体育课程标准的实施，使学生、教师都发生了许多新的变化，但在课堂教学中，仍存在着许多不容忽视的问题。其中体育“学困生”是学校体育教育中一个不可忽视的群体。体育“学困生”普遍具有自卑心理，觉得自己体能不如别人，独立性差，依赖性强，只能适应顺境，受不了委屈或挫折；遇到困难茫然失措，缺乏意志力，害怕失败等。因此，如何在体育教学中通过对体育“学困生”的心理健康教育，帮助其解决心理发展中的矛盾与冲突，使其身心得到健康发展，是值得我们深入探讨的。

一、体育“学困生”的心理特点

初中阶段是青少年学生长身体、长知识和世界观逐步形成的时期。处于这一时期的青少年思维活跃，要求进步，但组织纪律性差，自控能力也较差；有创新意识，接受新生事物快，善于交往，但不能持之以恒，缺少艰苦奋斗精神；他们希望学有所成，有所作为，但往往知难而退，缺乏实干精神。体育“学困生”除了具有同年龄青少年的心理特征，还具有以下“个性”心理特点。

（一）体育学习动力不足

体育“学困生”对体育学习和锻炼的意义认识不清，对体育的兴趣仅停留在对结果的需求上。

（二）心理矛盾，情绪不稳

体育“学困生”有自卑、逆反、自闭、放纵等不同类型的心理特点。他们的自尊心和自卑感常常交织在一起，并时时处于矛盾状态中，他们对周围的教师和同学有恐惧感和对立情绪，他们的意志薄弱，自制力较差。

（三）性格内向，缺乏自信

体育“学困生”大都有性格内向的特点，在集体活动中适应性较差，有时手足无措，不能充分表现自己的能力，缺乏自信心，往往知难而退。

（四）意志品质薄弱

体育“学困生”意志品质比较薄弱，缺乏毅力，怕苦怕累，对单调、持续时间较长的项目难以坚持。他们缺乏勇气，担心练习中出现伤害事故，练习时束手束脚，

（五）缺乏积极的情感体验

一些学生由于体形较胖、力量较差的原因，导致体育成绩较低，体验不到肌肉活动带来的积极感受，从而使这些学生主动进行锻炼的动力不够，体育成绩提高较慢。

二、了解体育“学困生”成因，制定切合实际的学习目标

仔细分析体育“学困生”的形成原因，大致可以分为三方面：遗传、环境、教育。“学困生”之所以成为“学困生”，就是因为他们达不到教师要求，完不成教师布置的任务，怕被别人说闲话，一直以来受“我不行”的心理素质影响，坐惯了冷板凳，所以便知难而退了，他们也就从自我感觉不行，到别人感觉不行，以至于成了人们印象中的怎么教育都不行，什么都不是的“差生”了。

我们在了解了这些情况之后，应该针对学生的个体差异，区别对待不同的学生，对症下药，多管齐下，帮助“学困生”体验成功的快乐，帮助他们制定符合自己实际情况的学习目标。引导学生制定奋斗目标时，既要让他们觉得教师没有贬低自己的意思，又要让他们明确教师把目标分解开来，让自己各个突破的目的所在，在这个过程中，应该让学生充分体验到达成分段目标的喜悦，体验到成功的乐趣。这一环节，教师的态度和方法是促成学生分段目标达成的关键因素。

三、在体育教学中加强对“学困生”心理素质的培养

（一）提高学生思想认识

体育“学困生”多数对体育缺乏正确认识，如有的认为身体强弱是先天决定的，有的把体育锻炼和文化学习对立起来，也有的只求不生病就行等。因此，要主动用生动的事例和科学知识有针对性地对其加强思想教育，并注意观察、深入了解他们的心理特征，把提高认识和培养兴趣结合起来，调动起积极因素，教育他们自觉积极地参加体育锻炼。

（二）优化组合，表率帮带

努力营造一种学生之间相互尊重、相互关心、团结友爱的和谐气氛，利用优生影响“学困生”，带动“学困生”，使“学困生”产生“他能完成，我也可以完成”的竞争心理，充分调动周边积极因素，通过集体的力量帮助他们，带动他们，不再使他们成为“孤立儿”和“嫌弃儿”，在最优化的环境中得以进步。

（三）抓住时机，表扬激励

体育教师不要让体育“学困生”常处于被人遗忘的“角落”，要善于发现体育“学困生”的闪光点，并及时表扬，激励他们的上进心，发挥他们的优势，从而使他们认识到自己的价值，不断进取。

（四）区别对待，引起兴趣

对身体素质差的学生要降低标准，把练习中经常尝“苦头”的体验化为尝试成功的喜悦，引起学生的兴趣。对于胆子小的学生，用风趣诙谐的语言、生动形象的比喻，消除他们的紧张心理。对于对体育没有兴趣的学生，可组织他们参加一些娱乐性节目，循序渐进，提高他们的兴趣。总之，给他们力所能及的可行目标，调动体育“学困生”内心的积极因素，改变其消极的自我认识，逐步树立自尊心、自信心。

（五）投入师情，耐心施爱

投入教师情感是一种从满足体育“学困生”需要出发的措施。由于体育“学困生”所处的“环境恶劣”“地位低下”，教师在体育教学过程中稍对他们加以关爱，就会使他们感到教师的和蔼可亲、可敬、可信，从而引起情感上的共鸣，增强向师性，进而以正常的心态进行体育课的学习。

四、针对体育“学困生”的心理健康问题，采取相应的教育措施和方法

（1）有组织、有计划地开展体育“学困生”心理健康问题的研究。我们必须慎重对待体育“学困生”心理健康问题，并加以专门性研究，制定出符合我国国情的指标体系，以便采取有效措施提高体育“学困生”的心理健康水平。

（2）对体育“学困生”来说，采用得当的教育方法，可将其积极情感用教师殷切的期待和依赖的方式使之直接转化成精神力量，成为他们积极进取的动力源泉，增强他们的自信心，产生强大的内驱力。

（3）体育教师要善于开启体育“学困生”封闭的心境，努力引导他们自省、自理、自律、自治，使他们感到来自家庭、教师、同学和社会的温暖；激发他们向上的积极情感，引导他们自我教育，自我约束，自我改正。只有这样，体育教学才能发挥事半功倍的

教育效果。

（4）倾听心声，耐心引导。教师应与体育“学困生”达成协议，如果他们遇到什么困难或想法，可以以打电话、写信等方式进行谈心。跟他们谈心时，一定要先认真倾听他们的诉说，然后以热情、诚恳的态度提出学生能够接受的建议，真正做到师生心灵相通，使教师成为学生的知心朋友，这样才能让体育“学困生”“亲其师而信其道”，使其心理状态向积极健康的方向发展。

（5）在转化体育“学困生”的过程中，教师必须和学生保持平等。融洽的师生关系，才能让学生把教师看作自己人，以缩短师生间的心理距离，使学生乐意接受教师的教育，也才能打动学生的心灵，促其反省，收到较好的教育效果。

第五节　浅谈学生的心理健康教育

当前的中国正处于改革发展的关键时期，在复杂多变、处处充满竞争的社会中，由于每个人的身心承受能力不同，所处的生活环境不同，接触的人群不同，有些人往往会出现焦躁、迷茫、压抑的心理表现。尤其是身心尚未成熟的青少年学生表现出各式各样的心理障碍，心理品质明显下降，严重威胁着青少年学生的健康成长。近年来，中小学生自杀、学生杀老师等触目惊心的案例时有发生。有资料表明，仅广州某辖区中小学生范围内，19.4% 的小学生、28.9% 的初中生、36.8% 的高中生“夜里睡觉总想着明天的功课”；41.5% 的初中生、62.7% 的高中生“很容易疲劳”，41.7% 的高中生“经常想大声喊叫”。相关研究表明，高中生抑郁症检出率为 15.7% ~ 25.3%。如果我们忽视了心理健康教育，学校老师和家长及其他方面的教育都是徒劳，学生的心理困扰会使他们失去理智，形成不健全人格，将来难以自立于社会。因此，在青少年学生中开展心理健康教育很有必要。对青少年学生健康心理的培养是一项系统工程，需要学校、家庭、社会的共同努力，通过多种方式对青少年学生进行心理健康教育和指导，帮助他们提高心理素质，培养健全人格，增强他们承受挫折、适应环境的能力。

一、开展学生心理健康教育的重要性和必要性

当今世界科技飞速发展，国际竞争日趋激烈，我们要实现中华民族的伟大复兴，就必须努力培养同现代化要求相适应的数以万计的高素质劳动者和专门人才。而良好的心理素质是人的全面素质中的重要组成部分，是未来人才素质中的一项十分重要的内容。当代青少年学生是跨世纪的一代，他们有许多又是独生子女，随着生理、心理的发育和发展，竞争压力的增大，社会阅历的丰富及思维方式的变化，在学习、生活、

人际交往和自我意识等方面可能会遇到或产生各种心理问题。有些问题如不能及时解决，将会使其出现行为障碍或人格缺陷。

因此，在青少年学生中开展心理健康教育具有非常重要的意义。

（一）是维护社会稳定、学校正常运作，让学生家庭幸福的需要

近年来，社会上青少年违法违纪事件出现了增多的趋势，如果从心理角度分析，可以发现大多与他们的心理危机状态或不健康状况有关。

（二）是培养青少年学生健全的人格和良好的个性心理品质的需要

开展心理健康教育，能使学生不断正确认识自我，增强调控自我、承受挫折、适应环境的能力，培养其良好的心理素质；对少数有心理困惑或心理障碍的学生，抓住教育契机，动之以情，晓之以理，给予科学有效的心理咨询、辅导和鼓励，使他们尽快摆脱障碍，调节自我，提高心理健康水平，增强发展自我的能力。

（三）是当前社会变革的需要

近二十多年来，随着社会变革而产生的一些变化或暂时不可避免地滋生的一些因素，对青少年学生心理状态产生了消极作用：如离婚率不断提高，家庭温馨气氛减少、家庭管教方式不当；学校频繁的测验考试、学生分数排位；网络的出现、信息渠道的畅通、社会上的不正之风、观念的多元化等，这些方方面面的因素，决定了开展心理健康教育不仅非常重要而且非常迫切。

（四）是全面素质教育的要求

心理健康教育是整个素质教育的基础，人的心理作为人的整个精神活动基础，对人的影响是极其广泛而又深刻的，它以广泛的内容，深刻地影响和制约着学生各方面素质的发展，渗透到人的一切活动中，人的言行实际上就是心理活动的不同程度的外在化表现。所以，通过心理健康教育，使学生处于最佳状态，人的各方面素质才可能获得充分发展。

（五）有利于直接促进学生的心理健康，提高教学质量

通过有效途径维护学生的心理健康，使学生心理得到正常发展，心理困惑得到疏导，不良心理与行为得到矫治，学生学习积极性提高，思维活跃，学习上没有负担，爱学、会学并富有创造性，个性健全发展，能适应学校、社会的要求，这样教学质量就会显著提高。

二、当前青少年学生心理问题的表现及成因分析

（一）青少年学生的心理问题的主要表现

（1）紧张心理。由于学校教育内容、教育者的教育观念等因素，致使青少年学生长期处于过分紧张的气氛中，频繁的考试、升学的压力，造成了部分学生心理紧张、恐惧和焦虑。

（2）消极心理。由于学校生活的单调、学习内容的枯燥，部分学生感到空虚和孤寂，以致在日常生活中我行我素，不思进取，甚至用吸烟、酗酒等行为寻求自我刺激，消极地打发时光。现在的学生群体，有许多是独生子女构成的，他们在家庭中有求必应，被万般溺爱，从未受过磨难和挫折，逐步形成了自傲、偏执的心理。他们对人对事态度冷淡、漠不关心，有时近乎“冷酷无情”，对集体活动冷眼旁观，置身于事外，给人一种“看破红尘”的感觉。他们个性极强，无论在家里还是在学校，唯我独尊，既看不到别人的长处，又看不到自己的短处，表现出傲慢无礼；他们只愿意听中意的话，不能忍受别人的批评，总是固执己见，更不堪承受自己在学习、生活与交往过程中的失败。这种人容易受到集体的排斥和冷落，人际关系紧张，一旦遇到挫折，往往不能客观地找出自身的问题，总是灰心丧气，造成厌学、逃学等消极行为，甚至走入歧途。国外心理研究者指出：在现代社会中，不少青少年在心理上处于“三无”状态，即：无动于衷，谓之无情；缺乏活力，谓之无力；漠不关心，谓之无心。

（3）逆反心理。青少年学生中，有些人经常不接受教育，不听话；经常与教师、家长、同学“顶牛”，事事认为自己“正确”；反对所有人的劝告、批评和帮助。从主观上看，孩子在刚学话、走路，不断接触外界事物中，便有扩大范围的需求，随着他们的发育和成长，他们的自我意识也不断增强，思维的独立性、主动性和批判性也得到发展，加上他们的好奇心和“代沟”障碍，这时孩子常常表现出不喜欢听从父母摆布和安排，甚至用“顶牛”、对着干的方式来表达或发泄他们对家长、老师或外界约束其思想和言行的不满情绪。他们目中无人，狂妄自大，是非观念较差，逆反心理较强，不能把个人的言行纳入学校集体所要求的正确轨道，或口是心非，或蛮不讲理，或表现出匪气、霸气。少数学生心理封闭，没有可以倾诉的朋友，与家长感情隔膜，与同学缺乏信任，与老师缺乏沟通和理解，所以往往在学校生活中表现出孤僻、偏激、退缩、敏感和神经质，在行为上与老师和家长的要求相悖。从客观原因上看，这种现象主要有两个方面的原因：一是在网络快速发展的时代，学生无论在心理上，还是在思想观念上都受到外界的冲击，一些不良思想也在侵蚀他们的心灵，从而助长他们的逆反心理；二是家庭和学校对孩子的要求过高，物极必反，使学生产生逆反心理。

（4）嫉妒心理。所谓嫉妒心理是指他人成就高于自己时产生的一种非常心理，俗

称“红眼病”。它具体表现在：①对同学学习成绩的嫉妒。②对同学各种荣誉的嫉妒。③对同学相貌、衣着、友谊等的嫉妒。嫉妒心是一种不良的心理意识和情感，是一种对待他人的成就、名望、优点或优势地位等不友好，甚至是敌视的情感。它产生的基础是个人利己思想和强烈的虚荣心，具有嫉妒心理的人，实质上是纯洁的情感开始堕落，健康的心理受到污染，他们对事对人往往充满着猜疑、怨恨和敌意，容易采取一些不理智的行为，如不及时对他们加以教育纠正，最终会害人害己。

（5）青春期异常心理。处于生理发展的兴旺时期的青少年，很自然地对异性产生好奇心理，甚至对男女性意识发生兴趣，以至产生恋爱行为，当恋爱行为受到家庭、学校、社会及个体自身因素的制约而无法适应或产生矛盾时，就会出现各种不正常、不健康的恋爱心理或行为，这一心理被称为“青春期异常心理”，如果处理不当，或不及时加以引导，将会影响他们的健康成长。

（6）盲目心理。相当一部分青少年学生没有远大的理想，没有明确的学习目的，不能把今天的学习和未来联系起来，更谈不上把自己的前途和祖国的事业联系起来，一切处于受支配的被动状态，在学校生活中缺乏自觉学习的主人翁精神。

（二）影响青少年学生心理健康的原因

1. 客观原因

（1）学校教育因素的影响。在教育实施过程中，被教育者深受教育者的影响。无数案例研究分析说明，许多干扰青少年学生心理健康的因素来自学校和教师。首先，学校教育中存在的重智力水平高低、学习成绩优劣，忽视学生全面发展和整体素质等陈旧的教育观念，使部分学生因不能掌握学习规律和方法而成绩欠佳，一时又找不到改变现状的途径，内心失落、孤独、自卑，造成心理抑郁、焦虑，认为自己处处不如别人、无能等严重心理问题。其次，教育工作者的工作方法、教学方式不当，对学生的心理健康产生严重影响。在当前的学校教育中，潜在一个“无形杀手”，即某些教师不负责任的言行诱使部分学生出现心理问题。当学生需要爱心、理解、尊重时，有些教师反而冷言冷语，挖苦、讽刺，甚至让学生当众出丑，使他们难堪，甚至无地自容；更有个别教师对学生进行心理惩罚和心灵虐待，用直接（如嘲讽、辱骂、体罚等）或间接（如含沙射影、指桑骂槐等）的手段给学生心理造成严重的伤害，使学生产生自卑、逃避、反抗或逆反、报复等不良行为。最后，在学校管理工作中，维护学生心理健康的意识还相当淡薄，一方面缺乏专业教师，骨干力量作用发挥不足；另一方面教师在班级管理和教学工作中自觉运用心理教育理论的意识还不够，以致形成教育空白。

（2）家庭的影响。有些家长文化程度和道德修养较低，对子女的教育引导往往与学校教育产生偏差，且教育方法简单粗暴，或溺爱袒护，或放任自流；期望值过高或过低，反复无常，让孩子无所适从。有的家长将自己青少年时期未能实现的梦想理所当然地转嫁到孩子身上，再加上有的家庭父母不和、家庭破裂等，诸如此类，都造成了学生心理负担重、精神压力大，从而导致依赖性强、心理承受能力差、强迫、敌对、孤独等心理障碍。

（3）社会大环境的影响。我国正处于改革开放的关键时期，体制的变革，市场经济的逐步确立，使人们的思想观念发生了很大变化。学校处在社会思想变化的前沿，而青少年学生的思想变化是社会思想变化的代表，面对许多来自社会思想观念、大众传媒和外来文化中不健康内容的冲击，以及社会种种不良风气的影响，对于判断能力较差，处于人格塑造发展时期的青少年学生，他们在心灵上产生的震撼也极为强烈。他们易于接受正确的思想观念，但由于其社会阅历浅，辨别是非的能力有限，对社会上许多问题尚缺乏理性的思考，也易受不良思想观念的影响。比如社会影视文化中不健康的东西易增加学生在交往中的恐惧心理和不健康的性意识及行为；应试教育的误区导致许多学生心理压力大，诸多矛盾无法化解，使他们困惑、苦恼，进而缺乏远大理想、拼搏精神和前进动力，导致产生心理疾病。

2. 主观原因

（1）学生自身生理、心理发展不平衡。由于家庭、学校、社会等一些消极因素的影响，许多学生自我控制能力差、思维不够深刻，一旦脱离父母的约束，就会出现在现实生活中手足无措的情况。再加上随着生理的发育，性心理反应渐趋强烈，但由于社会阅历浅、对情感问题缺乏正确认识，容易引起强烈的感情震荡，以致出现情绪低落，心理失调。此外，有的学生还不善于认识问题和分析问题，不善于重建平衡，不善于运用自我功能克服“危机”，所以一旦面临种种压力，就容易出现心理失衡，导致心理障碍的发生。

（2）躯体疾病影响心理健康。常言道：身体是革命的本钱。身体不好，将导致精神不振，直接影响一个人的心理承受能力。一些学生入校后，放松了对身体的锻炼，饮食起居不规律，导致了一些慢性疾病发生，发病后又不愿意及时诊治，最后直接影响到本人的学习、生活，造成精力不集中、精神空虚、烦躁，有的提出休学，有的甚至认为自己既增加家庭负担又增加社会负担，产生轻生念头。这个问题如果处理不当，就会严重影响学生的心理健康。

三、学生心理健康教育的有效策略和措施

《中共中央、国务院关于深化教育改革，全面推进素质教育的决定》明确指出：“针对新形势下青少年成长的特点，加强学生的心理健康教育，培养学生坚忍不拔的意志、艰苦奋斗的精神，增强青少年适应社会的能力。”该决定把心理健康教育提到了学校教育工作的重要地位。我们必须结合实际，采取有效的措施，大力加强青少年学生的心

理健康教育。

（一）深化教育体制改革，全面实施素质教育

要统一思想，加深对推进素质教育的重要性的认识，扎实开展素质教育的宣传工作，使其家喻户晓，深入人心。要改革教育考核评价体系，建立起符合素质教育对各级政府、教育部门、校长、教师、学生的考核体系。同时，要对现行教材、课程、教学大纲和升学考试制度进行改革，实行“三级分流”，大力发展职业教育，拓宽成才和就业渠道，彻底扭转应试教育，全面推进素质教育。

（二）充分发挥学校心理健康教育的主渠道作用

（1）实施心理健康教育过程中，教师是心理健康教育的主要实施者，他们的理论素养和实践能力，直接影响教育实效。这就要求学校必须做好教师的继续教育工作，以更新教师的教育观念，提高教师心理健康教育理论水平和实践能力。要重视教师的心理健康，保障教师有一种积极、乐观、平和、稳定、健康的心态，以旺盛的精力、丰富的情感，投入教育教学工作中。要提高教师素质，强化师德建设。教师的合作对象是学生，因此教师要有健康、积极的个性，包括积极向上的工作动机，正确的自我意识、自我概念、自我尊重、自我满足感、自我信赖感、自我价值感，以及耐心、成熟、平衡、情绪稳定、心理健康等人格特质，这是每一位从事教育教学工作的人员应具备的品质，应遵守的要求；同时，亦要求教师能在社会的人际交往中以必要的道德水准影响他人，在教育过程中能够用自己的良好言行去影响学生。教师要热爱学生、关心学生、尊重学生的人格，特别是对后进生做到不歧视、不讽刺、不放弃，动之以情、晓之以理，要用发展的眼光看待他们，信任他们，激发他们的进步、创新、求学的热情。努力建设一支自身心理健康、掌握专业知识、掌握心理辅导技能和心理训练方法的、高素质的心理健康教育队伍。

（2）利用学校教育课堂主渠道的教育优势，一方面通过教书育人，帮助学生树立正确的人生观、价值观。另一方面，开设专门的心理教育课，介绍一些预防和缓解心理压力的好方法，教会学生自我调节情绪（如情感宣泄法、情感转移法、自我安慰法、心理补偿法等），同时通过各种发生在学生身边的案例，设置教育情境，让学生自己教或互教，使教育在潜移默化中形成。

（3）积极开展有效的心理咨询。学校内设置心理咨询室，由专门的心理咨询教师为学生提供服务。心理咨询取得良好效果的关键是咨询教师要理解信任学生，遵循保密、疏导、交友性原则，如此才能达到心理转化的效果。心理咨询教师要有意识地和困于心理问题的同学建立起关心、尊重、了解和指导的关系，并依据问题的需要使用适当的心理治疗方法，减轻或消除学生的不适应的心理现象，做到“防患于未然，治病于萌芽”。开展有效的心理咨询和治疗对预防和矫治青少年的心理疾病有着积极的作用。

（4）改变评价方式。学生的自卑心理大多来自教师对学生的主观评价。一些教师凭主观感情，偏爱成绩好的尖子生，对中层生漠不关心，对后进生全盘否定，出言不逊，这无疑给学生带来极大的心理压力及负面影响，可能使许多学生产生自卑心理，甚至对学生的自尊心、自信心都会产生不良影响，严重影响学生的身心健康。被誉为“德国普通教育之父”“德国教师的教师”的19世纪德国资产阶级民主主义教育家第斯多惠曾说过：“严厉的面孔和训斥、咒骂学生是一种恶劣的行径。”我们应学习借鉴英国教育的优点，英国教师对学生评价时从不吝啬自己的溢美之词，对学生的赞扬体现在具体细微中，学生一点点的进步，都会被他们非常郑重地夸奖一番。我们对待每个学生都应一视同仁，绝对不能挖苦、讽刺学生，应以一颗宽容、慈爱之心爱护、关心学生。我们很多教师缺乏这种意识，对学生太求全责备，我们应学会赞美，让学生能不断地从中得到鼓励。

（三）重视校园文化建设，促进学生良好心理品质的形成

校园文化是社会文化在校园活动中的反映和表现，同时，对促进青少年学生的生理和心理健康发展具有良好的调节作用。健康的校园文化活动可以在心理鸿沟之上架起桥梁，有利于学生之间的相互理解和共同进步。如进行学习经验的交流，可以促进校风、学风的建设；举办辩论赛、演讲赛，可以促进认知能力和分析能力的提高；开展文体活动，则能增强学生的集体主义观念；等等。在这类校园文化活动中，不仅可以增强学生的体质，改善和提高中枢神经系统的功能，提高大脑皮层的分析和综合能力，而且还能发展学生的观察力、记忆力、思维力、想象力、创造力，促进学生良好心理素质的形成和发展。

（四）开展形式多样的学生心理健康教育实践活动

实践活动是青少年心理发展的基本因素。心理教育的根本宗旨是促进学生心理的良好发展，要实现这一宗旨，就必须充分唤起他们的主体活动意识，让他们积极主动地参与各种各样的实践活动；学生心理要得到健康发展，必须通过实践活动，而实践活动又应是符合学生年龄特点和为学生所喜爱的，所以实践活动既可视为学生心理健康教育的基本要素，又可视为学生心理健康教育的基本策略。实践活动缩短了心理教育与学生之间的距离，在教师的指导下以学生为主体，通过学生自主的活动达到教育的目的，如：组织学生开展讨论、表演、游戏、制作、实验、劳动等活动，寓教育教学于活动中，使学生在不知不觉中受到教育。实践活动能充分满足学生的自我表现欲，增强学生的自信心，让他们在实践中尽情地表现自我，享受成功的喜悦。同时，教育实践活动可增强学生的责任感，积极承担为家庭、为社会做贡献的责任。

（五）提高家长素质和家庭教育的科学性

开展心理健康教育，仅仅依靠学校是不够的，学生的心理问题，学校只能在极有

限的时间和空间进行矫正和引导，社会环境和家庭影响也尤为重要。可以说，大部分青少年的心理障碍都与其父母有直接或间接的关系。取得家长的合作，帮助家长发挥他们的教育功能，对于改善和预防孩子的心理障碍，帮助孩子成才极为重要。良好的心理素质需要良好的家庭的教育培养，学校要与家庭紧密配合，教师与学生家长要加强沟通，时刻关注学生存在的心理问题，对家长给予适当的指导，对学生给予及时的疏导。如学生应试心理差，教师可引导家长要以平常心态看待考试，家长的唠叨、在意、期望高，都会给孩子造成很大的心理压力。青春期的性教育、人际交往技巧和意志力的培养等都需要发挥家庭教育功能。有些中学生有社交恐惧心理，少与人交往，害怕不被人接纳，或嫉妒别人，或看不惯别人，或产生男女交往的困惑等，家长应鼓励孩子多交友，在择友上加以指导，培养社交技巧，过多指责、约束孩子反而会使孩子在社交中缺乏自信。父母在孩子成长过程中，应正确引导孩子，加强交流，培养孩子健康的心理。

家庭教育作为大教育系统的组成部分，是影响学生心理健康的重要因素。在家庭教育中，我们必须十分注意，家庭环境和家长的言行对青少年的心灵具有直接影响作用。目前，一部分家长文化水平不高、涵养不深、语言粗俗以及生活中的恶习，严重污染着孩子们的心灵。另一部分独生子女的家长十分溺爱孩子，对孩子唯命是从，一味迁就，用过高的物质条件满足孩子的无理要求，使孩子从小养成大手大脚乱花钱的坏习惯，使部分孩子意志薄弱，目光短浅，没有谦让意识和进取精神，严重阻碍了青少年心理健康的发展。由家庭造成孩子出现心理问题的主要表现为：家庭环境不良对孩子人格发展造成不利；亲子关系紧张造成孩子基本心理需要无法满足；家长错误示范对孩子思想品德素质的不良影响及父母自身心理健康状况对孩子的消极影响；等等。因此，学校心理教育要与家庭教育相结合，把家庭教育作为学校心理教育的一个重要组成部分或必要的补充，共同探讨对学生成长和发展最为有利的最佳交互点，密切学校与家庭的联系，防止学生出现两面心理、双重人格。要提高家庭教育的科学性，其关键是要提高家长素质。

学校要加强对家长的指导和帮助。对家长的指导应把重点放在教育观念与教育态度的转变和方式方法的指导上，可以采取以下措施：①定期为家长开设专题讲座，让家长懂得青少年的心理发展规律、年龄特点，充分了解培养孩子心理适应能力的意义、目标与途径、方法等，使其主动配合；启发和指导家长优化家庭教育环境，树立良好的家长形象，用自己的言传身教、示范榜样教育孩子，促进青少年沿着健康的道路向前发展。②教师与家长及时沟通，互通信息，及时就学生的有关情况在家校间传递；对存在某些发展性问题的学生要重点家访，齐抓共管。一方面要耐心引导学生分清是非，全面分析问题，克服片面性；另一方面要引导学生进行反思，用实际行动来完善自我，主动改善同学之间、师生之间和家庭之间的关系，从而创造一种热情、和谐的友好气氛，逐渐消除彼此间的隔阂。③通过联谊活动创造至爱的环境。利用教育活动课或假期组织家长、学生共同参与的联谊活动，协调家庭教育中的问题。要改变教育方式，形成一种亲切、互相信赖的朋友间的心理氛围。教师、家长首先要理解学生，不要过分苛求学生，要相信他们，多采用信任的态度，对他们的合理要求给予适当满足，使他们感到老师和家长爱护他、尊重他、帮助他，逐渐消除他们的对立情绪。家长与孩子要形成朋友关系，能够坐下来平等交谈，给孩子创造一个宁静、平和、幸福、温暖的家庭环境，从而为学生心理健康提供保证。

（六）营造有利于青少年学生健康成长的良好社会环境

社会要为青少年学生提供有利于心理健康的良好社会环境。全社会都应关心青少年学生的心理健康，政府应综合治理社会环境，并常抓不懈。要树正气、治歪风，尽量减少社会环境中的不良因素对青少年学生心理素质培养的消极影响。

心理健康教育是一个复杂、长期的系统工程，也是一个富有挑战性而又不能回避的崭新课题。在新时期下，应构建一个学校、家庭、社会相结合的心理教育网络，才能让青少年健康成长。

（1）学校应设立心理咨询室和心理辅导室，定期上心理辅导课。通过心理咨询，学校应及时了解学生心理动态，并及时与家长联系，互相配合；针对学生出现的心理问题，学校应及时调整教育方式和选择教育途径。同时可以请一些心理专家来校做心理辅导，心理辅导内容可以包括学习辅导、人格辅导、生活辅导和职业辅导等，以增强学生的心理承受能力。

（2）家长应主动地与学校联系，将子女在家的情况和掌握的心理动态及时反馈给老师，争取学校与家庭互相配合，选择适当的教育方法，帮助学生渡过心理难关，让学生健康成长。

（3）全社会都应重视学生的异常心理，应形成合力、形成共识。纠正学生异常心理是一项系统工程，需要全社会的关心、支持。对学生异常心理的纠正应加大理论研究力度，借鉴先进经验，加速我国家庭、学校的心理辅导，纠正其成熟化的过程，让心理辅导走进家庭、走进学校、走进社会之中，正确理解和认识心理健康教育，树立正确的教育观念，让社会、学校、家庭的心理健康教育紧密结合起来，把跨世纪的青少年一代培养成为适应现代化建设要求的高素质的生力军。

第二章　大学生心理危机

第一节　大学生心理危机研判

本章运用创伤理论从更加宏观的角度分析大学生心理问题产生的原因，并在此基础上探讨大学生心理危机干预面临的现实困境。大学生心理危机有其普遍的发展规律，应从“全方面”“全动员”“全赋能”“全方位”四个维度构建完善的大学生心理危机干预机制，并关注大学生心理危机后的自我重建与升华。

一、研究背景与工具

（一）研究背景

大学生心理健康教育是高校思想政治教育工作的重要组成部分，提高大学生心理健康素质，增强学生承受挫折、经受考验的能力，不仅有利于学生的身心健康发展，也有利于高校的安全稳定。由于当前政治、经济、成长环境、社会思潮等各方面因素的负面影响，大学生心理健康受到了严重的威胁。据调查，在我国的大学生群体中，约有 16% ~ 25.4% 的学生患有心理障碍，主要表现为焦虑、恐惧、抑郁等。近年来，高校心理危机事件频频发生，大学生的心理问题也呈现出多样化和复杂化的趋势，建立完善大学生心理危机研判与干预工作机制受到各高校的普遍重视，教育部相继出台了《教育部关于加强普通高等学校大学生心理健康教育工作的意见》《普通高等学校大学生心理健康教育工作实施纲要（试行）》等文件，这些文件明确表明大学生心理健康教育工作的重要性，也为高校开展大学生心理健康教育提供了依据与思路。

然而，在当前我国高等教育普及阶段，大学生数量庞大、素质参差不齐、教育资源匮乏等问题都给高校心理危机干预工作带来了很大的挑战。当前的大学生心理危机干预机制虽然在处理心理危机行为、降低危机影响等方面有一定的作用与效果，但所有这些干预手段都是在爆发心理危机事件之后采取的，具有一定的滞后性。而心理危机，或者说心理问题最佳的处理时期应该在萌芽阶段，因此心理问题的预防与预判相比之下就显得更为重要。在创伤理论的指导下，探讨大学生心理问题发生的原因、表现特征，有利于更好地研判与预防大学生的心理问题，并在一定程度上降低心理危机爆发的影响力。此外，创伤理论还强调创伤后的自我重建，为大学生心理危机后的成长以及高校心理帮扶育人提供了思路。

（二）研究工具——创伤理论

“创伤”（trauma）起源于希腊语，最初的含义是外力对身体造成的物理性伤害。可见，人们关于创伤最初的研究，集中在身体外部方面。到了 19 世纪下半叶，在结合维多利亚时期与工伤有关的临床医学和 19 世纪末的现代心理学后，创伤的研究开始转向人的心理方面。在这方面做出卓越贡献的是弗洛伊德的心理分析学。弗洛伊德认为，“一种经验如果在一个很短暂的时期内，使心灵受到一种最高度的刺激，以致不能用正常的方法谋求适应，从而使心灵有效能力的分配受到永久的扰乱，我们便称这种经验为创伤”。另外，弗洛伊德还提出创伤具有“延迟”和“重复”的特征，为后来的创伤理论研究奠定了基础。

1. 创伤体验的普遍性

受到特定时期的社会背景、政治、经济、文化等诸多因素的影响，生活在同一个历史时期的人都具有一种普遍的创伤体验，这种创伤体验是时代的产物，成为一种集体无意识沉淀在每一个人心里。比如在抗战时期，战争与死亡就构成了那个年代人们普遍的创伤体验；在“文革”时期，政治乱斗是当时人们普遍的创伤体验；到了 20 世纪 90 年代，独生子女成长的孤独就成了当时人们普遍的创伤体验。因此，创伤体验具有普遍性的特征。

2. 创伤体验的延迟性

创伤研究者认为，“与时间的距离过近或过远都无法再现创伤事件”，某一个创伤事件会在人的心理上表现出“滞后性”或“延迟性”。换言之，具体创伤事件给人的创伤体验可能具有一定的潜伏期，在这个潜伏期内，经历心理创伤的人可能跟常人并无差异，仿佛那段创伤经历早已被遗忘。但是，一旦受到某种外界的刺激，这种创伤体验就会被激活，从而给身心健康带来了严重的侵害。

3. 创伤体验的反复性

创伤研究者凯西·卡露丝指出，“（创伤）病理学仅仅存在于经验结构或感受，（创伤）事件在当时不会被充分吸收或体验，而是被延迟并反复地侵害受创主体”。遭遇心理创伤之后，创伤事件的负面影响会不断地侵袭心理创伤主体，以噩梦、幻觉、回闪等形式不断浮现，使其不断回到创伤情景，反刍心理创伤的记忆。长此以往，创伤记忆会不断被累加，创伤的体验感不断得到固化加强，从而导致严重的心理危机。

二、创伤理论下大学生心理危机干预的困境分析

心理危机干预是指采取紧急措施帮助当事人解除十分紧迫的心理危机，使其症状得到缓解，甚至消失，心理恢复平和的过程。危机干预主要通过预防教育、早期预警、重在干预、后期跟踪等方式进行。大学生心理危机干预是一项系统的工程，不仅涉及面广、难度大，而且具有一定的危险性。虽然大学生危机干预已经受到广泛重视，从教育部开始，各级教育管理部门都出台了相应的政策文件进行部署指导，各高校也都在危机干预方面积累了一定的经验，但是由于主客观因素的复杂性，当前大学生危机干预依然面临重重困境。

（一）危机重重——趋同时代背景下，心理问题的普遍性

首先，目前在校大学生大多是“00 后”。大学生中有相当一部分是独生子女，很多来自农村的学生有留守经历，他们是伴随中国经济迅猛发展而成长起来的一代，也是在互联网络全方位包裹下成长起来的一代。成长在这种时代背景下的大学生，相比父辈，虽然在物质生活条件上得到了极大的满足，却具有承受挫折能力差、依赖心理强、以自我为中心等心理问题。当他们进入大学校园后，来到一个新环境，面临角色转换，有相当一部分大学生会出现适应不良等问题，表现出焦虑、迷茫、社交障碍等一系列连锁反应，从而产生一连串的心理问题。其次，中国的高等教育发展到今天，已经顺利完成从精英教育到大众教育的转向，据不完全统计，我国当前在校大学生将近 4000 万人，面对严峻的就业前景、复杂的职业市场，有相当一部分大学生会有前途无望、希望渺茫等无力感，以致在巨大的竞争压力中产生心理问题。最后，在以应试教育为主导的教育体系中，学校和家庭大多只关注学生的成绩，而忽视对其心理状态的关注和人际交往技能的培养，缺少对学生心理素质的锻炼与提升。在这样的时代背景之下，大学生心理问题是具有普遍性的，小到考前焦虑，大到抑郁症，如果不及时进行介入，有效干预，就有可能爆发严重的心理危机。

（二）危机四伏——多重认知偏差下，心理问题的隐蔽性

首先，相比身体方面的病痛，人们更容易忽视心理方面的问题，因为身体方面的疾病是有形的、具象的，而心理方面的疾病就相对抽象很多。并且，在创伤理论看来，许多心理方面的创伤具有延迟性的特点，因此很多心理问题发生的根本原因可能要追溯到当事人幼年甚至更早的时期。在这样的情况下，很多患有心理疾病，或者有心理障碍的学生可能就很难及时觉察到自己的心理问题，更不用谈去反思其中的原因，直到心理问题发展到一定阶段，爆发出严重的心理危机时，才被人发现，实际上已经延误了最佳的治疗时机。其次，由于担心孩子在学校会受到歧视，或者承受不必要的舆论压力，很多家长会刻意隐瞒孩子患有心理疾病的病史，甚至有些家长在得知孩子已

经出现异常行为的情况下，仍然拒绝接受甚至否认孩子心理异常的现实。由于受到传统观念的负面影响，很多家长不能够正确理解和看待孩子的心理问题，其中有不少家长认为孩子的心理问题是孩子不坚强、矫情的表现，这种认知方式在很大程度上恶化了当事人的心理问题。最后，由于对心理问题的认知错误，心理问题常常被“妖魔化”，不仅当事人会有这种认知偏差，旁观者同样也会有这种认知上的错误，把心理问题与“精神病”“疯癫”等画上等号，这些认知偏差会给当事人造成很大的压力，不仅会阻碍其寻求援助，更会加重他们的心理负担，引发次生的心理问题。由此可见，多方面的认知偏差是心理问题隐蔽性的主要原因，这在很大程度上降低了心理危机干预的及时性和有效性。

（三）危机迭起——多元因素影响下，心理问题的反复性

首先，心理问题的发生有其复杂的内在原因，还有多种多样的外在诱发因素。从某种意义上说，某些严重的心理问题是无法根治的，比如抑郁症、精神分裂症等，只能去控制，避免负性事件的影响，防止心理问题的复发。而在学校中，诸如情感困扰、人际关系、学业困难、就业及升学压力等无一不是负性事件，由于其心理尚未成熟，在面对这些负性事件时，很多大学生不能正确地去面对处理，容易产生思想上的矛盾与冲突，引发心理危机。其次，由于心理问题错综复杂的致因与个性化的因素，心理问题在矫治上具有很大的难度，很多情况下大学生的心理问题在短时间内很难得到有效、有针对性的救治。如此反复之后，有一部分大学生可能就会对心理治疗感到失望，甚至扩大到人生的无望感。最后，很多心理问题产生的原因是在潜意识层面的，就像冰山下层一般无从窥探，在没有正确引导的前提下，当事人以及专业的心理咨询人士都无法察觉，而这种根深蒂固的心理问题，一旦遇到应激事件，可能就会爆发出来，造成反复性的心灵上的折磨。心理问题的反复性给危机干预造成了很大的困难与挑战，不仅给当事人带来持久的身心折磨，对危机干预者来说也是一场持久战。

三、创伤理论下大学生心理危机干预的路径提升

根据创伤理论的观点，心理创伤具有普遍性、延迟性和反复性的特点，这些特点决定了心理危机干预不是一蹴而就的工作，而是系统性、长久性的工程。同样，大学生的心理问题也不是一朝一夕就形成的，而是经过长久的积累，加上外在因素的诱导而产生的，其背后既有历史原因，也有现实原因。做好心理危机干预不仅要求干预者有很强的信息收集和总结能力，能够全面认识并且分析心理问题产生的原因，还要求其具有较强的预判能力，不仅能够准确鉴别、觉察有严重心理问题的学生，而且能够预估整个危机干预的效果，这些对心理危机干预来说是一个很严峻的挑战。

（一）全方面——覆盖学生心理信息动态档案

在新生入学之初，通过查档、心理健康普查、谈心谈话、侧面了解等方式建立学生初始心理信息档案。在档案完善和更新过程中，要特别注意以下几类学生，做好重点标注：心理健康普查中有严重预警指标的学生，特别是普查中有抑郁倾向或者有自杀轻生念头的学生；查档中发现家族具有遗传精神病史，或者家长有过自杀行为的学生；患有严重失眠症、情绪持续低落、性格孤僻的学生；身患重大疾病，或者残疾的学生；学业预警，多门考试挂科，或者在考试中作弊受到处分的学生；遭受重大变故，比如亲人去世、家里破产等情况的学生；家庭不完整，包括单亲、离异、重组家庭的学生。以上这几类学生是潜在发生心理危机的高危群体，必须时时关注，做好这几类学生心理动态信息的收集与更新，做好及时地调整与补充，有助于全面掌握学生近期的心理变化，及时发现一些苗头性、倾向性的问题。同时，完善学生心理动态的心理健康档案也有利于提高心理危机干预的准确性和针对性，是进行心理危机干预的最基本要求。因此，及时、全面、有针对性地建立健全学生动态的心理健康档案不仅是做好心理危机干预的首要要求，更是基本的前提条件。

（二）全动员——建立“四方联动”干预机制

建立“学校—家庭—医院—社会”四方联动的危机干预机制，建立多维度的心理支持体系。心理学家强调在心理危机干预中实现学校为主、家庭配合、社会参与的多方面支持体系，能够为学生成长、成才提供重要的保障。心理危机干预是一项系统的工程，不是一己之力可以完成的，需要多方的支持与配合才有可能达到预期的效果。学校是大学生活动的主要场所，也是各种人际关系、人际交往发生的平台，同时学校也承担着心理常识普及，以及基本的心理问题咨询与疏导工作。家庭在学生的心理危机干预中有着不可替代的作用，因为有相当一部分学生的心理问题的症结，或者说根源在于家庭，或者说父母的关系，有效的危机干预必须发挥家庭的力量，家庭的配合与支持是危机干预能够取得预期效果的重要保障。医院是心理咨询与治疗的重要场所，当心理问题发展到一定阶段，超出学校心理咨询中心所能够干预的范围时，必须及时转介专业的心理治疗与咨询医院，接受专业医生的治疗与咨询。社会支持系统的影响也是不可取代的，整个社会应该提高对心理问题学生的包容度，理性看待心理问题的现象，以正面的鼓励引导社会舆论走向，避免媒体报道、新闻宣传做噱头，大肆渲染，给心理问题学生造成舆论压力。

（三）全赋能——提升心理危机干预者的专业技能

现阶段来看，针对学生工作队伍的危机干预培训还不够，心理危机干预机制还有待完善。在面对心理危机事件时，绝大多数学生教育工作者依旧凭借经验，或者根据前辈的经验进行，对于一般的心理危机事件，可能这一套思路仍然奏效。但是在新的形势下、面对新时代的学生，如果仍然采取旧方法，可能就会出现问题。因此，提升学生工作队伍专业的心理危机干预技能，参加定期的培训与学习是非常有必要的。一方面，大部分教育工作者并非心理学专业出身，在鉴别、帮扶心理问题学生时，不能够从专业角度进行，从而导致学生的心理问题无法得到及时有效地疏导与排解，甚至会延误最佳的心理危机干预时期；另一方面，作为学生思想教育工作的第一线人员，学生工作队伍在处理学生心理问题又具有其他专业人士所不具备的优势，而加强他们心理方面的专业技能不仅有助于提高思想教育工作的效果，还有利于增强学生工作队伍的心理素质。除此之外，年级、班级的主要干部、心理委员等也应该定期进行相关的培训，作为学生工作队伍的组成部分，他们在心理危机干预的过程中也具有不可替代的作用。由此可见，对学生工作队伍进行相关业务的专业培训，提升其心理危机学生的鉴别能力，提高对心理危机的敏感度与警惕性，以更加专业的方式和方法应对心理危机事件，是提高心理危机干预效果的根本所在。

（四）全方位——健全重点学生的跟踪机制

加强重点学生危机后的跟踪与防复发工作是心理危机干预的重要组成部分，也是巩固心理危机干预成果的主要方式。心理问题的反复性决定了学生心理帮扶工作绝对不是一蹴而就的事情，需要长期的跟踪、定期的观察、持久的预防，才能确保心理问题学生的稳定。考虑到心理问题学生承受压力能力较差，过多的舆论压力反而适得其反，因此重点学生的跟踪与观察工作，关键在其舍友、主要学生干部的支持与协助，所以用好主要学生干部是建立跟踪机制的关键所在。在心理问题学生宿舍培养心腹学生，安排班级主要学生干部密切关注重点学生的动态，这种关注不仅仅局限于线下日常的学习与生活，还应该涵盖其线上的动态，并做好及时有效的汇报工作。除此之外，营造温暖有爱的宿舍与班集体，增强心理问题学生的归属感，让其体会到集体生活的和谐与友爱，对稳定其情绪，增强其心理支持系统是非常有利的。因此，在危机干预的后期跟踪方面，除了打造一批“精兵良将”协助做好重点学生的关注与情况汇报工作，更重要的是要建立全方位的帮扶体系，构造有爱有温度的学习与生活环境，这不仅有利于防止心理问题的复发，而且还有利于促进同学之间人际关系的和谐，从而预防新的心理问题的产生。

四、创伤理论下大学生心理危机后的自我重建

大部分学者认同一个观点：“只有当创伤主体把创伤经验整合成一个‘有序的、具体的，并且基于时间与历史背景下的‘言说’，才能从创伤的记忆中恢复过来。”根据这个观点不难发现，心理创伤的产生与愈合其实是一个破碎与整合的过程，这个过程虽然是艰辛的、困难重重的，却蕴含着更好的可能和重生的机会。大学生正处在思想

和心理发展的关键时期，容易接受和适应新的事物，具有较强的可塑性。从危机的字面上理解，其意思是危险中蕴藏着机遇，如果心理危机爆发已经成为一个既定的事实，那么如何在危机中寻找机遇是心理危机干预的重要议题。大学生心理危机爆发是一个发现问题、寻找症结的过程，而危机干预后的恢复是一个自我完善与提升的过程。

（一）认知的自我重建

由于缺乏全局观念和足够的生活阅历，大学生容易片面地看待问题，有心理问题的学生更甚，他们在看待问题时往往持着“非黑即白”的态度，情绪化和极端化特点显著。认知偏差是造成心理问题的重要原因之一，生活中总有大大小小的负性事件，在面对同样一件负性事件时，心理调适能力强的人能够很好地进行自我疏导与排解，而心理调适能力差的人就容易陷入思维的“死胡同”而无法自拔，从而爆发心理危机。心理危机干预的重要环节就是帮助当事人学会正确地看待问题，以更加全面的视角去看待生活中的挫折，并且学会从逆境中寻找希望。认知的自我重建对大学生的心理健康而言是至关重要的，因为心理问题存在复发的可能，如果不改变以往错误的认知观念，在面对新的挫折时就可能会再次出现心理问题，甚至爆发出更严重的心理危机。因此，在心理危机干预中，除了给予当事人外在的鼓励与帮助，更要引导大学生去勇敢地面对问题，理性地分析问题，以更加客观的方式去看待挫折与困难，积极寻找更好的可能和美好的希望。

（二）价值观的自我重建

具有心理问题的学生往往自我评价过低，或者自我价值感较低，往往会有“自己很没用”或者“自己不值得被爱”的想法，在面对困难与挫折时，容易退缩与逃避，甚至一蹶不振。常常抱有这种想法的学生会陷入一种死循环，在事情还没做的时候，他们就想到了很多失败的结果，从而消极应对，自我放弃；而一旦结果出来以后，如果是失败的，他们又会有一种“自证”心理，认为自己就是这么差劲，这种结果是理所应当的。幼年时期没有得到无条件的爱，加上成长过程中没有获得足够的成功体验，是造成这类心理问题的主要原因。在处理这类心理危机时，危机干预者应该侧重给予他们成功的体验，肯定其克服困难与挫折的能力，激发和挖掘其积极的力量，让他们看到自身的价值和潜能。同时心理危机的克服对他们来说，也是一次不可多得的成功体验，引导他们在心理危机干预中发挥自身的力量，看到自己无限的可能，是其完成自我重建的关键。

（三）心理弹性的自我重建

“心理弹性”的英文是“resilience”，用于表示个体面对生活逆境、创伤等重大生活压力事件时的适应程度，即面对生活压力与挫折的“反弹能力”。有研究表明，心理弹性较高的人与心理弹性较低的人相比，在经历挫折与压力事件时，有更好的适应能力，更容易避免心理障碍的发生。应激事件是引起心理变化的外在原因，而面对应激事件时的心理承受能力是心理危机是否产生的关键所在。心理承受能力弱、适应性差的大学生在面对新环境、新问题时，心理防线容易出现崩塌，产生恐惧、抑郁等一系列不良的反应，进而爆发严重的心理危机。在爆发心理危机后，通过有效的干预、心理疏导、团体辅导等形式，可以有效提高当事人的心理弹性。在经历困难与挫折以后，心理危机干预后的学生会对困难与挫折有更加深刻的认识，会以更加积极勇敢的心态面对生活中的各种不顺遂，其人格中积极的因素得到激发。增强大学生心理弹性的意义在于提高其承受挫折、经受考验的能力，使其在危机后获得成长，实现从“他助”到“自助”的过渡，这是心理危机干预的终极目标所在。

（四）支持系统的自我重建

大学生要维持心理健康，需要有一个来自亲人、朋友、同学等多方面的心理支持系统。有很多大学生的心理比较封闭，即使有心理问题也不愿意向周围的人倾诉，长此以往，一旦超越心理承受能力，必然引发心理危机。心理危机的爆发往往是因为积累了太多的情绪无法得到及时的排解，无法找到宣泄的出口，而那些有心理问题的学生的背后，往往是糟糕的家庭关系或者是不良的人际关系，在出现心理问题时，没有强大的心理支持系统，从而导致心理危机的爆发。然而，心理危机的爆发却是重建支持系统的良好契机，因为心理危机的产生必然会引起当事人家庭的高度重视，让当事人的家长看到事态的严重性，有利于唤起亲情方面的支持系统。在危机干预中引入家庭的参与不仅是重要的，也是非常必要的，一方面，大多数心理问题产生的根源在于原生家庭，探究家庭因素是找到心理危机致因的关键所在；另一方面，家庭的支持系统是帮助当事人战胜心理危机的坚实后盾。在心理危机干预后，当事人与家庭的关系会得到一定程度的缓解，父母与子女能够在心理危机中学会更加恰当的相处与沟通方式。

关注心理问题是培养健全人格的前提，大学生是社会主义的建设者和接班人，心理健康教育是高校育人绕不开的环节。然而受到主客观因素的影响，大学生心理健康受到严重的威胁，心理危机事件时有发生，对高校的安全稳定造成一定的危害。创伤理论从更加宏观的角度分析大学生心理问题产生的原因，并在此基础上探讨大学生心理危机干预面临的现实困境，进而提出心理危机干预的优化路径，具有一定的理论借鉴意义。同时，创伤理论也关注心理危机后的自我重建，为高校心理帮扶育人提供了思路。

第二节　大学生心理危机的识别

大学生心理危机的识别与有效应对对于促进大学生心理健康、确保校园安全稳定、筑牢学生心理安全防线具有重要意义。本节对新时代大学生心理危机的表现、类型、特点、成因等进行了分析，并结合大学生实际，提出了善于觉察、勇于面对、敢于求助、成于配合的心理危机自我应对策略。

一、新时代大学生心理危机的含义

（一）什么是心理危机

心理危机是指个体或群体运用习惯的应对策略无法应对目前所面临的困境时的一种心理失衡、失序或失控状态。通常只有符合下列条件的才算是心理危机：①有诱发性事件或行为的异常变化。个体在躯体、认知、情绪、意志和行为等方面出现异常，如出现抑郁、恐惧、悲伤、愤怒、心慌、手脚冰凉等心理、生理和行为的变化。②个体用平时的应对方法无效，因而产生无助、无力和绝望感等。

心理危机对人的影响是双重的：一方面，它会给人带来巨大的冲击，损害人的身心健康，甚至对未来生活留下阴影；另一方面，心理危机能够历练心智，危机中也潜藏着机遇，它能促使个体充分调动心理资源去应对困难，获得再生。

（二）心理危机个体的典型表现

一是认知变化，如悲观失望、自我评价降低、生活意义感缺失、学习兴趣下降等。二是生理变化，如失眠、食欲不振、头痛眩晕、心跳加快、呼吸短促、胸口疼痛、手脚冰凉等。三是情绪变化，如情绪低落、焦虑不安、无故哭泣、意识范围变窄、忧郁苦闷、喜怒无常、易激怒、自制力减弱等。四是行为变化，如个人卫生习惯变差、自制力丧失、过分依赖、孤僻独行、无缘无故生气或与人敌对、人际交往明显减少、行为紊乱或古怪、丢弃或损坏平时珍爱的物品等，较为严重者甚至会流露自杀念想，与身边人谈论死亡或与死亡有关的问题。

二、新时代大学生心理危机的主要类型

（一）境遇性心理危机

境遇性心理危机，是指在生活中出现的由于个人对其无法预测和控制的罕见或超常的事件而产生的危机。境遇性危机带有随机性、突然性、强烈性、意外性、震撼性

和灾难性等特点，如意外交通事故、被绑架、被强奸、突发的重大疾病、亲人或同学好友的死亡、父母离异、重大自然灾害等。比如，面对失去亲人的创伤后出现应激障碍，是典型的境遇性心理危机。这种危机由于事发突然、变化剧烈，给当事人带来极大的震动，容易引发剧烈的心理反应，如果处理不当，则会产生严重后果。

（二）冲突性心理危机

冲突性心理危机也叫存在性心理危机，这是一种伴随着重要的人生问题而出现的内部冲突和焦虑。这是一种基于现实性冲突的危机，如理想与现实的冲突、多重驱避冲突、回避冲突等。这种危机往往与重大的人生问题和选择相关联，如人为什么活着、活着的目的和意义是什么、人生的意义何在、我该如何选择等。比如，现在部分大学生存在“空心病”现象，对自己的生活或者学习的意义感到困惑、迷惘或者虚无，不知道学习乃至人生的价值和意义，对学习、生活、工作的兴趣不浓，有些时候会莫名情绪低落，感到非常孤独，注意力不集中，甚至无精打采，这是一种典型的冲突性心理危机。冲突性心理危机不易觉察，持续时间长，内心痛苦大，也易出现极端事件。

（三）成长性心理危机

成长性心理危机也叫发展性心理危机，这是一种伴随每个人在人生的不同阶段都会出现的危机。如人际矛盾、恋爱困扰、婚姻困境、家庭冲突、学业压力、考试焦虑、就业困难等。成长性心理危机表现不剧烈，进程缓慢，持续时间长，一旦成功化解，将有助于大学生朝着更加成熟的方向发展。但如果成长性危机事件已远远超出当事人的应对能力，则需要进行干预。

（四）病理性心理危机

病理性心理危机是由某些严重心理障碍、神经症或精神病性问题所引发的心理危机，如抑郁症、焦虑症、强迫症、恐惧症、精神分裂症等。也有的是由失范行为或犯罪行为引发的危机，如品行障碍、违纪违法等。病理性心理危机需要进行专业的干预才能解决，精神病性的问题必须接受精神科专业医生的诊疗。

三、新时代大学生心理危机的特点分析

（一）时代性

中国特色社会主义进入新时代，当前大学生大部分为“00后”，他们面临的心理危机具有鲜明的时代性。当代大学生面临的学业困扰、就业困难、创业困境、婚恋压力、房价压力、舆论压力等都呈现出新的特点，除了焦虑、抑郁、强迫等常见的心理问题，“空心病”“佛系”等现象也成了当代大学生生动的心理写照，大学生还经常面对着理想与现实的冲突、自我与他人的冲突、驱动与回避的冲突。此外，当代大学生还面临

着贫富差距、环境污染、隐私泄露、健康隐忧、风险隐患等诸多不确定、不安全的因素。这些问题一旦应对不好，就很容易产生心理危机。

（二）易感性

正处于青年初期的大学生是心理危机的易感人群。大学生年龄一般都在18～25岁，虽然生理成熟，但心理发展还处于由不成熟向成熟发展的过渡阶段，社会性发展相对滞后，认知容易出现偏差，心理容易出现各种矛盾与冲突，心态容易失衡，情绪容易失控，存在潜在的风险，如果负性情绪蓄积太久，极易做出极端和偏激的行为，引发极端事件。近年来，大学宿舍发生的几起典型的事件就是深刻的教训。例如，2004年的马加爵事件，由于马加爵的不良情绪长期没有得到合理的疏导，最终因一件小事导致其心理危机的爆发。

（三）多重性

当代大学生个性张扬、价值观念多元化，加之历史虚无主义现象时有抬头，西方对我国意识形态渗透从未停止，加上大学生对一些问题和事件的认知能力有限，辨别是非真伪能力不强，容易引发各种内心冲突。比如，对于什么是对的、什么是错的经常会存在困惑：面对教材上和老师讲的与自己亲眼看到的现实存在出入的情况时该相信谁？面对身边各种过度消费、超前消费、攀比消费等现象，是否该继续保持节俭的消费观？面对市场经济的深刻冲击，该追求金钱和享受的生活还是继续坚守心中的理想？这些困扰都容易引发大学生的心理冲突和危机。

（四）动力性

心理危机是伴随着人的一生必然发生的，只要人活着，就会有危机。在大学生活中，伴随着角色转化、环境适应、人际交往、恋爱受挫、学业压力、就业焦虑等出现的心理危机并不都是负面的，机遇与风险同在，挑战与考验并存，危机与成长共生。一些心理危机具有动力作用，能够促使大学生在应对危机中增强积极的心理资本，变得更加自信、乐观，更具韧性、活力，获得更多心理成长的力量。

四、新时代大学生心理危机的产生原因

（一）角色转换难以适应引发心理危机

在成长和发展过程中，每个人的角色都会随着时间、地点和条件的变化而变化，但如果不能较好地适应，就容易引发心理危机。从高中学习到大学学习，学习方式、内容和途径都发生了很大的变化，有的同学难以适应大学“放养式”的学习模式，因此感到不知所措；有的同学对于自己没能考上理想的大学而灰心丧气。有的同学第一次尝试集体生活，与同学在生活方式、兴趣爱好等方面存在很大不同，又不懂如何与

同学进行正确的沟通，因此容易产生摩擦和矛盾。此外，部分大学生可能还会遇到异地上学水土不服、宿舍矛盾、人际冲突、失恋、挂科，甚至家庭变故等多重生活应激源。这些都容易导致大学生的各种心理危机。

（二）多元价值深刻冲击引发心理危机

从教育本身发展的角度来看待教育供给侧结构性改革的必然性。随着高等教育普及率日益提升，高等教育的供给数量得到了极大丰富。但以陈晨明为代表的一批学者通过对高等教育的人才培养跟踪分析，发现高等教育的供给质量没能有效提升，出现了人才培养供需之间不一致的现象，主要体现在学校给予求学者的知识技能与求学者潜在的知识技能需求不一致、与用人单位对劳动力的工作岗位技能需求不一致，即高等教育在人才培养方面出现了结构性失衡现象。具体到人才培养的各个环节上，主要体现在以下三个方面：专业设置与社会经济发展需求的不匹配、课程资源建设内容与行业企业对知识技能的要求不匹配、求学者的实操技能与工作岗位的实际需求不匹配。

（三）现实社会转型变革引发心理危机

当前，我国社会正处于全面转型变革当中，经济发展处于由中高速增长到高质量发展的转型升级中，发展不平衡、不充分的问题突出，传统行业深受挑战，社会竞争激烈，生活节奏加快，部分地区环境污染较为严重，这些都很容易引发大学生的焦虑和不安全感。加上有的高校专业设置与人才培养模式同社会市场不接轨，无法满足社会的需求，导致大学生就业难度加剧、创业风险增加，甚至有的学生一毕业就面临失业的处境，这也给部分大学生带来了潜在的危机。

（四）网络世界险象迭生引发心理危机

当代大学生是互联网时代的“数字土著民”，他们从一出生就开始接触互联网，深受互联网的影响。大部分学生习惯于通过 QQ、微博、微信等新媒体进行虚拟社交，通过百度、知乎、搜狐、手机 App 等网络平台收集资料、获取信息，通过支付宝、天猫、当当、京东等进行网络交易；部分大学生整天沉迷于“王者荣耀”“英雄联盟”“吃鸡”等网络游戏，喜欢通过直播、抖音、自拍等方式进行自我呈现。网络已然成为当代大学生学习、娱乐、消费的重要场域。但网络风险也无处不在、无时不有。如今，网络攻击、谩骂、色情、诈骗等现象时有发生，各种网络乱象层出不穷，网络舆论经常一点即发，大学生很容易成为网络生活的受害者。有的大学生深受校园贷、网络贷、网络诈骗等的伤害，导致出现抑郁、焦虑、恐惧、失眠等各种心理和生理方面的非适应现象。网络风险呈现出各种新的形式和形态，容易引发大学生的各种心理危机。

五、新时代大学生心理危机的自我应对

（一）善于觉察

觉察是应对危机的第一步，也是改变现状的基础。大学生在遇到心理危机时，首先要觉察自己对危机事件和自我的认知、情绪和感受。经常问问自己现在的认知是否存在以偏概全、糟糕透顶的偏差，目前的情绪状态是否有利于应对危机、解决问题，要经常问问自己真正想要什么、能做些什么，哪些是通过自己的努力可以控制的，哪些是不可控制需要主动适应的。要经常进行积极的自我暗示，善于觉察自己拥有或可以利用的资源，给自己赋予积极的能量和力量以应对危机。

（二）勇于面对

遇到心理危机并不可怕，可怕的是不敢去面对它，或选择逃避。大学生要认识到心理危机是普遍存在的，当遇到危机时，要全面分析危机发生的原因，辩证看待心理危机带来的影响，看到心理危机的积极意义；要相信“否极泰来”“不经历风雨怎能见彩虹”的道理，不要总是怨天尤人，要学会在困境中把握机遇，获得心理成长。

（三）敢于求助

“自助者天助”。大学生要增强“自己是心理健康第一责任人”的意识，遇到心理危机要主动寻求帮助，不要等待，可以将自己真实的困难和痛苦告诉值得信任的人。“一个篱笆三个桩，一个好汉三个帮”，大学生要相信有人愿意帮助你支持你，既可以向辅导员、校心理咨询中心寻求帮助，也可以向心理热线或校外的心理咨询人员寻求帮助。

（四）成于配合

如果寻求心理咨询，要积极配合心理咨询师。心理咨询并不是一次就能解决心理危机的，可能需要反复多次去见咨询人员或心理医生。如果到医院精神科，诊疗医生通常会开药，要严格按照医嘱坚持服用，不能擅自断药。特别是对于存在严重心理问题、神经症和精神病性问题危机的学生，更需要积极配合治疗，才能有效渡过危机。

第三节　大学生心理危机干预

为了解决日益普遍、严峻的大学生心理危机问题，本研究提出了积极心理学视角下的心理危机干预模式。一方面，要从“内生力量”和“社会支持”两个方面强化大学生心理危机应对的积极力量，实现由“救火队”工作模式到“防疫者”工作模式的积极转变；另一方面，重视“以幸福为中心的生命教育”和“以逆商为中心的挫折教

育”的积极心理危机预防工作，践行“基于积极心理品质测查的心理潜能激发”和“基于积极心理支持建构的心理资本聚力”的积极心理危机干预工作，实现由“被动干预”到“主动预防”的积极转变。

意外人身伤害、公共卫生事件、突发自然灾难，包括作弊、失恋、求职等心理应激事件给大学生造成了难以承受的心理危机，甚至会导致自杀等悲剧，因此高校的心理危机干预工作受到了教育相关部门、高校和学生家庭的高度重视。但是当前的大学生心理危机干预工作还存在着预防不足、干预滞后、干预不彻底、干预病理化等缺陷，本研究将基于积极心理学在大学生心理危机干预中的适用性分析，提出大学生心理危机的积极应对结构和大学生心理危机干预的实施路径。

一、积极心理学在大学生心理危机干预中的适用性分析

（一）突发应激事件的不可控性与积极心理危机预防的重要性

意外事故、自然灾难、公共卫生事件等突发应激事件的发生具有不可控性，甚至具有一定的必然性，这就使得有观点认为心理危机预防是一个难以实现的“伪命题”。心理危机干预理论创始人卡普兰认为心理危机（psychological crisis）是个体在遭遇突发重大应激事件时，运用个人常规应对方式无法解决后，出现的情绪混乱、行为偏激或人格解体的心理失衡状态。如此来看，突发性的心理危机事件并不是心理危机出现的充分必要条件，个体的心理应对品质也是决定是否出现心理危机的关键因素。这就意味着尽管心理危机事件的出现是不可控且无法绝对预防的，但是从优化个体心理应对品质的角度可以做到心理危机的预防。

突发危难事件的不可控性决定了心理危机是一种常态，特别是对心理矛盾性明显、抗逆力脆弱的大学生群体而言，心理危机具有较大的人群普遍性、发生常态性和后果恶劣性，这就要求高校的心理危机干预工作要着力提升大学生的积极心理品质。积极心理学倡导以个体的积极情绪体验、积极人格品质和积极组织氛围为工作要点，优化个体的辩证思维、勇气、意志、善良、自控、乐观和希望等积极心理品质，一方面以积极的应对方式面对生活中的危难，达到降低心理危机发生概率的目的；另一方面凭借积极的心理品质抗御心理应激事件，达到降低心理危机伤害性的目的。因此，积极心理学是大学生心理危机工作创新变革中的重要思路，危难事件无法先知、难以预防，但是抗击心理应激事件的积极心理品质却是可以未雨绸缪、尽早提升的。

（二）传统心理危机干预的病理化与积极心理危机干预的优越性

传统的大学生心理危机干预以“哀伤辅导”为主要工作思路来处理应激事件给大学生带来的心理失衡状态，以症状的出现作为危机干预工作的起始点，以症状的消除作为危机干预工作的结束点。这种危机干预模式具有一定的心理治愈效用，但是也存

在着一定的不足：①心理危机处理不彻底。以“哀伤辅导”为代表的心理危机干预模式更多的是运用情绪舒缓、放松减压和社会支持等方法实现干预对象的短期心理适应，而造成心理危机的根本原因（社会认知偏差、心理韧性不足和危机易感性强等）没有得到深层解决，这就无法避免同类事件继续对危机对象产生严重不利影响的可能性。②心理危机的后续追踪不足。事实上，危难事件造成的心理危机往往具有潜伏期，如创伤后应激障碍通常出现在强奸、致残、丧亲等恶劣事件的三个月后。③心理危机干预对象不全面。灾难幸存者和灾难急性心理障碍不明显的大学生也是心理危机干预的重要对象，他们可能会遭受“污名化标签”“社会性歧视”“自罪倾向”等心理危机风险。

甚至一些高校在心理危机干预工作中还存在着行政化思维，在学生陷入心理危机后首先以维护校方的“良好形象”为目的开展危机公关、责任处分等工作，或者粗暴地把学生的心理危机处理工作交给家长或医院等机构，甚至以“休学、劝退”的方式避免学校责任。

积极心理学视角下的心理危机干预不再止步于心理应激状态的解除，也不再单凭危机干预人员的专业力量开展心理危机干预，而是激发危机干预对象的积极心理潜能来对抗心理危机状态，并且注重干预对象在危机处理过程中的积极品质塑造，以防患于将来可能出现的心理危机，具有更加深刻和长效的治疗意义。

（三）当前心理危机预警的滞后性与积极心理危机干预的必要性

传统的高校心理危机干预基本以事后干预为主，通常在心理应激事件出现后或心理危机产生后才采取相应的应急干预措施。如今，大部分高校心理危机干预都引入了“学校心理健康中心（专业咨询师为主）—院系（辅导员为主）—班级（心理委员）—宿舍（心理联络员）”的四级心理危机预警机制，希望以此来防患于未然。然而这一系统化程度很高的心理危机预警机制依然只起到“亡羊补牢”的作用，未能摆脱其滞后性的问题。四级心理危机预警机制是一个垂直组织，任何一个节点人员的专业性和尽责度都会显著影响到心理危机干预的及时性和有效性，然而这些节点人员的专业性和尽责度并没有绝对保障；四级心理危机预警机制依然是以危机事件和学生的异常反应为基本汇报指标，尽管做到了“早发现”的心理防控目标，但是无法从根本上预防心理危机的出现。

从“被动干预”到“主动预警”体现了高校心理危机干预工作的进步性，但是都存在滞后性的缺陷。积极心理学实现了从“被动干预”到“主动预警”再到“积极预防”的升级变革，工作场景从突发危机事件转移到了日常的积极心理教育中，工作对象从心理危机对象转移到了全体的大学生群体中，工作目标从危机状态的解除转移到了积极心理能量的塑造中，工作思路从及时预警和快速干预转移到了事先预防和积极防控中。据此，本研究进一步提出了积极心理学视角下的大学生心理危机干预的框架设计和实施路径。

二、积极心理学视角下的大学生心理危机应对结构探索

不同于其他的心理危机干预模式，积极心理学视角下的大学生心理危机干预更加重视大学生自身对心理危机状态的积极应对、主动防范与正向抵御。心理学家勒温在社会行为的形成中提出了 B=f(P，E ）的模型，社会行为（behavior）是个体内在因素（person）和社会环境（environment）综合作用的结果。大学生的心理危机是其常规应对方式无法承受外在危机事件刺激时出现的心理紊乱状态，那么，大学生的心理危机积极干预模式就需要一方面着力优化其内在的积极应对力量，另一方面要在提供必要的外在支持的条件下重点提升其社会支持领悟能力和运用能力。

（一）内生力量

大学生心理危机应对的内生力量是大学生自身所具备的对抗心理危机压力时的心理资本。积极心理学认为，个体存在着消极和积极两种此消彼长的心理能量。当个体出现心理障碍时，既可以通过降低消极能量的方法直接解决心理危机，也可以通过建设积极心理能量来对冲心理危机的负面影响，并且后者具有更大的可能和更快的效能。大学生心理危机的内生力量主要包括积极认知风格、积极人格品质、积极能力品质和积极危机意识四部分。

1. 积极认知风格

大学生在面对突发性应急事件时最先、最快起作用的便是其对危机事件的认知风格。认知风格不是根据事件的特殊性出现的具体化认知方式，而是一种自上而下的常规化稳定认知模式。换句话说，并不是危机事件决定了某个大学生会持有某种必然的消极认知，而是某个大学生的认知风格决定了他对危机事件的看法与评价。正如心理学家埃利斯的 ABC 理论所述，导致心理问题的不是客观事件本身，而是对客观事件的看法和评价，绝对化要求、过分概括化、糟糕至极等不合理的信念是心理危机出现的重要预测变量。

相同的危机事件发生在不同的人身上会有不同的结果，其中起着调节作用的便是个体的认知风格。心理学家 Lyn Abramson 的研究表明，把消极事件归因为内在的、整体的、稳定的因素更容易导致抑郁等心理问题，而把消极事件归因为外在的、局部的、不稳定的因素则不容易发生心理问题，前者为抑郁型归因风格，后者为乐观型归因风格。积极心理学认为个体的认知风格、归因风格或解释风格是后天习得的，通过积极训练，个体可以具备乐观型解释风格，这一内生积极力量将有效地降低心理危机的发生概率。

2. 积极人格品质

已有研究表明，出现心理危机的大学生个体通常具有性格内向自卑、孤独冷漠、自尊心较强等共性特征。这说明人格是大学生心理危机的重要区分变量，积极人格品质在抵御心理风险上具有较大的优势。积极心理学非常强调积极人格品质在心理治疗和个体发展中的作用，甚至认为积极心理品质的发展就是个体发展的目标。

“乐观”“希望”等积极人格品质能够帮助大学生在危机中看到新生，激发转危为机的潜能；“友善”“社交智慧”“团队精神”等积极人格品质能够帮助大学生获取社会支持、增强协作能力，借力解决心理危机或走出现实困境；“坚韧”“勇敢”“热情”等积极人格品质能够帮助大学生增强心理弹性，直面突发应激事件带来的苦难。总之，有积极人格品质的大学生一方面能够降低心理危机易感性，从而不易落入心理危机的困境中；另一方面也能够积蓄充分的积极心理能量，从而克服心理危机。

3. 积极能力品质

如果说认知风格和人格品质是大学生心理危机应对的恒定、被动资本，那么，积极的能力品质就是大学生积极应对心理危机的主动内生力量。能力是个体顺利完成某种任务的基本心理条件。心理危机的解除需要大学生凭借强大的挫折耐受力和灵活的心理调控力来得以实现。针对大学生常见的心理危机，有效的积极能力品质包括挫折耐受力、情绪调控力和幸福获取力。

第一，挫折耐受力。挫折耐受力是指个体在遭遇挫折时能够抗御心理压力，避免心理失衡和行为失常，走出心理困境的能力。也有研究把这种能力称为心理韧性、心理弹性或心理逆商（adversity quotient）。挫折耐受力强的大学生能够在突发应激事件发生后依然保持生命的活力和生活的热情，积极从自身角度寻求问题解决方法以突破困境，而不是自怨自艾或者怨天尤人。

第二，情绪调控力。大学生的心理危机状态通常伴随着抑郁、焦虑、愤怒或恐惧等消极情绪状态甚至情绪崩溃状态。这就需要大学生具备认知调节、人际调节、宣泄调节等情绪调控手段和冥想、腹式呼吸、睡眠节律调节等放松减压方法，以此较早、较快地走出负面情绪的困境。

第三，幸福获取力。积极心理学视角下的心理危机应对策略不止步于危机状态的解除，而是从根本上增强大学生的幸福感来对冲已然存在的心理危机和预防可能出现的心理危机。这就需要大学生具备积极的幸福价值观和幸福获取力，一方面辩证地看待生命的价值和生活的意义，追求自我实现式的心理幸福；另一方面以豁达的态度接纳生命中必不可免的危难并从中寻求“痛并快乐着”的幸福。

4. 积极危机意识

除了积极的认知风格、人格品质和能力品质，积极心理学视角下的大学生心理危机应对还必然包括大学生对心理危机的基本意识。积极的危机意识是有效调动积极认知风格、积极人格品质和积极能力品质的原动力。

首先，合理化对危机的认识。突发事件、意外事故均在正常的防范能力之外具有不可控性。大学生的心理正处于自我同一性的延缓偿付期，具有矛盾性、脆弱性和不成熟性，再加上学习困难、考研（升本）失利、作弊被抓、失恋分手、求职失败等大学生危机事件时有发生，这就导致当代大学生的心理危机成为一种常态，对自己可能出现的心理危机应持有淡定、平和的心态。

其次，积极的危机求助意识。已有研究表明，不少身陷心理危机的大学生并没有一开始就寻求社会支持和外力帮助，甚至已经走到自杀边缘的一些大学生也没有向他人发出求救信号。尽管可以从“习得性无能为力理论”的层面上理解遭遇心理危机的大学生已然丧失了求助的信心和效能，但是没有明确的求助意识确实让本来不会发生的悲剧重复上演，这就愈发彰显出在日常心理教育中提升大学生心理危机求助意识的重要性和必要性。

（二）社会支持

积极心理学的三大研究领域包括积极心理品质、积极情绪体验和积极社会组织。前两者是大学生积极应对心理危机的内生力量，而积极社会组织会以外在支持的方式影响大学生对心理危机的应对效果。

1. 社会支持的建设与重构

人是社会性的群居动物，社会支持对人的心理健康状态和心理问题解决起着至关重要的作用。尽管身陷心理危机的大学生更多地要凭借内生力量来处理心理危机，但是撬动危机解决的支点或者起点确是社会支持系统的建设与重构。

第一，情感支持系统的建设与重构。大学生在应对心理危机时需要充分的情感支持和心理帮扶，学校心理咨询师、辅导员、班主任是重要的引导者和鼓励者，特别是家庭的支持和同辈的辅导在大学生心理危机康复中起到至关重要的作用。这就需要大学生一方面要建构合理的心理支持网络，另一方面要基于对自己情感支持网络的审视重构强有力的情感支持系统。

第二，赋能支持组织的建设与重构。教育、卫生、民政、政法、公安和团委等系统都是大学生心理危机干预的重要赋能机构、支持组织和干预力量。高校的心理危机干预要积极引入各种心理危机干预的有效力量，大学生要从多个层面、多个角度、多个系统中寻求现实问题的解决方法和心理危机的支持力量。

2. 社会支持的领悟与运用

已有研究表明，身处心理危机的大学生并不一定是缺乏社会支持的来源，而是未能感受到社会支持网络带来的正向支持，或者不能恰当地运用社会支持，使之转化为心理支持。这就需要引导大学生积极地看待自己所拥有的社会资源和心理支持，充分地运用自己的积极社会支持网络。

相比较于社会支持的建构与重构，社会支持的领悟与运用是积极心理学视角下的心理危机干预模式更加重视的因素。从一定程度上讲，某一大学生所拥有的社会支持网络的数量、性质和质量是一个既定的常量，很难短时间内实现质的变化，但是对社会支持的领悟与运用可以通过积极引导和积极训练实现显著优化。

综上所述，积极心理学视角下的心理危机应对结构应包括积极认知风格、积极人格品质、积极能力品质、积极危机意识等内生力量和社会支持的建设与重构、社会支持的领域与运用等社会支持，本质上实现了从以危机干预人员为主导的“救火员中心模式”到以心理危机干预对象为主导的“防疫者中心模式”的转变。

三、大学生心理危机工作的积极化路径

不同于传统的心理危机干预模式，积极心理学视角下的大学生心理危机工作更加重视心理危机的常态化预防工作，并且不只是刻板式地开展心理健康教育课程，而是以“积极心理学”为灵魂引领科学化、具体化的积极心理危机预防教育活动。同时，积极心理学视角下的心理危机干预工作不再是单纯地去解决现实困难，也不只是单纯地解除或被动地接受当前的心理失衡状态，而是通过激发干预对象的积极潜能来长效、彻底地解决心理危机问题。

（一）积极心理危机预防

1. 以幸福为中心的生命教育

心理危机，特别是自杀等严重的心理危机威胁着大学生的生命健康安全。正如一位处于心理危机当中的大学生所言：“我不怕死，但我怕活着”“别说是追求幸福，活着对我来说已经是竭尽全力了”，这就意味着生命教育对预防心理危机有着极大的必要性。

以积极心理危机预防为目的的生命教育核心是让全体大学生意识到生命的价值、存在的意义，让大学生掌握幸福的能力、快乐的真谛。一些大学生认为幸福是远高于“活着”的生命层次，这从根本上降低了生命的意义且夸大了幸福的难度。事实上，生命的全部意义就是幸福，而幸福的条件只需要保证自己活着即可。儒家讲求以“仁”为核心的精神富足给自己带来的幸福，“一箪食，一瓢饮，在陋巷，人不堪其忧，回也不改其乐”，正是因为颜回可以在“仁、义、礼、智、信”中实现自己的人生价值，陋室中的温饱生活也无法击垮颜回的幸福状态。道家讲求以“无为”为核心的天人合一给自己带来的幸福，“祸福无门，唯人所召”，祸福得失是自然规律，喜怒哀乐是心理常态，看淡得失就是幸福的能力。当然看淡得失的“无为”不是避世、沉沦，如庄子所言“物物而不物于物”，追求成功、物质等外物并没有问题，但是不要沉迷于外物。这就显示了一个人的幸福可以超然于现实的得失忧患之上。

以幸福为中心的生命教育的重点不在于是否到达“或然”的幸福，而在于能否从“实然”的幸福出发，以乐观的态度审视生活，以豁达的态度应对失败，以幸福的态度享受生命。据此，本研究认为与其说幸福是一种状态或体验，不如说幸福是一种能力或观念，通过以幸福为中心的积极生命教育必然会优化大学生的幸福观，增强大学生的幸福力，最终体验到持续的、真实的幸福感。

2. 以逆商为中心的挫折教育

心理危机是个体的常规应对方式和既有心理资本无法抵御突发的、重大的心理应激事件的结果。这就需要积极心理学模式下的大学生心理危机预防工作要着力增强大学生应对突发应激事件时的积极心理资本。

大学生正处于自我同一性的心理延缓偿付期，有着较为旺盛的自我探索需求和较为沉重的人生发展任务，学业困难、就业困难、恋爱波动、社交障碍，包括家境悬殊等因素对大学生的心理考验不断普遍化、严峻化，再加上当代 00 后大学生独生子女的比例较高，普遍存在着挫折耐受力较弱的心理特点，这就导致当代大学生对心理危机事件的风险抵御能力不足。大学生的学业进步和人生发展不仅需要高超的智商和情商，逆商也成为大学生抵御心理危机、走出现实困境和应对人生考验的重要心理品质。

以逆商为中心的挫折教育，一方面要完善大学生的积极应对方式，训练和践行“解决问题”“求助”“合理化”等成熟型的心理应对方式，避免和减少“退避”“幻想”“自责”等消极的心理应对方式。另一方面要增强大学生的心理韧性，强大的心理韧性来自于一次次逆风翻盘的经历，来自于一次次凤凰涅槃的过程，“艰难困苦，玉汝于成”，在挫折训练、事后复盘和积极反思中锻造坚韧的心理弹性、挖掘积极的心理能量，不仅不怕困难，还能解决苦难；不仅不怕失败，还能从失败中汲取营养；不仅不怕危机，还能从危机中找到契机。

积极心理学视角下的心理危机预防工作实质就是心理危机相关的教育工作。但是需要指出的是：首先，积极心理危机教育并不是体现为心理危机的事后应对知识和技能的输出，而是体现在积极心理品质、积极情感体验和积极社群组织的心理资本建设上。其次，积极心理危机教育并不仅仅局限于心理健康教育课堂，校园心理文化建设、心理拓展训练、团体心理辅导和社会实践锻炼才是更加有效的教育方式。

（二）积极心理危机干预

危机事件的突发性和个别大学生积极心理资本的脆弱性，使得心理危机的存在成为一种必然的常态。不同于其他心理危机干预模式，积极心理危机干预模式更加重视危机干预对象本身的力量和危机干预的长效作用。

1. 基于积极心理品质测查的心理潜能激发

大学生心理危机干预是一项个性化的心理个案工作。不同的个案应该采用不同的应对策略。积极心理危机干预模式的个性化策略依据不是触发事件的个性化差异，而是干预对象在积极心理品质上的个性化区别。这是因为，积极心理学视角下的心理危机干预模式认为，解除心理危机的根本力量和长效力量是危机干预对象自身，能够激发大学生自身的心理抵御能力和心理康复能力才是解决心理危机的最短捷径和最终归宿。

塞里格曼等人研发的《积极心理品质量表》和孟万金等人编制的《中国大学生积极心理品质量表》都可以作为了解危机干预对象积极心理品质的重要手段。基于大学生危机干预对象积极心理品质的客观、量化解读，积极心理危机干预重点在于激发和引导干预对象运用既有的积极心理品质，一方面来抵御心理危机事件造成的心理失衡，另一方面开辟新的建设性活动来积极化心理基本面。

2. 基于积极心理支持建构的心理资本聚力

不同于常规心理咨询，大学生心理危机干预面对的问题更加严重，同时对问题解决的时效性要求更高，必须借助于相关联的社会支持力量来促进心理危机状态的尽快解除。特别是在积极心理学视角下的心理危机干预模型看来，积极心理支持的建设不仅是解决问题的方法，更是危机干预的长效目标。

具体而言，大学生的积极心理危机干预模式首先要为身处心理危机的大学生提供必要的社会支持和心理支持，支持、鼓励大学生形成稳定的心理抗逆效能感和心理成长自信心，启发、引导大学生找到问题解决的创新性路径；其次帮助大学生构建和评估社会支持网络的来源、数量、质量和有效性，特别注重家庭、同学、好友等社会支持的领域与运用。但是这不等同于一般意义上的社会支持，需要基于积极心理组织相关理论评估当前的干预对象的人际网络的效价，有的时候父母、好友并不一定是积极的心理支持来源。总之，通过积极心理支持网络的建构、评估和重构等工作，聚合成为大学生对抗心理危机、预防心理危机再次发生的心理资本。

第四节　大学生心理危机干预体系

大学生心理健康教育是思想政治教育的重要组成部分，是一项专业性较强的助人工作。大学的心理危机事件不是孤立的事件，已成为具有一定代表性和典型性的社会问题。因此，建构科学、有效的心理危机干预体系至关重要。本节从危机干预的角度出发，对建构大学生心理危机干预体系提出了建议。

我国经济正在高速发展，大学生的价值观也在变得越来越多元化，但是大学生也面临着很多挫折和压力的挑战，很多大学生在这个阶段容易陷入心理危机中，从而出现较为严重的过激行为，这不仅会威胁到当事人的生命安全，同时会影响到家庭、校园和社会的稳定。心理危机是由于某些因素所诱发的心理状态失调的情况，为了提升大学生的心理素质、进一步促进校园及社会的安全稳定，高校采取合理而有效的手段对大学生心理危机进行预防及干预是极为关键的。

一、大学生心理危机与心理危机干预

（一）心理危机与心理危机干预概述

我国学者在进行心理危机的相关研究时，对心理危机的概念通常采用美国心理学家 G.Caplan 的观点：心理危机是一种暂时性的心理失衡状态，其产生的原因往往源自某个或者某些困难的情境，此情境是心理危机出现者当下没有足够能力应对的，这种令其感到困难的情景导致心理困扰的出现并形成心理危机。

心理危机干预是一个较为短期的过程，此过程是为那些经历过心理危机以及正在面临心理危机的人提供支持的，帮助其能够更快的恢复到心理平衡状态。危机干预是以简短的心理治疗为基础进一步发展而形成的治疗方法，能够有效地解决心理危机的问题。心理危机干预主要是在发生严重的突发事件之后，针对面临心理危机的大学生采取快速、高效的应急方式对其进行干预，采用较为合理的方法对于应急事件进行处理，从而使其能够渡过危机时期，帮助其逐渐恢复到心理平衡状态。

（二）大学生心理危机的研究现状

目前，人们对于大学生心理危机的认识仍然不够全面，有些文章中甚至会出现一定的误解，因此对其进行正确的认识和界定是极为关键的。在国内学者对大学生心理危机的一系列研究中，关于大学生心理危机概念的界定较少，其中比较有代表性的有：邵昌玉提出大学生心理危机主要是指高校学生运用寻常应付方式不能处理，由于无法克服心理冲突或外部刺激而对所遇到的内外部应激事件所发生的一种反应；高留才认为心理危机是指当大学生受到一些突发事件或面对的困难情境超过了他解决此类问题的能力时而产生的暂时的心理困惑。

二、当前大学生心理危机干预存在的主要问题

（一）心理危机识别不精准

目前，我国高校对心理危机的干预意识不强，仍未形成危机精准识别的干预机制。大学生心理危机出现的原因复杂，学业问题、经济问题、家庭环境、生活事件、个性心理等因素均可能会影响大学生的心理健康，情况严重的甚至会引发心理问题产生心理危机。大学生的心理危机具有隐匿性、变化性和反复性，其自身难以察觉，同时，我国高校在处理大学生心理危机时也存在着经验不足等问题，这导致大学生的心理危

机难以被准确识别。

此外，我国高校的心理健康工作者的能力培养体系并不完善，这导致了部分心理健康工作者对心理危机干预专业知识了解不够深入，专业化标准尚未达标。同时，这也与高校辅导员的专业背景相关。在我国目前的高校辅导员专业背景中，教育学、心理学、思想政治学等相关专业出身的辅导员比例并不高。然而具备教育学、心理学、法学、社会学、思想政治学等社会科学的知识却是准确高效地应对和处理学生心理突发事件的基本条件。虽然有些高校采取了变通的方法，会求助于专业机构来处理大学生心理危机事件，从而弥补专业性不足的缺憾，但却很大可能使心理危机无法在第一时间内得到化解，错失了消除危机的最佳时机。

（二）心理危机干预模式僵化

在大学生的心理危机干预中，通常更加倾向于采用自外而内的单向干预模式。通常个体在遭遇了一些主观感受超过其承受能力且仅凭个人力量已无法实现心理平衡的事情时，必须通过外界的介入，才能使其有进一步的调整。这种外界主导的单向干预，在一定程度上是较为合理的，但个体的长期消极被动导致其主观能动性的压抑这一局限性也不容忽视。

马克思主义哲学的辩证法告诉我们，任何事物都是内外因素相辅相成的结果，内因决定事物发展方向，是根本；外因促进事物变化，并通过内因对其进行作用。所以我们对于大学生心理的危机干预，除了重视外部导向的模式，也应该对于个体自身的潜能来进行调动，从而能够使其心理平衡得到进一步的恢复。在内外并行的新型模式处理下，大学生的危机个体有着较为动态的特点，个体对于危机的应对潜力被激活与唤醒，主观上克服危机的积极性被提高，从而能更有效地使用外界的支持和帮助，共同战胜心理危机。

（三）心理危机干预力量单一

在进行大学生心理危机干预时，干预主体存在着单一化的问题。大学生远离家庭，尚未步入社会，在大学校园内生活，学校应当承担问题学生的心理危机干预责任，一旦出现心理危机，学校就应当立即采用预案来进行介入，为防止危机事件发生赢得宝贵的时间。但家庭和社会却在干预过程中地位缺失，其作用没有得到充分的体现。这种割裂了学生和家庭、社会之间的关系，把整体的问题只是放在学校这个层面来进行考虑，没有全面地探讨大学生心理危机的复杂性，使得问题简单化的状况势必会影响干预成效。

大学生心理问题的产生受到多种因素的影响，家庭因素是其中非常重要的一方面。很多危机的诱发因素在于家庭，比如经济的问题、父母离异等方面。因此，家庭对大学生心理健康的主要作用和当前家庭干预心理危机的缺失形成的反差值得关注。同时，由于大学生还没有走向社会，和社会的联系较弱，但是社会上有着较为丰富的危机干预资源，比如专业的心理辅导以及较为先进的医疗条件等，在这种情况之下，学校可以将有需要的学生转介到专业的医疗机构进行诊治。

三、大学生心理危机干预体系建构

（一）建立心理危机反馈识别系统

高校为了有效地帮助出现心理危机的学生化解危机，需要构建快速、高效的反馈识别系统，以在学生出现心理危机时能够及时干预、稳定其情绪，帮助学生走出当下困境。

建立心理危机反馈识别系统，首先，要做好细致的行为观察。行为观察主要是指辅导员、班主任、心理委员、班干部等，要在日常生活中细致入微地观察学生的行为，掌握学生的基本情况，以便及时发现问题、尽早进行干预，防止事态恶化升级。辅导员、班主任需要经常性的走访学生宿舍、开展谈心谈话，深入学生课堂，充分发挥学生骨干的作用，及时了解学生的日常状态和心理变化。其中，有下列问题的学生为重点筛查对象：晚点名未假外出、去向不明的，早操、课堂、宿舍违纪的，人际关系紧张的，课程不及格的，学籍异动的，感情受挫的，家庭变故的，突发事件的等。上述行为问题是心理危机产生的必要不充分条件。要对辅导员、班主任、心理委员、班干部等开展针对性的专题培训，增强他们发现和识别心理危机的能力。

其次，要做好大学生心理测评工作。从新生入学开始，要定期为所有学生开展心理普查，建立学生心理健康档案动态数据库，在此基础上对心理危机高发的学生进行准确摸排、分级管理、重点关注。通过心理测评和分级关注，一方面可以帮助学生形成重视心理健康的观念，另一方面可以让高校心理健康教育工作者实时掌握学生心理动态，及时发现心理危机的诱因，提前预防、化解危机事件，最大限度地降低危机发生率。

最后，高校要加强与学生家长的沟通交流，将学生的心理健康状况及时反馈给家长，保障信息反馈畅通无阻。在新生入学时，让每一名学生填写新生档案卡，收集学生的家庭地址、家庭主要成员信息、家长联系方式等，为家校信息互通打下基础。在新生报到期间，通过组织召开新生家长会、建立年级家长 QQ 群和微信群等方式，向家长和学生灌输学生的健康成长离不开家庭支持的观念。在此基础上，定期与家长交流学生的心理健康状况，做好家长的心理工作，帮助家长准确了解孩子的心理状态。当学生陷入心理危机时，第一时间联络家长并做好沟通协调工作，共同为心理危机学生提供支持和帮助，并及时让有需要的孩子进行转介，尽早接受专业治疗。

（二）心理危机干预要多措并举

要做好大学生的心理危机干预工作，提升高校心理健康教育工作者的专业技术水平是重中之重。大学生心理危机干预工作是一项专业性较强的工作，仅凭借工作热情是难以妥善处理的。因此，要想更好地适应高校心理危机干预工作的要求，提高心理健康教育工作团队的综合素质、对其开展专业培训是十分必要的。

此外，要普及心理健康的专业知识，引导学生学会主动寻求帮助，提升大学生面对心理危机时的应对能力，并在有需要的时候主动接受专业的咨询或治疗。定期邀请心理学专家为大学生普及心理危机应对的基本知识，以专题讲座、心理健康知识培训、座谈交流会等形式定期普及心理健康教育的知识。同时，还要结合学生的实际情况，引导学生发挥自助、助人的功能。高校要依托心理健康教育中心、学生组织多渠道、多载体、多形式地开展系列教育活动，帮助学生更好地融入大学生活，增强学生的心理健康意识，为开展心理危机干预工作奠定良好的基础。

在进行心理危机干预时要进行双向干预，既要自外而内又要自内而外，要将解决实际问题与解决心理问题相结合。比如，有的学生出现了挂科、违纪等问题，有很大的可能性与其心理问题相关，心理健康教育工作者一定要在处理问题的同时尽可能深度挖掘发生问题的原因，抓住每一个可能了解学生心理问题的契机，进一步预防心理危机。

（三）心理危机干预要多方联动

高校在进行大学生心理危机干预时，心理健康教育中心教师、辅导员、班主任、心理委员、班干部、党员等往往是中坚力量，但是心理危机干预是个复杂、系统化的工作，干预效果却时常不尽如人意。这是因为许多高校在进行危机干预时，仅仅依托于学校内部资源，而心理危机干预不仅仅与大学生的健康成长息息相关，同时也是关系到学生家庭和谐、学校及社会安全稳定的重要工作，因此，高校在充分利用学校内部资源的同时，还需要借助来自学生家庭以及社会环境的资源和支持。

高校应该以学校的内部资源为基础，充分利用好家庭与社会的支持力量，将危机干预工作与学校、家庭、社会三者关联起来，构建起学校—家庭—社会三方合力、三位一体的大学生心理危机干预体系。在这样一个三位一体的危机干预体系中，心理健康教育中心教师、辅导员、班主任、心理委员、班干部、党员等的协同作用能得到充分的发挥，家庭和社会的资源被积极地调动，成为辅助学校开展相关工作的强大支撑力。当大学生出现心理危机的时候，学校应当立即采用应急预案，对危机学生进行干预的同时，尽快联系学生家长到校配合开展相关工作。而一旦发现危机程度超出了学校、家长干预的能力范围时，就应该及时转介，借助社会专业心理机构的力量来对其进行帮助。在危机学生接受治疗期间，学校应与专业机构保持联系，了解治疗进展情况。

在危机后干预阶段，也需要保持良好互动，使危机学生恢复心理平衡。在这一过程中，保持畅通的交流与沟通是危机能够得到顺利解决的重要条件，而学校在其中所扮演的角色是非常重要的，它既是信息的传递者，又是整个事情的监督者。家长应与学校保持沟通，如实反馈相关信息。学校、家庭和专业机构一方面各司其职，另一方面三方应保持畅通的交流与沟通，形成合力，做到信息及时透明共享，相互补充，在对学生进行心理危机干预时能够做到井然有序、多方联动，共同帮助问题学生走出困境。

大学生心理危机干预是大学生心理健康教育工作中至为重要的一部分，它与大学生的健康成长息息相关，并且关系到国家和社会的和谐稳定，我们应当寻找经验，通过较为科学的方案来对其进行处理，充分发挥心理危机的干预作用，充分调动家庭和社会的资源，家校互通，在社会系统的辅助下，构建完整的危机干预生态体系。

一方面，学校应该加强和家长的沟通，对于家庭心理教育的作用进行进一步的发挥，向家长传输新的教育理念和心理危机的干预模式，使得存在心理危机的学生能够获得家庭的理解和支持。同时，需要对学生家长进行系统的培训，当学生面临心理危机时，需要充分发挥家庭的作用，帮助面临危机的学生得到家庭的支持，使其能够尽快地渡过危机。

另一方面，要充分调动社会系统的资源。社会系统可以有效地协调个体、学校、家庭之间的关系，达到系统间的互动、互助发展。目前，我国的社会教育系统的建设工作才刚刚起步，运转过程中的系统性仍有不足。因此，建立以高校和家庭为基础，以医疗单位、专业预防救援机构为辅助的大学生心理危机干预体系，进一步提升对心理危机大学生干预和帮助的及时性和有效性，将是我们继续努力的方向。

第五节　价值观与大学生心理危机

一个人的行为是以价值观作为基础的，大学的心理危机主要是因为价值观冲突引起的，为了建立良好的心理危机防御体系，就需要确立健康的价值观。基于此，本节对文化视角下大学生心理危机干预研究进行探讨。

价值观指的是一个人对四周客观事物重要性的看法和评价，直接决定了一个人的人生态度、从什么样的角度去了解社会以及从什么样的角度去对自身的行为进行规范。大学生由于自身的身心发展还不够成熟，面临复杂的社会，大学生的价值观很容易和现实社会产生冲突，进而引发心理危机。因此，从文化的角度对这些问题进行审视非常重要，这不仅可以进一步对已经存在的心理危机干预理论进行拓展和延伸，还可以建立良好的心理防御体系，提高大学生的心理危机干预实效性。

一、大学生心理危机干预过程中需要重视的价值观因素

（一）导致价值观冲突的主要原因

价值观是人们用来对事物进行指导和评价的一种心理倾向系统，是指导人们活动的精神力量和驱动力，人们的行为也都是在价值观的支配下开展的。在社会的转型时期，各种评价标准和价值观念越来越多元化，人们经常需要面对各种斗争和冲突，在社会转型期的人们由于失去了基本的价值标准，内心深处就会感到无所适从，感到矛盾，对未来失去信心。作为一个特殊的群体，大学生的自我意识和身心发展正在由矛盾和分化走向统一，是人格建立和发展的关键时期，受价值观的影响比较大。在各种价值观相互交织、相互转型的世界中，社会矛盾越来越明显，对于大学生来说，由于社会阅历比较浅，很多青年大学生出现了抉择方向、数据失准，认同失标的情况，在心理上出现了失态和失衡。再加上现在很多大学生多为独生子女，成长环境比较舒适、安逸，缺乏意志力、耐挫能力和社会适应能力不高，经常会以自我为中心，存在比较严重的叛逆心理，对于不同的问题，存在不同程度的认知偏差，部分人在遇到挫折和困难时，很容易产生沮丧、无助等消极情绪，如果不对其进行积极的引导，就会使其对未来感到茫然。当自身的价值观和生活经验不能解释遇到的困难时，就会产生心理方面的危机，如果所受的价值观教育也缺乏正确性，就会进一步导致个体出现认知和人格方面的偏差，在遇到情境性危机和苦难挫折时，没有信念支撑，缺乏面对压力、解决压力的方法，进而产生心理方面的危机。

（二）要将价值观引导作为心理干预的重点

危机干预指的是帮助危机中的家庭或者个人的一项技术，通过将个人潜能激发出来，使其心理恢复到一种平衡的状态，简单地说，就是让处于危机中的人，心理恢复到一种平衡的状态。当前，我国高校在心理危机的干预方面提供了很多的方法和策略，并且已经取得了比较大的发展，但是总的来说，还缺乏危机干预意识，相关的经验也比较缺乏，没有合理的价值干预手段进行引导和分析，从而导致大学生缺乏防御心理危机的能力，在心理上无法进行自我调节和自我控制。过去在对大学生群体进行心理干预时，都是在出现心理危机后进行的，这个时候心理危机已经出现，没有在萌芽状态将心理危机消除，而通过价值观构件引导的心理危机干预系统，是通过对大学生进行引导，然后让其树立正确的价值观，让大学生产生心理危机的抵抗力。此外，传统的干预系统都是使用一套全面、详细的指标体系评定大学生的心理危机，由于看待问题的角度和认识度存在差异化，导致相同的心理危机会产生不同的判断，不能更加系统、全面地分析遇到的危机问题。而心理危机的消除，需要通过当事人不断地进行自我摆脱、自我调节，专业人员只需要根据当事人的实际情况给予帮助和指导，扮演着

辅助者的角色。专业人员根据当事人的偏差采取合理的治疗措施，通过对其进行合理的引导，使其树立正确的价值观，让其可以在心理方面产生防御性，在遇到心理危机时，可以进行自我调节和控制，从而达到解决心理危机的目的。

（三）建立正确的价值观

培养正确的价值观是引导学生建立心理危机防御系统的重要环节，在提高学生心理健康水平，降低学生心理危机方面具有重要作用。通过对大学生的价值观进行正确的引导，使其建立解决危机的对应机制，具有完善的个体人格，从而建立顽固的心理防御系统，这是防止个体心理出现危机的一种有效措施，可以从根本上防止和降低心理危机的出现，在提升大学生心理素质，培养健康人格，降低心理危机方面具有重要意义。

一般情况下，大学生的抗拒心理和刺激的承受心理是心理危机形成的主要原因，而心理抗拒力量和承受力量的大小又和大学生心理活动的动力结构系统有密切的联系。作为一个人格的关键部分，大学生的人生观和价值观是组成动力结构的关键，发挥着调解危机和化解危机的作用。而人格教育重点是引导大学生做一个什么类型的人，通过对大学的价值观进行引导，让大学生具有坚定的价值观和人生信仰，具有良好的责任心，可以将社会利益和自身利益紧密地结合起来，从而实现自我价值。这样，大学生在情感方面更加的成熟、稳定和乐观，在个体认知方面具有良好的自尊心、自信心和自制力，在意志方面可以更加的果断、坚强和自立，在人格方面具有远大的抱负和乐观向上的人生态度，不断地努力追求自己的梦想。个体在具备了健全的人格后，就会具有良好的心理状态，心理危机出现的可能性就会降低。此外，对于个人来说，人生中遇到挫折和困难是正常的，可能会出现短暂的心理失衡，而通过将个体的价值观内化，可以帮助个体从危机状态脱离出来，实现心理危机的自救，铸造出抵御刺激和抗击压力的人格盾牌。

二、价值观对心理危机进行干预的方法

作为一个系统复杂的过程，价值是在一个特定的环境中，个体在自我意识、自我需求和经验影响的作用下形成的，这些因素的差异性导致个体的价值观也存在比较大的差异化。作为心理构建的基础，价值观主要通过意志力、影响态度、认知方式等方法对心理造成干预。首先，价值观会通过影响态度的方式来对心理危机进行干预，对个体对危机的认识造成影响，可以让人主动进入客观事物的认识和选择中，不同的个体，面对事物时的态度也会有比较大的差异性，会导致个体产生不同的情绪，所以态度的差异会使个体在面对危机时产生不同的认识，并影响个体心理危机的形成。

其次，价值观通过意志力来对心理危机造成干预，对个体面对危机时心理的承受

能力造成影响。由于困难和心理危机是共同存在的，个体意志力的强弱直接会对个体抵御外界压力的能力造成影响。

最后，价值观会利用认知来对人的心理危机进行干预。在个体生活过程中，表现出来的举止、行为爱好、对客观事物态度的差异性等，除了受到客观条件的限制，还和自身的价值观有直接的关系。在追求某些事物时，人们往往会选择和自身价值观念相符合的一些东西，对于和自身价值观冲突的东西，一般会选择放弃，也就是说，人总是做一些对自己具有意义和价值的事情。所以，人的个体价值取向，会直接对人的道德标准、行为举止和人生目标造成影响，而且会对人的心理危机发展方向造成影响。

三、文化视角下大学生心理危机干预的措施

为了对大学生心理危机干预的有效性进行提升，需要开展大学生心理健康教育，提高他们的心理素质和内在修养，培养他们正确的人生观和价值观，以提高大学生抵御外界压力的能力。

在开展教育工作时，高校心理教育工作人员要让大学生树立正确的文化观念，使大学生可以更加客观、理性地看待事物，对自身的行为进行规范。在对心理危机进行干预时，要把价值体系的树立作为重点，遇到个体经验和现实生活经验不一致的情况时，个体就会产生焦虑的情绪，如果大学生具有良好的价值观体系，就会对这些外在的因素进行自动抵御，可以更加理性地面对外来的因素。在社会经济的发展下，大学生在生活的过程中，会受到权利、金钱、物质等方面的诱惑，作为培养高素质人才的重要场所，高校要肩负起人才培养的重要使命，要将自身的教育功能充分发挥出来，对大学生的精神生活进行正确的引导，使大学生树立正确的价值观和人生观，如此在生活的过程中，当大学生遇到冲突和矛盾的时候，可以更加理性地控制自身的行为和思想，对自身的价值观念进行规范，也可以更好地帮助大学生解决心理危机预防过程中遇到的问题。

在教育的过程中，大学生心理教学要将心理健康教育作为理论基础，将新的教学理念体现出来。在实际的教育过程中，由于各方面的因素，导致人们普遍认为心理健康教育只是为了将存在的心理问题找出来并进行教育，这种教育方式不仅不会减轻学生的心理负担，而且还会对学生的心理健康造成影响，从而加重他们心理上的负担。除此之外，大学生心理教育也主要是集中在负面情绪和心理障碍的消除，很多学生都不知道怎样培养自身的积极性，所以在开展心理健康教育时，要使用科学的方法对个体教育的价值进行研究，将个体的潜力充分挖掘出来，让学生树立良好的自信心，使学生找到可以快乐生活的方法，这在提高学生心理教育，解除学生心理危机方面具有重要意义。

总而言之，大学生心理危机干预是大学生心理健康教育工作的一个重要课题，从文化角度对大学生的心理问题和心理危机进行探讨，可以有效地对大学生的心理健康范畴进行拓展，提高大学生的危机心理健康理论范围，增强大学生心理干预的实效性。在教育的过程中，高校心理健康工作人员要对自身的观念进行更新，提高对价值观的重视力度，将文化教育对心理危机的干预作用充分发挥出来，使学生身心更加健康。

第三章　大学生及学习心理

第一节　大学生心理发展的特点

一、大学生的年龄特征

大学生进入青年期，其生理发展已接近最后完成阶段，其心理变化则开始向形成稳定的个性发展，主要表现在以下几个方面。

（一）生理发育日趋成熟

这个时期人体的各部分器官经过青少年时期的急速发展，已日臻成熟。男青年的身高增长速度已趋缓慢，而女青年的身高增长则基本停止；男青年转向于肌肉的生长而显得粗壮，女青年则转向脂肪的聚集而显得丰满；男女青年这一时期的肺活量、脑重量、脑细胞的分化机能和大脑的第一、第二信号系统的功能、性机能等一切人体内的组织、器官的功能均已达到成人水平。因此，大学生的生理发展已达到人生的高峰，身体的成熟已基本完成。

（二）智能发展进入高峰

人的智能是多方面的，其中，记忆能力、认识能力、思维能力和创造能力是智能的四大支柱。据教育学和心理学专家的研究表明：人的记忆力大致与年龄成反比，认识能力大致与年龄成正比。记忆能力与认识能力两条曲线的交点，正是人生最富活力的创造力得以迅猛发展的开始。而这个交点正好落在大学生这个年龄阶段上。处在这个年龄的大学生，抽象逻辑思维的形成、思维的批判性和独立性的增强，标志着青年期智能发展已经成熟。

（三）情感发展迅速

青年大学生由于身心两方面的发展，促使他们对美好未来的憧憬，对理想、事业的追求，对生活、爱情的向往变得日益强烈。这时候，他们对过去的我、现实的我和未来理想的我逐步获得了同一认识，他们对物质生活特别是精神生活需求程度不同，造成了在世界观、人生观、道德观、理想、兴趣、情感、意志以及气质、性格、能力等方面的差异。大学生个性稳定性的发展反过来又促进他们对上述社会需求更加迫切，同时也迫使他们在这一时期必须将压力变为动力，为自己将来能撑起一片属于自己的天空而拼搏进取。

（四）社会需求迫切

随着大学生活的开始，大学生的内心情感日渐强烈而丰富，他们的集体主义情感、爱国主义情感、义务感、道德感、两性情感、良心感、幸福感、美感、荣誉感迅速向广度和深度发展。尤其是爱情体验的出现，是大学生情感世界的一大突变。随着社会的改革开放、人的思想的开放，大学生显得更加活跃，虽然校方一再禁止谈恋爱，可根本阻挡不了那些涉入爱河的男女大学生们。从食堂、影视厅、球场、林荫道、湖边到公园，随处可见恋爱中的大学生。但随着大学生活的结束，择业时的各奔东西，往往大多数情侣要分手，这对大学生的心理影响是巨大的，也是不可忽视的问题。

总之，在大学期间，大学生在生理、心理和社会化方面逐步走向成熟。但是这三方面的成熟不是平行发展的，而是呈现不平衡状态，有时间上的先后和程度上的强弱，各个个体之间也存在着较大的差异。所以，了解和掌握大学生的年龄特征，是教育者和育人单位帮助和促进大学生稳步走向成熟必不可少的条件。

二、大学生的阶段性心理

一般事物都是一步步逐渐发展起来的，大学生的心理发展也是这样。大学生的心理发展可以分为三个阶段。

（一）准备发展阶段

大学生对大学生活从不适应到适应的过程，可以被称为“准备发展阶段”。这个阶段大致需要经历两个学期的时间。在这一阶段，大学生主要要克服以下三个方面的不适应心理。

1. 不适应大学的集体生活

大学新生一般自理能力较差，依赖性较强，不善交往。在中学阶段，他们大多没有离开过家乡，甚至没有离开过父母，大多在家庭的重点照顾和班主任保姆式的管理之下从事学习、生活和娱乐活动。进入大学，他们面对新的环境和伙伴，要独立处理、安排自己的生活，要和陌生的师生交往，社会化要求急速提高，因而感到十分拘谨，手足无措。刚到新的环境，每个学生都迫切需要帮助，需要友谊。他们希望参加集体活动，通过接触来了解新同学。由于缺少生活阅历和交往经验，与同学相处中往往只重视所谓的性格气质的一致（即“谈得来”），不太注重尊重别人和理解别人，易因小事或只言片语闹矛盾。再加上现在的大学生多为独生子女，为家长所宠，自私心理过强，稍有不快，总希望对方认错或道歉，或是不知理亏，反认为他人不理解自己，或有诚意道歉而无主动行为，因此陷入无端的苦闷之中，产生一种莫名其妙的失落感、孤独感，封闭心理由此而加强。此种情形女生多于男生。

2. 不适应大学的专业学习要求

首先，专业兴趣和专业思想还没有真正形成。出现这一情况有多种因素，有的是入学前对学校录取专业了解不够，而期望又太高，入学后或因专业和兴趣不对口，或因学校条件不理想，尤其是有的同学被调至非自己所选的其他专业，再加上刚上大学自负心强，往往有明珠暗投之感，更有甚者回中学复读准备重新再考。其次，产生“轻松思想”。这种思想产生在对专业学习的后悔情绪稳定之后，随着升学目的的实现，长时间来对前途的担心忧虑与家庭、学校、社会舆论的三重压力消失了，入学时对学校和专业不满的情绪被“总比没考上好”的想法代替了，同时也有“既来之则安之”的想法起作用，因此，心理上有一种轻松和满足感。最后，感到“无所谓”。大学初期的课程，一般专业特点并不突出，多为基础课，有些是中学阶段部分内容的重复（如历史、革命史等）。刚入学时觉得都是名师教授讲课，不能大意，慢慢小试锋芒得手，觉得“也不过如此”，便产生“轻敌”之念。

3. 不适应大学的学习特点

虽然大学新生的记忆力、理解力都已达到青年期的高峰值，但对于大学教学方法的高度理论性、概括性和教学内容的大容量、大跨度一时却无法适应，课堂笔记记不下来，课后复习无从下手，自学能力相对较差。一段时间之后，同学间的差距拉开。掌握学习方法的同学开始显山露水，高中时死记硬背的学习方式逐渐被淘汰，使多数同学感到了新的压力，尤其是现在兴起外语过级、计算机过级、开辟第二专业等新的内容，使原来以为进入大学就似进入乐园的同学面临着一种危机感。他们开始考虑自己将来找不到理想的工作怎么办，心情也沉重起来。

除了上述三方面的不适应，大学新生在饮食、气候、语言、风俗等方面也会因环境而产生变化。综上所述，大学新生的不适应，与其青年期的心理发展尚未完全成熟有直接关系，同时也是进入新环境的一种特殊心理反应。多数学生是能够逐步适应的，但也有少数人经受不住这一阶段的各种激荡，造成过大的心理压力，从而影响健康和学习。因此，如何帮助和指导学生克服准备阶段的各种不适应心理，是必须引起重视的问题。

（二）稳定发展阶段

经过一年左右的时间，大学新生的不适应心理已经消失，新的心理平衡基本建立。这时，他们的上进目标已基本确立，差异已经形成，新的进取和竞争开始展开。这些情况表明：大学生开始进入相对稳定的发展阶段。这一阶段大致从大二开始，至毕业前一年或半年为止。大学生在发展阶段的第一心理需要是成才。他们的成才欲望表现在求知识、求能力、求进取三个方面。

所谓求知识，即随着对专业了解的加深和学习的深入，大学生的专业思想逐步稳定，知识的贫乏感和对未来职业的担心使学习的紧迫感得到加强，学习的目的性越来越明确。此时，他们往往不满足于课堂学习、理论学习，而热衷于博览群书，多接触社会，有的开始兼职，增加自己的社会经验和实践经验，并请教名师，发表论文，参与编书，以提高自己分析、判断、解决问题的综合能力。他们重视知识的广度和深度，重视学习的方法和效率，注重自学。

所谓求能力，是指大学生已不再满足于充当知识仓库的作用，他们吸收知识后，释放能量进行创造的欲望非常强烈。此时，他们非常重视自己能力的培养，并经过积极努力，他们的科研能力、组织管理能力，特别是自学能力、语言表达能力、社交能力、实际操作能力等得到很大的提高。他们精力旺盛，兴趣广泛，需要的能力范围日益扩大、层次不断提高，并能不断地进行改善和自我调节。

所谓求进步，是指大学生对祖国命运、社会责任和个人前途的认识有了新的体验。他们关心时事政治，有的萌生了入党愿望；向往民主、科学和现代化，向往个体的全面发展；勤于思考，勇于探索，富有进取和开拓精神，乐于标新立异，喜欢争论问题。但由于政治上不够成熟，他们有时候会出现偏激的言论甚至轻信、盲从，采取不适当的过分行动。

总之，这一阶段是大学生成长时期最重要的阶段，也是大学生心理发展、个性形成的重要时期。大学教育的主要目标都将在此期间完成。这一阶段时间长、情况复杂、问题隐蔽，如何把握此阶段的心理特征，是一个重要的、值得教育界深思的问题。

（三）趋于成熟阶段

由于各个学校及专业性质不同，这一阶段大致从临毕业前一年或半年开始。这一阶段，课堂学习基本结束，转入总结、毕业分配等工作，着手于毕业前的论文及实习。此时，他们看重成绩，渴望理想的工作岗位。自立感、好胜心、自尊心较强，自我意识基本完善，自我评价、自我控制的能力也随之增强，个性趋于稳定。他们更加关心时事、政治、经济、文化的发展，尤其是本专业的动态。此时的大学生遇事比较冷静，能做出合理的反应，表现得比以往任何时候都注意处理与同学、老师、学校领导的关系，同时还觉得大学生活过得太快了，产生了对大学生活的依恋之情。他们意识到自己将告别学生时代而步入社会，成为社会的一员，面临人生道路的重大转折。可以说，这一阶段的大学生心理是非常复杂的。不安定情绪是他们此时心理活动的主要特征，尤其是“双向选择”的就业安置方式，使他们在找单位的先后、好坏上参差不齐，形成了极大的反差，需要得到有关领导和老师的安慰和帮助。

第二节　大学生学习心理

一、大学生学习心理概述

学习是大学生生活的中心内容和基本需求，也是大学生成才的基础。大学阶段是学习的黄金时期，也是大学生实践成才愿望的重要时期。学习心理强烈地影响着大学生的行为选择及行为效果。因此，引导大学生形成健康科学的学习心理，保持良好的精神状态，通过系统有效的学习促进自身的全面发展是极为重要的。

（一）学习的概念及特点

学习一词，我国古代文献中早已有之。孔子说“学而时习之，不亦乐乎”，又说“学而不思则罔，思而不学则殆”。孔子的这一观点，在一定程度上揭示了学习与练习、学习与情感、学习与思维的关系。但长期以来，人们对学习仍无一个统一的概念。

许多心理学家、教育学家和哲学家从不同的观点角度提出了学习的定义。桑代克说：“人类的学习就是人类本性和行为的改变，本性的改变只有在行为的变化上表现出来。”加涅认为：“学习是人类倾向或才能的一种变化，这种变化要持续一段时间，而且不能把这种变化简单地归之为成长过程。”希尔加德主张：“学习是指一个主体在某个现实情境中的重复经验引起的，对那个情景的行为或行为潜能变化。不过，这种行为的变化是不能根据主体的先天反应倾向、成熟或暂时状态（如疲劳、醉酒、内趋力）来解释的。”联合国教科文组织在其所作的《学习：财富蕴藏其中》报告中指出：学习是指个体终身发展终身教育的理念。

我们认为，学习的概念有广义与狭义之分。从广义上讲，学习既包括人类的学习，也包括其他动物的学习。学习是指个体在活动中通过经验引起的行为或者心理的相对变化的过程。人与动物在这种千变万化的环境中为了适应环境并有效地保护自己，就必须学习，学习是一种生存的必要手段。狭义的学习仅指人在社会实践过程中，在与他人交往过程中，运用语言这一中介，自觉、主动地掌握社会相关经验及积累自身经验的过程。人的学习不仅自觉、主动，而且还对客观环境施加影响，发挥自己积极的作用。

（二）大学生的学习

1. 大学生学习的特殊性

大学的学习不同于一般人类的学习，是人类学习的一种特殊形式和特殊阶段，是在学校教师有目的、有计划、有组织、有系统地指导下，以掌握间接经验为主的智力实践活动的过程。大学生学习有其自身的特殊性。其一，大学生的学习是一种特殊的认识活动，是掌握前人积累的文化、科学知识，即间接的知识，在学习中会有发现与创造，但其主要内容还是学习前人积累的知识与经验；其二，大学生的学习是在教师的指导下，有目的、有计划、有组织地进行的，是以掌握系统的科学知识为前提的；其三，大学生的学习是在较短时间内接受前人的知识与经验，重要的是间接经验的学习与掌握，学生的实践活动是服从于学习目的的；其四，大学生的学习不但要掌握知识经验与技能，还要发展智能、培养品德及促进健康个性的发展，形成科学的世界观。

2. 大学生学习的特点

（1）学习过程的自主性。大学学习的自主性特点贯穿整个大学学习过程的始终，并且反映在学习活动的各个方面。如课余学习的自主安排、学习内容的自主掌握、学习资料的自主选择、学习方法的自主运用等。这是因为大学教师讲课常常是提纲挈领、画龙点睛的，课堂上讲的只是自己最有心得的一部分，或是教学内容的关键所在及重点和难点，其余部分统统由学生自己去攻读、理解和掌握。所以，自主性是大学生学习活动的核心。因此，这就需要大学生根据自己的学习目标和专业要求，制订学习计划，选择适宜的学习方法，合理安排学习时间，自主地选择、吸收和消化有用的知识，提高学习效率，把握学习的主动权，做学习的主人和有心人，以顺利完成学业。

（2）学习内容的广泛性。大学生所要掌握的知识范围大、涉及面广，既包括学科知识，还包括其他科学文化知识和社会知识，学习内容极其丰富，大学为每个学生的发展都提供了一个广阔的天地。在大学生活中，学习不仅是知识和技能的学习，而且也涉及态度、情感、社会规范等内容。学习不仅着眼于课堂和考试的内容，而且还要关注如何与人交往、处理个人的生活事务、培养创新能力以及丰富自然科学知识和人文社会知识等方面。

（3）学习方向的专业性。大学生的学习是在确定了基本的专业方向后进行的，因此大学生的学习有其一定的专业指向性和职业定向性的特点。它是一种高层次的专业学习，是一种以掌握专业知识和技能为特征的社会活动，围绕着如何使大学生尽快成为高级专门人才而进行的，是大学生为将来走上工作岗位，适应社会需要所进行的学习。专业与学科群的划分也使大学学习与未来职业生涯紧密联系在一起，而专业学习要求大学生既要了解本专业的前沿知识与相关理论，又要掌握与专业相关的基础知识与专业知识。

学习内容的广泛性和学习方向的专业性相辅相成、互为补充。前者是后者的基础，没有广博的知识，专业学习就很难深入；后者对前者又有极大的促进作用。所以在学习过程中，要正确处理两者的关系，建立合理的知识结构。

（4）学习方法的多样性。由于大学生的学习是自主性的，内容又是广泛的，因此学习方法呈现灵活多样化。例如，课堂学习、课外学习及校外学习相结合，理论学习与实践中的操作学习相结合，以及以网络等为各种载体的多手段的学习等。因此，学习方法的选择至关重要。要根据学科的特点、学习的内容、个人的学习目标和个人情况来选择适应的学习方法，才能取得事半功倍的学习效率。

（5）学习的研究探索与创新性。大学生在学习过程中，不但要掌握所学的知识，更要掌握知识的形成过程，了解学科发展的状况及存在的问题，培养独立思考、探索创新的精神，在自己专业领域中有自己的新的见解和观点，为将来有所建树奠定理论、知识、技术和技能等方面的基础。

（6）知识的学习与能力、素质的培养并重。大学是锻炼和培养青年人综合素质的大熔炉。能力的培养是现代社会对大学教育提出的一个重大任务。获取知识和培养能力是人才成长的两个基本方面，它们的关系是相辅相成而又对立统一的。广博的知识积累是培养和发挥能力的基础，而良好的能力又可以促进知识的掌握。大学生要充分利用优越的学习环境、雄厚的师资、优越的实验条件和丰富的图书资料，充分发挥个人的主观能动性和创造性，把课堂内、外有机结合起来，从兴趣和爱好着手，发现和挖掘自己的潜力，加强知识、经验和智慧的积累，使自己的能力和素质得到全面的发展，从而提高自己的人生附加值。

3. 大学生学习的阶段

整个大学学习的过程一般可以划分为以下几个阶段。

（1）学习基础课阶段。

（2）学习专业基础课阶段。

（3）学习专业课阶段。

（4）实习、毕业设计阶段。

4. 大学生学习的过程

（1）通过感知，形成表象。这是学习过程的初步阶段。该阶段的主要特征是通过各种感受去观察事物、听取言语的说明、阅读文字符号、进行实验操作等，直接或间接地获得必要的感性知识，对学习对象形成正确的表象。大学生学习可通过案例分析、模拟教学、实验、网上资料查寻、图书资料查寻、多媒体教学等方法和手段，直接或间接获得必要的感性知识。

（2）通过理解，形成概念。通过感知形成表象只能认识到事物的表面形象和外部联系，还应该进一步对感知的材料和信息加以思考、分析、比较、综合、抽象、概括而形成概念。这是学习的深化阶段，是学习过程的中心环节。

（3）巩固知识，保持记忆。在摄取和理解知识之后，需要一个巩固阶段。巩固知识的过程，就是把所理解的知识在大脑中储存起来，以便在需要时及时地加以运用。大学生应当注意掌握记忆的规律，适当进行提高记忆力的训练。

（4）应用知识，形成技能。学习过程的最后一个阶段是知识的应用，即把所获得的知识运用到实际中去，以形成技能和技巧，即所谓的学以致用，这是学习知识的最终目的。

总之，大学生的学习活动是复杂的、紧张的，需要很大的心智能量、良好的心理素质和多方面的能力和健康来做保障。

（三）大学生学习心理

美国人力资源心理学家赫伯特说，未来的文盲已经不是不能阅读的人，而是没有学会学习的人。而学会学习的实质就是要形成良好的学习心理。学习心理是指在学习过程中人的心理反应、心理特点及其活动规律。良好的学习心理是智力因素和非智力因素相互作用的结果，大学生成才离不开良好的心理因素。

1. 影响大学生学习的心理因素

心理学家把心理因素分为两个系统，其一是智力因素，包括注意力、观察力、记忆力、想象力、思维力。智力因素在人的智慧活动中有着相当重要的作用，它直接参与对客观事物的认识，处理和操作一切内外信息。其二是非智力因素，从广义上讲包括动机、兴趣、意志、情绪、个性（气质、性格）等，不直接参与认识过程但对认识过程起直接制约作用的心理因素，它们对人的智慧活动起着动力、维持、控制、强化、导向等作用。

（1）智力因素是学习的必要条件。智力，用通俗的话讲就是一个人聪明与否，揭示了以脑神经活动为基础地偏重于认知方面的潜在能力。智力是由注意力、观察力、记忆力、想象力、思维力构成，其中思维力是核心。

心理学家对智力的组成因素做了形象的比喻：注意力和观察力好比是智力的门窗，没有它们，知识的阳光就无法进入智慧的房间；想象力是智力的翅膀，它使智力纵横驰骋；记忆力是智力的一座仓库，有了记忆力，智力工厂才能很好地生产和加工出好产品；思维力是核心，犹如一部高速运转的机器，没有思维力，整个智力工厂将处于瘫痪状态。

大学生学习活动就是一种智慧活动，它通过智力活动感知客观世界，积累经验，掌握知识，解决各种问题，从而认识客观世界发展变化的本质和规律。应该说，智力水平的高低直接影响着大学生学习的效率和质量。智力水平高，学习中才能对知识掌握得牢、掌握得深，才能学得活、学的透。智力水平的高低，一方面受先天遗传因素的影响，另一方面是受后天环境和教育开发的结果，因此，后天的开发对每个人来说都很重要。发掘一个人的智力其实就是发展集中的注意力、敏锐的观察力、有效的记忆力、丰富的想象力和敏捷而有创造性的思维力。智力开发得当，可以培养出良好的学习心理。

（2）非智力因素是学习的充分条件。非智力因素对学习同样有着巨大的影响。非智力因素虽然不直接参与认识过程中对外部信息的接受、加工、处理等任务，但它对认识过程起着动力和调节作用，是智慧活动的推动者和调节者。美国心理学家特尔曼（Terman）曾对1528名智力超常的学生进行了长达50年的追踪研究，结果证明智力水平高的人不一定能成为杰出的人才，而成功者大都具备非智力因素，如坚韧、恒心、毅力，具有强烈的求知欲，不怕失败，凡事有主见，雄心勃勃，在希望渺茫的情况下，敢于坚持到底等特征。因此，一个人成才的过程离不开智力因素和非智力因素的相互影响，其中非智力因素对人起着决定性的作用。非智力因素是后天“习得”的，优化非智力因素主要在于后天的努力。大学生要想成为对社会有贡献的具有创造精神的人才，应该注重对自己的非智力因素的培养。

2. 大学生学习与心理健康的关系

心理学研究表明，有效的学习和智力发展全赖于正常的心理活动。健康的情绪、坚强的意志、良好的性格特征以及和谐的人际关系等均有助于促进学习活动的顺利进行，使人的潜能得以有效的发挥。反之，不健康的心理则会阻碍正常的学习活动，抑制人的潜能，乃至影响人的各个方面。

大学生由于特殊的年龄阶段带来的特殊心理状态和他们所处的特殊的学习、生活环境，决定了他们的心理健康的变化、发展正处于一个动荡的阶段，他们的心理容易受到内外各种不良因素的干扰而影响学习。大学生的心理卫生状况和学习状况是互相联系、互为制约的，不健康的心理状况不利于学习，而学习不佳又引起了新的心理卫生问题或加剧了原来的不良心理状况，反过来又进一步影响学习，形成恶性循环。

（1）大学生学习对心理健康的影响。通过学习活动可以发展智力，开发潜能。每个人都有与生俱来的潜能，但是这些潜能只有通过学习才能得以表现并进一步得到开发。心理卫生学认为，一定的智力水平是心理健康的基础，而潜能的开发状况与心理健康状况直接相关。

学习对大学生心理健康能够产生积极或消极的影响。积极的影响体现在：学习能够开发大学生的智力，在实际学习过程中能够挖掘、利用和提高他们的各种能力及完善人格；学习能够帮助他们学会调节自己的情绪和情感，乐于学习的人，学习能带来心理上的满足，使人感到喜悦和快乐；学习能够促进大学生认知水平的提高和自我意识的发展。只有通过学习，才能提高分析问题和解决问题的能力，掌握科学的方法，客观、正确地评价自己和他人，也能不断根据社会发展需要进行自我调整。同时，学习也能对大学生产生消极影响。这种消极影响体现在：学习负担重，容易造成心理压力、精神过度紧张；学习难度大，容易产生畏难情绪，丧失信心；学习方法不当，学习成绩得不到提高，会导致自卑心理，甚至自暴自弃；劳逸结合不当、过度疲劳，容易对身体健康造成危害；等等。这些伴随着学习活动而带来的种种不利因素，会直接或间接地影响大学生的心理健康。

（2）心理健康对大学生学习的影响。一般而言，心理健康的大学生，学习成绩优于心理不健康者。学习活动是智力和非智力因素共同参与的过程，在学习过程中，非智力因素能够转化为学习动机，成为推动人们进行学习的内在动力。但学习毕竟是艰苦的脑力劳动，长时间的学习会产生疲倦、枯燥、乏味等情绪，如果不消除这些不良的心理状态，就不可能推动智力活动的继续深入。所以良好的心理健康状况，即正常的智力、健康的情绪、坚强的意志、良好的个性、正确的自我意识、和谐的人际关系、较强的适应能力等，对大学生学习有很大的促进作用；反之，如果心理健康状况不佳，甚至有心理疾患，则会不同程度地妨碍大学生的学习，抑制大学生潜能的开发，甚至使某些大学生中断学业。

二、大学生常见的学习心理问题及调适

大学生的主要任务是学习，同时学习内容专业化程度加深，难度加大，学习的独立性、自觉性加强，并且要求每个学生做到理论联系实际，学以致用，为将来步入社会进行社会实践、解决实际问题打好基础。因此，相当多的学生围绕学习问题在心理上产生了诸多的焦虑和困惑，学习心理问题随之产生。

当前，大学生学习心理问题较多，主要是由于在学习上产生诸多焦虑和困惑，加上学习的不习惯和心理的不适应而引起的。其表现是多方面的，如学习缺乏动机、注意力分散、记忆力障碍、学习疲劳、学习焦虑和考试焦虑等。学习心理问题一旦出现，轻者会影响学生学习的积极性，妨碍其专业知识技能的掌握，重者还会导致身心疾病。因此，注意认识、掌握和克服学习心理障碍，对大学生顺利完成学业有着重要的作用。

（一）学习动机缺乏及调适

在影响大学生的各种内在因素中，学习动机是最活跃、最集中体现大学生主观能动性的心理成分，它直接影响大学生学习的努力程度。动机是指一个人进行行为活动直接的内部动力，学习动机是指学习的基本动力，它是指为激发个体进行学习活动、维持已引起的学习活动，并使行为朝向一定的学习目标的一种内在过程或内部心理状态。学习动机是将学习需要和愿望转化为学习行为的心理动因，是发生和维护学习行动的内部力量。学习动机决定着学习方向和学习过程，影响着学习效果。学习动机的功能：一是激发某种学习活动，二是使人的行为指向某一目标，三是可以维持和调整学习活动，有强化的功能。

根据动力的来源，学习动机分为内部学习动机和外部学习动机。内部学习动机是指对学习本身的兴趣所引起的动机，动机的满足在活动之内，不需要外界的诱因、惩罚来使行动指向目标；外部学习动机是指个体由外部诱因所引起的动机，动机满足在活动之外，即个体不是对学习本身感兴趣，而是对学习所带来的结果感兴趣。拥有内

部动机的学生能积极投入学习，发挥主动性，容易在学校学习中获得满足；具有外部动机的学生通常在达到目标后，学习动机便容易下降，或选择没有挑战的任务，避免失败。

1. 学习动机缺乏的主要表现

学习动机缺乏是指学习没有内在的驱动力量，主要表现在以下几方面。

（1）学习松弛、注意力分散。进入大学校门，学生们从心理上摆脱了高中时的沉重压力，思想上逐渐松懈。再加之内外因素的干扰，大学生容易分心、兴趣转移，在学生中表现为对知识一知半解，不能集中精力读书和思考问题，学习很茫然。

（2）逃避学习。有些大学生不愿上课，上课无精打采，不能积极地思考；课后把主要精力放在打扑克、看录像、上网游戏、聊天、喝酒等与学习无关的活动上；无成就感，无抱负和期望，无求知上进的愿望。

（3）厌倦情绪。其主要表现为厌恶学习，学习中失败的体验总是多于成功的欢乐，认为学习是乏味的、枯燥的，是一件苦差事，因而对学习抱以厌倦的情绪。

（4）懒惰。懒惰是一种怕苦怕累的心理现象，认为考上大学就万事大吉，学习上不肯用功，不求上进，以致学习任务难以完成。其常常表现为：怕动脑筋，懒于思考；不愿意看书，学习上拖沓，散漫；“玩”字当头，“混”字当先，只图一时安逸，缺乏远大理想和抱负。他们学习目的不明确，缺乏学习动机，缺乏正确的人生观和价值观。

（5）学习方法缺失。学习动力缺乏的学生由于对学习总体上是一种消极态度，将学习看成是不得不完成的命令，是追切从事，因而主动性无法调动起来，所以也不可能努力地探索一套适合自己的学习方法，认为只要能够应付考试就可以了，由于缺乏适合的学习方法，所以总是不能适应正常的大学学习。

2. 学习动机缺乏的调适

从主观方面讲，大学生的个体特征，如情绪、意志、态度、经历、兴趣、健康状况都会对其学习动机产生影响。首先，学习动机缺乏是由于在以往的学习过程中遭受到挫折与失败造成的；其次，由于专业不理想而导致学习动机缺乏；最后，由于缺乏明确的学习目的和奋斗目标导致学习动机缺乏，这是导致动机缺乏的主要原因。从客观方面讲，学校、教师、家庭环境和社会生活对学生的学习动机也有着重要的影响。如何对学习动机缺乏进行有效的调适，可以从以下几方面进行。

（1）端正学习态度，树立正确的学习目标。学习态度是指产生对学习的较为持久的肯定或否定的内在反应倾向，通常可以从学生对待学习的注意状况、情绪倾向与意志状态等方面加以判断。学习态度受学习动机的制约，是影响学习效果的一个重要因素。端正学习态度的根本是要有正确的学习目标。高尔基曾说，一个人追求的目标越高，他的才能就发展得越快，对社会就越有益。有研究表明：凡是设立适当的学习目标的学生，其成绩都比较优异，而且富有积极进取精神；未设立学习目标者，其成绩就比较差，而且常有行动迟缓、缺乏学习兴趣的表现。所以，要确立自己的学习目标或设定一个激励目标，全力以赴努力学习，这样才能使学习显示出强有力的动力。

（2）培养学习兴趣。古人说："兴趣是最好的老师"，充分说明了兴趣与学习的关系。学习兴趣是一种力求认识世界、渴望获得科学文化知识的意识倾向，这种倾向是与一定的情感体验相结合的，它是学习动机中最现实、最活跃、带有强烈情绪色彩的因素。值得指出的是，学习兴趣不是天生就有的，而是可以通过后天培养的，主要取决于以下因素：一是事物本身的特性，凡是相对强烈、对比明显、不断变化、带有新异性和刺激性的事物都会引起人们的兴趣；二是人的已有的知识经验，能满足人们获得新知识，如实用的计算机、外语等易激发学生的学习兴趣；三是人对事物的愉快体验，一个人在学习过程中获得别人承认，或内在的满足等积极情感体验会加强学习兴趣的稳定性。所以要培养学习兴趣，广泛吸取知识，做到一专多能，以适应未来社会的需要。

（3）强化学习动机，激发学习热情。苏联心理学家列昂捷夫曾说："学生学习的自觉性是和动机分不开的。事实上，有正确学习动机的学生才有主动性，学习劲头大，能克服困难，提高学习效果。"对于学习动机缺乏的大学生来说，要激发自己的学习动机，就要在学习过程中一方面培养自己学习知识的兴趣，这样就需要加强对所学专业的了解，加强对社会人才市场需求的了解，进而给自己定向定位，逐渐对学科产生浓厚的兴趣，强化学习动机；另一方面创造和完善自己的外部条件，把自己有意识地置身于浓郁的学习氛围中，利用环境的熏陶和感染力，激发自己的学习热情，提高学习的自觉性和主动性。

（4）改变不恰当的认知模式。学习动机缺乏的大学生，他们往往把学习上的失败或挫折归因为自己太笨，能力不够，从而产生自卑感和不胜任感，久而久之，丧失了学习的信心和动力；或把失败的原因归结为题目太难，老师不行或运气太差等，从而长期处于一种无助感和不可控制感。因此，要建立一种正确的成败归因模式，把成功归因为自身内部因素，即可以通过自身的努力来达到，从而增强自信心，激发学习热情。

（5）根据学习任务难度，恰当控制动机水平。大部分学生认为学习动机越高，考试的成绩会越好，其实不然。美国心理学家耶克斯和多德森认为，中等程度的动机激起水平最有利于学习效率的提高。同时他们还发现，最佳的动机激起水平与任务难度有密切关系。任务较容易，最佳激起水平较高；任务难度中等，最佳激起水平也适中；任务越困难，最佳激起水平越低。这便是著名的耶克斯—多德森定律。

（二）学习疲劳及调适

学习疲劳是因长时间进行学习，在生理、心理方面产生的劳累，致使学习效率下降，持续学习受到影响，不能继续学习的状态。

造成学习疲劳的主要原因是：学习过分紧张，注意力高度集中；持久的积极思维和记忆；学习内容单调乏味；缺乏学习兴趣；睡眠不足；学习方法不当；缺乏科学用脑和劳逸结合；等等。上述这些情况必然会影响学习效果，降低学习效率，进而造成心理上的压力，影响心理健康。

1. 学习疲劳的表现

学习疲劳分为生理疲劳和心理疲劳。生理疲劳主要是由于肌肉受力过久或持续重复伸缩造成肌肉痉挛、麻木、眼球发疼发胀、腰酸背痛、动作不准确、打瞌睡等；心理疲劳是由于长时间从事心智活动，大脑皮层兴奋区域的代谢逐步提高，消耗过程超过恢复过程，脑细胞会处于抑制状态而使大脑得不到休息，从而引起的注意力涣散、思维迟钝、情绪躁动、易怒、精神萎靡不振、失眠、学习效率下降等情况。

2. 学习疲劳的调适

（1）科学用脑，注意学习过程中的动静结合。大脑两半球具有不同的功能：左半球与逻辑思维有关，主管智力活动中的计算、语言逻辑、分析、书写以及其他类似活动；右半球与形象思维有关，主管想象、色觉、音乐、韵律、幻想及其类似的活动。如果长时间地运用一侧大脑半球，很容易产生疲劳。因此，学习时应根据大脑两半球的不同分工交替使用大脑。大脑皮层在做某一工作时，相应部分的脑细胞处于兴奋状态，其他部分的脑细胞处于抑制状态，在大脑皮层上形成兴奋区（工作区）和抑制区（非工作区），如果互相交替地活动，两区可轮流休息，从而使疲劳的机体得到较好的恢复。

因此，在学习过程中，不同性质的学习内容相互轮换、动静结合，可使大脑皮层保持较长时间的工作能力，提高学习的效率。

（2）保证睡眠，生活规律。防止大脑疲劳，除了注意交换活动方式，还需保证有足够的睡眠时间。因为睡眠是休息的最重要的和最基本的形式，是保护大脑的重要条件。一般认为，大学生每天睡眠时间应不少于 7 ~ 8 小时，在睡前要保持愉快的心情，不要胡思乱想，不要吃刺激性的食物，不要读过于紧张的文学作品，不要看刺激性太强的影视节目等，以免引起大脑过度兴奋，做到按时就寝、按时起床，生活规律。

（3）坚持体育锻炼。学习和体育锻炼相结合，强调的是脑力劳动和体力劳动的相互轮换。体育锻炼能够增加大脑皮层对刺激的分析判断能力，加强大脑皮层对肌肉和内脏器官的控制能力，促进血液循环，提高新陈代谢的功能，从而有利于增强体质，提高大脑的反应灵敏度。所以，应坚持每天进行体育锻炼。

（4）培养学习兴趣，创造良好的学习环境。兴趣和环境有利于大学生在认识事物过程中产生良好的情绪，进而促使大学生积极寻求认识和了解事物的途径和方法。学习好坏很重要的条件之一是能否使大脑细胞处于兴奋状态，如果对学习不感兴趣，进行强迫性学习，大脑皮层的有关区域往往呈现抑制状态，这时要搞好学习是很困难的。只有激发起自己的求知欲，对探求学习内容有强烈的兴趣，才能使大脑功能处于最佳状态。

（三）记忆力问题及调试

记忆力是人脑对过去经验的反映，它对学习起着非常重要的作用。优秀的人才往往具有较高的智能，这与他们有较强的记忆力是分不开的。记忆力障碍是指在识记、保持、回忆或再认识过程中发生的困难或异常。

1. 记忆力问题的表现

（1）识记速度慢：有的人能过目不忘，有的人一行记很久也记不住，这是记忆速度上的差异。

（2）记忆保持时间短：识记的事物不能保持多久，容易遗忘。刚学过的知识，学时记得清楚，过不多久就会忘记。

（3）记忆不精确：记住的只能是大概，似是而非。看书时好像记住了，考试或运用时就会发生错误。

（4）记忆的准确性差：记忆的准确性是指能够根据目前需要，将需要的信息从记忆中准确、迅速地提取出来，它反映了知识运用到实际的重要特征。

2. 记忆力问题的调适

（1）集中注意力。记忆力的训练应从训练集中注意力开始。注意力越集中，记忆就越迅速、越牢固。

在有限的时间内，对于凡是你喜欢的东西，你就能集中注意力。因此，集中注意力的能力受意志的支配，可以通过以下措施帮助集中注意力。

①排除分心和中断学习的物质原因。

②明确学习目的。

③阅读必不可少的基础知识。

④选择一个有利于集中注意力的环境。

⑤尽快增强对所学内容的兴趣。

（2）把握记忆规律，及时复习所学知识。德国心理学家艾宾浩斯专门就学习中的遗忘做出了研究，提出了著名的艾宾浩斯遗忘曲线理论。这是他以无意义音节为学习材料，考察不同时间条件下记忆的保持量，发现学习与复习的时间间隔越长，遗忘的比例就越大。从遗忘规律中，我们可以得知，对所学的内容若能及时复习，那么记忆的内容将会更牢固。所以，要提高记忆效率，最重要的是及时复习、巩固当天所学的知识；在复习时间上，对新学到的知识在复习时时间要长些、间隔要短些。

（3）把握记忆规律，学会科学的记忆方法。注意记忆力规律和技巧的掌握，有助于提高记忆力。经常对自己的记忆进行科学的锻炼，人的记忆力就会有意想不到的变化。根据心理学的研究，最常见的有效记忆方法有以下几种。

①理解记忆方法：大学生在学习中应力求领会事物的实质，找出事物的内部联系

和规律，把新材料纳入已有的知识系统中，深刻理解和正确把握知识系统的整体，这样会记得全面精准，从而运用自如。

②归类对比法：通过对比学习，可显示相似事物的不同和不同事物的共同点，这样有利于加强记忆，熟练应用和发挥思维的灵活性。

③边读边背法：试图回忆与反复阅读结合起来，其记忆效率比单纯反复阅读直到背记好得多。实验证明，用 40% 的时间阅读，用 60% 的时间试做背记，效率最高。同时阅读和试背交叉进行，有利于保持大脑神经的兴奋，延缓抑制过程的到来。

④组织记忆法：有组织的材料易于记忆并能够较牢固地保持。按照一个人的兴趣和目的与原有认知结构组织起来的材料，最有希望保持在记忆中。对材料进行加工整理的前提是分析和综合与加深理解，它可以通过编写提纲、绘制图表等进行。

当然除了上述几种记忆法，还有诸如联想记忆法、有意记忆法、谐音记忆法、口诀记忆法、形象记忆法等。

（四）注意力的分散及调适

一些学生学习成绩差、智力发展缓慢都与注意力分散有关。所谓注意力分散是指在需要注意稳定的情况下，受到干扰，使注意离开了要注意的对象。在现实生活中，一些学习效果差的学生正是因为注意力不集中、容易分散精力而造成的。注意力分散就无法保证专心地、长时间地学习，从而影响学习成效。心理学研究告诉我们，注意力与记忆力、想象力、思维力紧密联系在一起，注意力集中则学习效率高，反之学习效率就低。

1. 注意力分散的表现

注意力分散的原因除了客观原因，最主要的表现在个体自身的主观原因上，反映在以下几个方面。

（1）缺乏集中注意力的自觉性。有些学生在做一件事的同时还兼做另一件事，一心二用。例如上课听讲，边听课边看别的书籍，边做别的事情，结果既没有听好课，也没有做好别的事情，最终一无所获。

（2）外界干扰，使得注意力无法集中。学习过程中，有的学生很容易受到外界事物的干扰，如周围环境的噪声，旁人的走动、说话，或情绪受到感染等，阻断自己的注意力，影响注意力的集中。

（3）学习兴趣的缺乏。有的学生因对某些课程缺乏兴趣，对自己的专业缺乏认识，认为与自己关联不大，从思想上放松了有意注意，因而很难将注意力集中到自己不感兴趣的学习内容上来。

2. 注意力分散的调适

（1）对注意力要有一个正确的认知。天才，首先是注意力。没有注意力，要想提高做任何事情的效率只能是一句空谈。要懂得“注意力是知识的窗户，没有它，知识的阳光就照射不进来”的道理。也就是说，要获得大量的知识，要提高学习效率，必须让你的注意力集中起来，有了这种意识，才能为取得良好的学习效果奠定基础。

（2）培养自己的好奇心。有了好奇心，才会保持对事物的兴趣，才会关注它，才能达到专注的状态，从而集中注意力。

（3）培养自己良好的意志力。注意力体现一个人的意志力。在对任何事物的态度上，意志力强的人，无论遇到什么都会坚持到底，注意力持久；而意志力弱的人，失败的体验多于成功，是因为没有一个持之以恒的探索过程。因此，培养自己的意志力，是提高注意力的有效途径。

（4）掌握科学的方法。首先，要根据自己的具体情况，确定自己的学习规律，集中注意力全身心地投入，这样才会取得明显的进步。其次，运用思维阻断法，有意识地阻断自己的注意力不集中，可以把眼睛闭上，反复握拳、松开，并在心里喊“停”，这样不断地提醒自己，使注意力集中到学习任务上来。

（五）学习焦虑及调适

焦虑是人们对未来活动的预想而引起的紧张不安、忧虑甚至恐惧等情绪状况。学习焦虑是指学生由于不能达到预期目标或不能克服学习障碍，致使自尊心、自信心受挫，或失败感、内疚感增加而形成的一种紧张不安、带有恐惧的情绪状态。

现代心理学家把焦虑分为低、中、高三种焦虑，并且认为适当水平的焦虑，可以增强学习效果，但是若焦虑过度就会对学习起不良作用。美国心理学家考克斯的焦虑实验表明，中等焦虑组的学生成绩显著地高于低焦虑组和高焦虑组；同时还证明，高焦虑只有同高能力相结合才能促进学习，高焦虑者与一般能力或低能力相结合则会抑制学习，把焦虑控制在中等程度才有利于一般能力水平者的学习。所以，大学生学习要注意把握好这个“度”。

1. 学习焦虑的表现

（1）学习中心理压力太大，情绪压抑。

（2）怀疑自己的学习能力，总担心自己学不好，对将要进行的考试信心不足，忧虑过度，以致寝食不安。

（3）夸大学习中的困难，为此焦虑不安。

2. 学习焦虑的调适

（1）充分发挥自我调节的能力，控制焦虑的程度。

（2）正确认识和评价自己的能力，确立切合自身实际的学习目标，总结一套适合自己的学习方法。

（3）激发和培养自己对学习的好奇心，降低对胜败的敏感度，增强自信，保持情绪的稳定和适度的自尊心。

（六）考试过度焦虑及调适

考试本来的意义是对学生的学习效率和知识掌握程度进行检验。考试引起适度的焦虑有益于调动学生的心理能量和生理能量，使其全力以赴地准备考试，使自己的水平得以正常发挥，这对学生的身心健康和锻炼应激的能力是有着积极的作用的。但是，如果考试过度焦虑则适得其反。

1. 考试过度焦虑的表现

考试过度焦虑是对考试过于紧张，担心自己考试失败有损自尊的高度忧虑的一种负面情绪反应，其主要表现在以下几方面。

（1）考前紧张恐惧、心烦意乱、无精打采。

（2）胃肠不适、多汗、头痛、失眠。

（3）记忆力减退、注意力不集中、思维迟钝、学习效率下降。

（4）考试怯场、心跳加快、烦躁、恶心甚至晕倒等。

2. 考试过度焦虑的调适

考试过度焦虑的原因：其一是心理负担过重，有的学生由于学习动机过强，总想考第一，因害怕失败结果而造成焦虑；其二是由于考试准备不充分，平时学习不用功，没有真正掌握所学知识，因而易产生焦虑；其三是自尊心过强，又缺乏自信，从而产生焦虑。预防考试过度焦虑可以从以下几方面入手。

（1）认知调整。认知是引起考试过度焦虑的根本原因。在认知调整过程中，大学生应该用正确的心态对待考试，树立合理的考试期待。一方面要正确看待考试，认识到考试不是学习的目的，它只是作为检查自己学习知识程度的一种手段，这一次失败了，下一次还有机会；另一方面对自己的能力、知识水平要有正确合理的估计，既不高估也不低估自己，期望值过高的人也容易产生过高的考试焦虑。

（2）学会放松自己。经常做一些放松训练，如意念放松法和肌肉放松法，帮助自己克服焦虑，消除紧张状态，使身心得到充分的休息。这也适用于考场中的焦虑紧张情绪的缓解。

（3）认真制订学习和复习计划。平时应勤奋学习，及时掌握所学知识。考试前要认真总结复习，做到“心中有数”，查漏补缺。同时还应注意劳逸结合，从而保证精力充沛、头脑清醒地参加考试。

三、培养大学生健康的学习心理

（一）树立全面发展、终身学习的理念

1. 传统学习观和现代学习观

传统学习观认为，学习就是在一定情境中，在教师有目的、有计划、有组织的系

统指导下，受教育者读书求知并获得一定结果的实践活动。由此可见，学习是以教师为主导，学生主要是在教师的安排、指导下进行学习；学习的内容集中在知识、技能方面。

现代学习观在对传统学习观认同、传承的基础上，突出以下理念。

（1）学习是人们自觉主动地行动。现代学习观特别注重学习主体的自身需要、经验、兴趣、性格、能力、志向等，重视尊重学习主体的选择、适应和可能。因而，新的学习观认为学习不只是对学习者的标准化、强制性的活动，更重要的是要成为学习者自觉、主动、积极的行为。

（2）学习既表现为接受和掌握，也表现为感悟、体验、发现和探究。传统的学习观认为人类的学习是个人系统掌握社会和个体经验的过程，是通过语言和文字为中介而实现的。因此，只有接受、吸收、掌握和占有前人的知识和经验并转化为自己的知识与经验，才是学习。然而以智力资本为特征的知识经济社会更重视学习主体在实践中的内在感悟、体验、发现和探究。

（3）学习是学习者的社会化的全部过程。所有通过感受器官通向大脑的活动都是学习。在《学习的革命》一书中，作者指出“我们所看、我们所听、我们所尝、我们所触、我们所嗅、我们所做”均为学习，而传统学习观特别看重结果。

2. 树立全面发展、终身学习的理念

学习既是人类生存和社会发展的基本手段，也是与人生相伴随的持续不断的终身过程。中国的“学无止境”“活到老学到老”的学习理念都强调了终身学习的意义。终身学习的提出，一方面是基于人的发展的需要，直接的原因还在于社会发展对人的知识与技能提出的新的、更高的要求。从结果来看，终身学习可以使人们在这个变得更加复杂的社会和经济生活中保持自尊并得到全面的生存技能。所以，大学生一定要有全面发展、终身学习的理念，将学习当成个人终生发展的任务；不仅要广泛地获取知识，而且还要不断地更新知识，掌握技能，根据变化的环境和社会需求不断地调整学习策略，不断地提升和发展自己，从而拓展成才的通道。

（二）掌握科学的学习理论

1. 社会学习理论

（1）观察学习。社会学习理论的倡导者是美国斯坦福大学教授班杜拉，他认为观察学习是社会学习的基础，其产生是由学习者在社会情境中经观察别人行为表现方式以及行为后果间接学到的。间接学习的历程称为模仿，模仿的对象称为榜样。

学习者在模仿榜样的行为时，既可以由自己的外显行为表现出来，也可能只是在内心予以记载，即带有认知的性质。对榜样者的行为进行模仿时，学习者就会对自己的行为定下一个标准，该标准是以榜样的行为作根据。学习者有了标准以后，就时常用来衡量自己、改正自己，这种行为叫作自我规范。自我规范的结果，如果觉得自己的行为符合了标准，就会感到满足，满足之后自然就加强了他所模仿的行为，这种心理效应叫作自我增强。人在社会环境中成长，观察学习是不可忽视的重要学习过程。按照现代学习观，学习不仅是知识的学习，而且也是能力的学习、情感态度的学习。观察学习对行为的建立、情感态度的学习显然有很大的作用。

（2）学习的自我效能感。班杜拉在社会学习理论中提出了自我效能感的概念。自我效能感是指人们对自己能否成功地从事某一成就行为的主观判断。班杜拉在他的动机理论中，对期待的概念有特别的定义。传统的期待概念指的是行为结果的期待，而他认为除了结果期待，还有一种效能期待。结果期待是个体对自己的某种行为会导致某一结果的推测。如果个体预测到某一特定行为会导致某一特定的结果，那么这一行为就可能被激活和被选择。例如，如果学生认识到只要上课认真听讲就能获得他希望的好成绩，他就可能会认真听课。效能期待则指个体对自己能否实施某种成就行为的能力的判断，即对自己行为能力的推测。当个体确信自己有能力进行某一活动时，他就会产生高度的“自我效能感”，并会实际去实施那一活动。例如，学生不仅认识到注意听课可以带来理想的学习成绩，而且还感到自己有能力听懂教师所讲授的内容时，才会真正认真听讲。在人们获得了相应的知识、技能后，自我效能感就成为学习行为的决定因素。

2. 成就动机理论

心理学家默里（H.A.Murry）、麦克兰德（D.C.Mcclelland）和阿特金森（J.W.Atkinson）通过研究提出了成就动机理论。这一理论认为个人的成就动机可以分为两部分，一是追求成功的意向，二是避免失败的意向。成就动机决定于个体对两者需求的判定，在这一过程中个体可能体验对成功的期望和对失败担心的情绪冲突。

成就动机理论可以很好地解释学生选取和实现学习目标的过程。如果一个学生获得成功的动机大于避免失败的动机，那么即便遇到失败，对他来说也只是一个挑战，会激发他去更好地解决问题；如果获得成功对于他来说过于容易，就会降低成就动机。相反，如果一个学生对失败的担心大于取得成功的渴望，那么他可能会因失败而灰心丧失，因成功而欢喜雀跃。这类学生在选择任务时，通常会倾向选择非常容易或非常困难的目标，容易的任务可以使他们免遭失败，对于困难的任务即使没有成功也可以归因于难度过大，从而减少失败感。

成就动机水平与完成学业任务的质量紧密相关。高成就动机的人在没有外部因素控制的条件下仍能保持好的表现，有较强的自信心和坚持性，面对失败通常认为是自己的策略有误或努力不够，而不是缺乏能力，会更加努力去做。低成就动机的人，往往缺乏自信，认为自己的能力有限，设定的目标不切实际，将失败归因于缺乏能力，将成功归因于运气、任务简单，这样循环往复，导致成功之后不会付出努力，如果失败，就回避问题，停滞不前，不思进取。

经研究发现，高成就动机的个体在现实生活中多能成功，其中表现最为突出的是职业上的成功。所以，成就动机作为一种获得成就的驱动力量，对个人的发展有着积极的推动作用。

（三）掌握主要的学习策略

学习策略是指学习者为有效地达到学习目标而采取的具体学习过程或学习步骤。对大学生而言，进行专业的学习，掌握一定的技能，需要选择一定的学习策略，这对提高学习的效率和学习能力具有重要的意义。这里重点介绍几种常用而有效的学习策略。

1.MURDER 策略

MURDER 是六个英文单词首字母的缩写，它是由丹瑟洛（D.F.Dansereau）提出的。该学习策略系统包含相互联系的两组：一是基本策略系统，主要用于对学习材料进行直接操作，即直接作用于认知加工过程。该组策略主要包括领会与保持策略和提取与应用策略。二是支持策略系统，主要用于确立恰当的学习目标体系，维持适当的学习心态。该组策略主要包括三个方面：计划与时间安排策略、专心管理策略、监控与诊断策略。可以看到，基本策略与支持策略是相互联系的，两者协同作用完成学习活动。在基本策略中，领会与保持策略主要用于信息的获得和储存，提取与应用策略主要用于信息的恢复和输出。这两组策略虽然在结构和程序上基本相同，但它们分别指向不同的目标、不同的学习阶段，具有不同的作用。

在领会与保持策略中，理解（understand，U）是指自动地分析所学内容中的重点和难点；回忆（recall，R）是指不看课本，用自己的言语表达或重新解释所学的内容；消化（digest，D）是指根据回忆结果来矫正错误，达到真正意义上的理解；扩展（expand，E）是指通过自我提问的方式对前面所理解的内容进行再次的加工，以求融会贯通；复查（review，R）是指对整个学习过程进行全面的复习，并通过测验来加以考察。

在提取与应用策略中，理解（U）是只在某种具体的情景中，对所面临的问题和任务的理解，形成有关问题的条件、目标、性质等心理表征；回忆（R）是指回想与问题解决有关的要点；消化（D）是指具体详细的回忆和解释要点；扩展（E）是指把提取出来的信息加以整理和组织，形成解决问题的方案；复查（R）是指对问题解决的适当性进行检查和评价。

从上述分析中可以看到，领会与保持策略和提取与应用策略是相互联系的，前者是基础，后者是它的深入与提高。因此，丹瑟洛将前者称为第一级策略，后者称为第二级策略。然而仅有基本策略还不足以顺利地完成学习活动，支持策略在学习活动中也是非常重要的。支持策略，顾名思义，是对基本策略的支持，属于辅助性的策略，但这并不意味着它是可有可无的。支持策略由三类策略构成：计划与时间安排策略、专心管理策略和监控与诊断策略。

计划与时间安排策略主要指确定学习的目标与进程。根据目标的大小、范围等的不同，可以设置一个目标体系，该体系包含了大、中、小，远、中、近等一系列的目标。可以根据所设立的目标来安排学习进程，同时也可以根据学习进程适当地调整学习目标。

专心管理策略是支持策略的中心，包括心境设置与心境维持两种策略。心境设置（mood-setting，M）是指在学习之前使学生处于积极的情绪状态，克服并减少消极的情绪。心境维持（mood-maintenance，M）是指在心境设置的基础上，使积极的情绪状态在整个学习过程中都得到保持。

监控与诊断策略和基本策略系统中的复查策略相似，但它主要是对整个学习策略系统的监控与诊断。

支持策略与基本策略是密切联系的，它们共同决定了学习策略的有效执行及学习活动的顺利完成。支持策略与基本策略中的领会和保持策略共同构成了第一级策略，即第一级 MURDER。支持策略与基本策略中的提取和应用策略共同构成了第二级策略，即第二级 MURDER。

2. 复习策略

复习策略解决如何对所学内容进行适当的重复学习，主要用于信息的长时记忆与保持。根据遗忘发生的规律，采取适当的复习策略来克服遗忘，即在遗忘尚未发生之前，通过复习来避免遗忘。

（1）复习时间的安排。应该注意及时复习和系统复习。及时复习可以较大限度地控制遗忘，但它也不是一劳永逸的。要想长时间保持所学的内容，还必须进行系统的、不断的复习。根据有关研究，有效的复习时间最好做如下安排。

第一次复习：学习结束后的 5 ~ 10 分钟，比如下课后将要点加以背诵；或者阅读后尽快用自己的语言来表述所学的内容。第二次复习：学习当天的晚些时候或学习结束后的第二天，重读有关内容，将要点用自己的语言表述出来。第三次复习：一个星期后。第四次复习：一个月后。第五次复习：半年后。

在每次复习时，究竟用多长时间是最有效的呢？是否复习时间越长，记忆效果越好呢？对人类记忆的研究发现，人们对事件的开始和结尾具有较强的记忆，而对中间的记忆较差。比如，若连续复习 3 个小时，那么只有一次开始和结尾，可能产生两头记忆效果好而中间记忆效果差的现象。为解决这一问题，可以将连续的集中复习时间加以分散，分为几个小的单元时间，中间穿插短暂的休息。这样，就能够增加开始和结尾的数量，进而提高记忆效果。至于每一单元的复习时间，可根据学习材料的趣味性与难易程度而定。

（2）复习的次数。学习完某一新内容后，复习多少次最有利于记忆？这涉及重复学习的问题。所谓重复学习，即在恰能背诵某一材料后再进行适当次数的复习学习。这种重复学习绝不是无谓的重复，相反，它可以加深记忆痕迹以增强记忆效果。一般而言，重复学习的程度达 50% ~ 100% 时效果较好。比如，当你识记某一材料读 6 遍刚好能够记住时，那么最好你再多读两三遍。但要注意，这并不意味着重复次数越多越好，超过 100% 的重复学习反而会引起疲劳、注意力分散甚至厌烦等情绪，影响学习效果。

（3）复习的方法。要注意选择有效的复习方法。研究发现，许多人经常反复地、一遍遍地阅读某种材料，以期达到记忆的目的。这种方法虽然也能够使学习者最终记住有关内容，但事实上，它并不是一个非常有效的复习方法。较好的方法是尝试背诵法，即阅读与背诵相结合：一面读，一面试着背诵。这样，可以使注意力集中于学习中的薄弱环节，避免平均分配学习时间和精力，进而达到提高学习效率的目的。此外，还应尽量地调动起多种感官来共同地进行记忆，眼到、口到、耳到、手到、心到，多种形式的编码和多通道的联系增加了信息的储存和提取途径，自然就使记忆的效果得到增强。

复习策略的主要目的在于使信息在头脑中牢固保持。而一系列的研究证明，只有理解了的信息才比较容易记忆并长久保持，反之，呆读死记的东西既难记，也容易遗忘。因此，复习策略应该与其他的学习策略协同作用，共同促进学习效果的提高。

3. 问题解决的 IDEAL 方法

成功地解决问题，既取决于个体所拥有的相关知识，又需要个体的解题策略。解题策略分为两大类：一类是通用的一般思维策略，该类策略不受具体问题的限制，是一般性的方法与技能；另一类是适合于某一学科的问题解决的具体的思维策略，与具体的学科内容有关。这里仅就一般的解题策略加以介绍。

IDEAL 是布兰斯福德等（J.D.Bransford&B.S.Stein）提出的解决问题的一般策略，是以解决问题的五个步骤的英文首字母而命名。其五个步骤如下。

（1）识别（identify）——注意到、识别出所存在的问题。比如注意到内容中的不一致、不全面之处，或者意识到自己学习过程中所遇到的困难等。

（2）界定（define）——确定问题的性质，对问题产生的过程和产生的原因进行解释。该过程直接影响着以后所确定的解决问题的方法。

（3）探索（explore）——搜寻解决问题的可能的方法。该过程受到前面的问题界定的影响。

（4）实施（act）——将解决问题的方法付诸实施。

（5）审查（look）——考察问题解决的成效，搜集有关的反馈信息，以便为进一步改善解决方法、更有效地解决问题奠定基础。

总之，学习虽然是一种非常普遍的活动，但其中蕴涵着极其丰富的规律。随着研究的不断发展，对学习规律的探讨也将更加深入和更为准确，从而也更有利于指导人们进行科学而有效的学习。为了自身的成长与完善，为了更好地适应和改造环境，以促进社会的进步和发展，大学生了解并充分利用有关的学习策略是非常必要的。

（四）培养良好的学习能力

人类文明已发展到一个新的转折点，教育从来没有像今天这样成为关系人类生存与命运的重要前提，学习从来没有像现在这样成为一个人最基本的生存能力。学习是我们每一个人乃至整个社会开启富裕之门的钥匙。人人需要生存的智慧，学习为生存之道，学习的能力就是将来生存的能力、发展的能力。

能力是人的综合素质在现实行动中表现出来的实际本领和能量。大学生在学习过程中会涉及诸多学习能力，如自学能力、阅读能力、表达能力、实际操作能力、研究能力、信息素养能力、创新学习能力等。大学生要提高学习效率和成绩，培养良好的学习心理，关键在于培养学习能力。根据知识经济社会与信息时代对人才的需求和我国大学生的实际状况，结合心理学的研究成果分析，大学生应培养以下基本的学习能力。

1. 自学能力的培养

自学能力是指一个人独立学习和获取知识的能力，它是一个人多种智力因素结合和多种心理机制参与的一种综合性能力。提高大学生的自学能力能够提高其掌握知识的质量和速度，不断地扩大其知识面；自学能力又是独立工作能力、科研能力等其他智能发展的重要基础。自学能力的培养不仅对大学生当前的学习重要，而且对于毕业后的学习更为重要。因此培养和提高自学能力，是大学生必须完成的一项重要任务，也是进行终身学习的基本条件。培养大学生自学能力的途径和方法主要有以下几种。

（1）正确选择学习目标、制订学习计划。选择目标要以自己的需要和发展为基础。在校学习的大学生，可以把目标分为长远的、中期的和近期的目标，也可以把弥补某个薄弱环节作为一定时期的主攻目标。一个人的时间和精力是有限的，如果没有明确的目标，缺乏主攻方向，就会白白耗费精力。在明确目标的基础上，还要为自己制订一个切实可行的计划。由于学习是一个长期积累的过程，最好将学习计划具体化，在总的目标中设置分目标，在到达终点前，仍会看到自己已经取得了一个个胜利，而不是感到自己虽然在不断努力但是离终点总是有距离，这样不但能让前进的方向更明确，而且还能增强自信心，获得更多的心理能量，对于大目标的实现尤为有效。当然，在某一目标实现后，还应善于总结自己成功的学习与思维方法，在以后的学习中不断发展、不断完善。

（2）充分利用教学资源。大学生必须充分利用高校的图书馆、校园网、教师、同学等校内外资源。学会使用工具书、教科书，充分利用图书馆、资料室、计算机网络，独立地查阅文献资料，收集各种必要的知识信息；向专家、学者、教师请教；经常与同学、朋友交流学习心得，互相启发、互相促进，从而活跃思想，提高学习效果。

（3）做好学习时间管理。大学生自由支配的时间很多，大学生要学会自我管理，首先是要做好时间管理，把学习时间和其他时间分配好。安排时间要做到全面、合理、高效：既要考虑学习，也要考虑休息和娱乐；既要考虑课内学习，还要考虑课外学习以及不同学科学习时间的搭配；把重要或简单的学习任务放在前面来完成，把不重要或较难的学习任务放在稍后去做，在最佳时间里完成合适的学习任务。

（4）掌握学习方法。正确的方法是成功的捷径。大学生进入大学后遇到的一个普遍问题，就是学习方法的不适应。大学学习与中学学习最大的不同在于学习的难度和广度大大增强，自主式的学习又要求学生学会安排自己的学习，而自学能力又是在一定学习方法运用的实践中形成的。所以，选择什么样的学习方法成为摆在大家面前的最重要的课题。掌握正确的学习方法，往往能收到事半功倍的成效。

在大学学习中要把握的几个主要环节是预习、听课、记笔记、复习、总结、做作业、考试等。这些环节把握好了，就能为进一步获取知识打下良好的基础。

①预习。这是掌握听课主动权的主要方法。预习中要把不理解的问题记下来，听课时增加求知的针对性。预习既节省学习时间，又能提高听课效率，是学习中非常重要的环节。

②听课并记好笔记。上课时要集中精力、全神贯注，对老师强调的要点、难点和独到的见解，要认真做好笔记。课堂上力争弄懂老师所讲内容，经过认真思考，消化吸收，变成自己的东西。

③复习和总结。课后及时复习，是巩固所学知识必不可少的一环。复习中要认真整理课堂笔记，对照课本和参考书，进行归纳和补充，并把多余的部分删掉，经过反复思考写出自己的心得和摘要。每过一个月或一个阶段要进行一次总结，以融会贯通所学知识，温故而知新，形成自己的思路，把握所学知识的来龙去脉，使所学知识更加完整、系统。

④做作业和考试。做作业是巩固、消化知识，考试是检验对所学知识掌握的程度，它们都起到了及时找出薄弱环节，并加以弥补的作用。做作业要举一反三，触类旁通，要养成良好习惯；对考试要有正确态度，不作弊，不单纯追求高分，要把考试作为检验自己学习效果和培养独立解决问题能力的演练。

在学习中抓住这几个基本环节进行思考，在理解的基础上进行记忆，及时注意消化和吸收，经过不断思考，不断消化，不断加深理解，这样得到的知识和能力才是扎实的。

大学学习除了把握好以上主要环节，还要有目的地研究学习规律，选择适合自己特点的学习方法，提高获取知识的能力。具体说来主要有下以几方面。

（1）制订科学的学习规划和计划。大学学习单凭勤奋和刻苦精神是远远不够的，只有掌握了学习规律，相应地制订出学习规划和计划，才能有计划地逐步完成预定的学习目标。首先要根据学校的教学大纲，从个人的实际出发，根据总目标的要求，从战略角度制定出基本规划。其次要制订阶段性具体计划，如一个学期、一个月或一周的安排。这种计划主要是根据入学后自己的学习情况、适应程度所制订的，包括学习的重点、学习时间的分配、学习方法如何调整、选择和使用什么教科书和参考书等。这种计划要遵照符合实际、切实可行、不断总结、适当调整的原则。

（2）讲究读书的方法和艺术。大学学习不只是完成课堂教学的任务，更重要的是如何发挥自学的能力，在有限的时间里去充实自己，选择与学业及自己的兴趣有关的书籍来读是最好的方法。学会在浩如烟海的书籍中选取自己必读之书，就需要有读书的艺术。首先确定读什么书，其次对确定要读的书进行分类，一般来讲可分为三类：第一类是浏览性质，第二类是通读，第三类是精读。这样就能在较短的时间里读很多书，既能广泛地了解最新科学文化信息，又能深入研究重要理论知识，这是一种较好的读书方法。

（3）完善知识结构，注意能力培养。所谓合理的知识结构，就是既有精深的专门知识，又有广博的知识面，具有事业发展实际需要的最合理、最优化的知识体系。学生建立知识结构，一定要防止知识面过窄的单打一偏向。当然，建立合理的知识结构是一个复杂、长期的过程，必须注意如下原则。

第一，整体性，即专博相济，一专多通，广采百家为我所用。

第二，层次性，即合理知识结构的建立，必须从低到高，在纵向联系中，划分基础层次、中间层次和最高层次。没有基础层次，最高层次就会成为空中楼阁；没有最高层次，则显示不出水平。因此，任何层次都不能忽视。

第三，比例性，即各种知识在顾全大局时，数量和质量之间的合理配比。比例的原则应根据培养目标来定，成才方向不同，知识结构的组成就不一样。

第四，动态性，即所追求的知识结构绝不应当处于僵化状态，必须是能够不断进行自我调节的动态结构。这是为适应科技发展知识更新、研究探索新的课题和领域、职业和工作变动等因素的需要，否则就跟不上飞速发展的时代步伐。

2. 阅读能力的培养

（1）五步阅读法（SQ3R）。五步阅读法是英、美等国流行的一种阅读方法，它包括浏览（survey）、发问（question）、阅读（read）、复述（recite）、复习（review）五个步骤。这种阅读方法适用于需记忆的内容。

①全面浏览。要求学生对书的序言、内容、提要、目录和大小标题、图表、注释等部分进行重点阅读，从而对书的总体有一个大体的印象。

②设置问题。这一步骤要求略读用黑体字标出的内容、文前的提要、提示、结论及课后设置的问题，然后思考提出自己应该重点阅读理解的问题。

③深入阅读。这一步骤主要包括两方面，一是细读，二是思考。首先是带着问题细读，着重留意关键词语和重点段落，做好笔记和批注；其次是联系阅读分析理解问题，既解决疑难，又加深对书的理解。

④回忆复述。这一步骤的任务主要是通过复述，检查阅读效果，如发现尚未理解和掌握的问题，要及时弥补。

⑤复习巩固。这一步骤主要任务是巩固掌握，可以采用重点复习或全面复习，对于需要熟记的内容要反复记诵。

（2）质疑阅读法。疑问是促进阅读理解的契机，读书善疑，则思维敏捷，思路开阔。质疑阅读法要求带着问题和带着一定目的去阅读文章或书本，这种先疑后读的方式，针对性强，有利于从解决疑问的角度出发，展开阅读分析。具体的应该根据阅读目标来确定，可以专门针对某个特定的问题展开阅读，在系统地理解和掌握全书内容的基础上，着重解决那些已设疑的重点或难点问题，这样才能达到阅读目的，收到较好的阅读效果。

3. 实际操作能力的培养

实际操作能力主要是指专业学习中所必备的实践能力和动手能力。在一切社会活动中，尤其是教学、科研和生产第一线，没有熟练的实际操作能力，是很难胜任工作的。大学生在校期间必须注重培养实际操作能力。大学生在学习理论知识的同时，可以开展自主型、创新型、设计型的生产实习、课程设计、见习实习、毕业设计，还可以参加丰富多彩的学生社团活动和各类社会实践活动，以激发学习的主动性和积极性，拓宽基础知识面，增强实际动手操作能力，培养和提高综合素质和创新意识。

4. 信息素养的培养

随着网络的迅速发展、教育技术的深入应用，培养大学生的信息素养已成为网络教育的首要课题。学习者的信息素养包括有效地确定信息、批判性地评价信息，以及创造性地利用信息的能力。在学习化社会中，与学会学习相关的能力有很多，但尤其重要的能力是处理信息的能力，亦即信息素养。一般认为，为了给人们提供最佳的学习和发展机会，使其成为出色的终身学习者与未来劳动者，就必然使其成为一个有信息素养的人，亦即能熟练运用计算机网络获取、传递和处理信息，这种素养已日渐成为未来从业者必备的素质。信息素养作为一种高级的认知技能，同批判性思维、解决问题的能力一起，构成了学生进行知识创新和学会如何学习的基础。

培养学生的信息素养，就是要充分发挥学生在学习过程中的主动性、积极性与创造性，使学生在学习过程中真正成为信息加工的主体和知识意义的主动建构者，而不是外部刺激的被动接收器和知识灌输的对象。

5. 表达能力的培养

表达能力是指以口头或书面的方式，准确、鲜明、生动地表达自己的思想、认识和情感的能力，其中准确性是表达能力强弱的主要标志。大学生的学习活动、毕业后的职业生活都离不开与他人进行信息交流，所以表达能力的培养尤为重要。

总的来说，语言准确、简洁，文字精练，数字正确，图表严谨是对各种人才的基本要求。培养良好的表达能力，就要克服心理障碍，争取在各种公共场合中多发言，多参加各种有意义的如演讲比赛等活动；平时还应勤于苦练，长期坚持地训练提高文字、图表和数字的表达能力。

6. 创造性学习能力的培养

创造性学习是指学生在学习过程中不拘泥于既有结论，有独特的思维过程，能提出独到新颖的观点、方法和途径，并能够通过自己的独立思考和探索得出科学的结论。创造性学习把学习建立在人的能动性上和独立性上，不仅能开发大学生的学习潜能，而且能培养大学生独立学习、积极思维、敢于质疑的学习精神。

大学生是具有较高的智力水平的人群，具有创造性学习的潜在优势。大学生创造性学习能力的培养可以从以下几方面进行。

第一，要训练创造性思维。创造性思维是一种求新的、无序的、立体的思维，它是多种思维的综合表现。它既是直觉思维与分析思维的结合，又是发散思维与聚合思维的结合，也是抽象思维与逻辑思维的结合，同时又离不开创造性想象。

第二，要善于发现有价值的问题。亚里士多德曾说过："思维是从疑问和惊奇开始的。"因为"疑问"能使大学生心理上感到茫然，产生认知冲突，促使他们积极思考，在这个过程中才可能实现创新。创新始于"问题"，"问题"是大学生提高学习能力的基础，是创造性学习的关键。

第三，要善于开阔思路、集思广益。富有创造性的人具有观念的复合性、思维的冒险性和判断的独立性，善于通过各种途径汲取解决问题的设想。

第四，要勇于付诸行动。富有创造性的人有信心有勇气把自己的方案推向实践，他们有开放的心态，不墨守成规，勇于在实践中不断地培养和磨炼自己。

总之，学会求知、学会做事、学会生存、学会共处这四种基本学习作为21世纪教育的四大支柱，从根本上更新了学习的内涵。大学生在校期间，更重要的是学会学习，学会管理自己的学习，应对学习中的困难，调节心理冲突，在获得知识、培养能力的同时，达到心理上的和谐和统一，保持健康的心理状态，顺利完成大学学业。

第三节　大学生学习动机

心理学家研究认为，人类行为都具有一定的动机性，也就是说，人的任何活动都是由一定的动机激发并指向一定的目的。为培养全面发展的高级专门人才，对大学生学习动机及有效激发进行深入研究，意义非常重大。

一、学习动机概述

动机是人的心理结构的重要方面，它是人的行为的直接动力。了解人的动机是掌握和控制人的行为产生、变化和发展的关键。因此，在高等教育中必须研究大学生学习动机，分析大学生学习行为的产生与发展的规律，从而促进大学生的学习。

（一）动机的含义

1. 动机的概念

动机是引起并维持人们从事某项活动，以达到一定目标的内部动力。动机是直接推动个体活动的动力，人的需要、兴趣、爱好、价值观等都在转化为动机后，才对活动产生动力作用。具体来说，动机包括两个方面的内容：其一，对人的行为发动、维持和促进的能量，直接影响行为的强度和效果；其二，具有某种动机的行为总是指向某一目标，而忽视其他方面，使行为表现出明显的选择性。

动机与需要有着密切的联系。其一，动机与需要是同一的。动机是在需要的基础上产生的，是表现需要的形式。其二，动机与需要存在差异，动机由需要转化而来。当个体需要的目标存在并强烈企图实现时，需要转化为动机。

动机与行为更是紧密联系的。在人的一切活动中，除了一些本能的无条件反射行为，人的行为都是由动机所推动的，是人的行为的直接动力。因此，对人的动机的认识，就可以了解和预测其行为。当然，在现实活动中，动机与行为的关系并非只是简单地某一动机引起某一种行为，一种动机可以产生不同的行为，同样一种行为可以出自不同的动机。

动机与活动的关系十分复杂。动机是个体活动的内部动力，由一定动机引起的活动应指向能满足个体动机的对象。从这种意义上来说，动机与活动具有一致性。正因为如此，我们可以通过观察个体的活动来推测其动机的性质和水平。根据个体活动的对象可以推测其动机的内容；根据其活动的显著性，推测其动机的强度。例如，个体有了学习动机，才会看书、思考；而学习动机越强，他看书、思考就越刻苦。但动机与活动的一致性并不意味着动机与活动是一一对应的。

首先，动机与活动的目的之间不是一一对应的关系。具有相同动机的人可能有不同的活动目的。例如，许多人具有“为国争光”这种动机，有的人通过刻苦训练，认真比赛，取得好的比赛成绩来为国争光；有的人则通过做好本职工作来为国争光。同时，具有相同目的的人则可能有不同的动机。许多人在为了取得好成绩而努力学习，其中，有的人想将来出人头地、光宗耀祖，有的人想将来有个好工作，有的人只是为了让父母高兴。其次，动机与活动效果的关系也十分复杂。一般来说，动机与活动的效果是一致的。良好的动机一般能产生良好的效果，不良的动机则会产生不良的效果。但在现实生活中，动机与活动的效果往往不一致。例如，有的儿童想为父母做一点事，帮着洗碗，结果不小心把碗打破了。

2. 动机的形成

（1）需要是动机形成的内在基础。人的动机是在需要的基础上形成的。当人们感到生理上或心理上存在着某种缺失或不足时，就会产生需要。一旦有了需要，人们就会设法满足这个需要。只要外界环境中存在着能满足个体需要的对象，个体活动的动机就可能出现。例如，一个腹中空空行路的人，就会产生吃东西的需要。如果发现了食品店，其想吃东西的需要就会转化为购买食品的动机。但是，并非任何需要都可以转化为动机。只有需要达到一定的强度后，才会转化为相应的动机。当需要的强度较弱时，人们只能模糊地意识到它的存在，这种需要叫意向。由于意向不能为人们清晰地意识到，因而难以推动人们的活动，形成活动的动机。当需要的强度达到一定的程度时，就能为人们清晰地意识到，这种需要叫愿望。只有当人们具有一定的愿望时，才能形成动机。当然，个体的愿望要转化为动机，还要有诱因的作用，否则就只能停留在大脑里。例如，一个人无论多么想读书，如果没有读书的必要条件，他读书的愿望就不能付诸行动，也就不能形成读书的动机了。

（2）诱因是动机形成的外部条件。诱因是指能满足个体需要的外部刺激物。想买衣服的人，看到商场陈列的服装，就可能产生购买的动机。商场里的服装就是购买活动的诱因。诱因使个体的需要指向具体的目标，从而引发个体的活动。因此，诱因是引起相应动机的外部条件。诱因分为正诱因和负诱因。正诱因是指能使个体因趋近它而满足需要的刺激物。例如，儿童被同伴群体接纳，可以满足其归属与爱的需要。在这里，同伴群体的作用就是一种正诱因。负诱因是指能使个体因回避它而满足需要的刺激物。例如，考试对一个成绩不好的学生往往意味着自尊心的伤害，因此他们往往采取种种方式逃避考试，以维护自己的自尊心。在这里，考试就成了负诱因。已形成的动机推动了个体的活动，而活动的结果又反过来影响随后的动机。

（二）学习动机的功能与结构

学习活动是人们社会活动的重要组成部分。依据动机的定义，学习动机是学生学习的重要心理特点，它是在学习需要的基础上产生的、激发和维持学生学习活动，并力图促使学习活动趋向教师所设定的目标的心理过程或内部动力。

1. 学习动机的功能

由于人的一切活动都是由动机引起和推动的。同样，学生的学习活动也是由学习动机引起和推动的。具体来说，学习动机在学生的学习活动中具有激活、指向和强化的功能。

首先是激活功能。激活功能即唤起和引发学生学习行为的功能。在学习需要的基础上，学习动机促使学生产生一定的学习活动。如学生为取得较好的成绩而在考试之前认真复习。其次是指向功能。指向功能指学生在学习动机的作用下，将自己的学习活动导向某一特定目标。如在日常学习活动中，为巩固新学习的知识和探讨新的理论，学生会去教室自习，会到图书馆借书；又如，为将来更好地适应社会发展需要，大学生准备本科毕业后继续深造读研，在此学习动机作用下，将自己的学习活动与考研结合。最后是强化功能。强化功能是指人们的活动动机受其行为结果是否达到预期目标的影响。其大致有两种情况：其一，人们的行为达到了预期的目标，其活动动机因为良好的行为结果而得到增强，行为反复发生；其二，人的行为达不到预期的目标，其活动动机因为不良好的行为结果而得到抑制，甚至消退。在学习活动中，学习动机的强化功能体现在学生往往根据自己的学习成绩，对自己后继的学习进行调整。当学习活动仍然指向既定的学习目标，学生的学习动机受到正强化，努力学习的行为就会继续持续下去；相反，当学生的学习活动偏离或背离既定的学习目标，学生的学习动机受到负强化，学生学习的积极性就会降低，甚至导致学习倦怠或不学习。

学习动机是学生学习活动的直接动力，是学生学习活动得以发动、维持、完成的重要条件，它必然影响学习效果。一般情况下，具有良好、强烈的学习动机的学生，在学习活动中能专心致志，学习热情深厚持久，遇到困难具有顽强的拼搏精神和坚强的毅力，从而有效地达到学习目标；反之，缺乏学习动机的学生，学习积极性低，在学习活动中表现出马虎、敷衍、不求上进的状态，学习目标难以或无法达到，学习动机直接制约学习积极性。在学习动机与学习效果的认识上，还应当看到，学习动机是影响学习行为、提高学习效果的一个重要因素，但不是决定学习活动的唯一条件。研究表明，有些学生在学习过程中学习动机强，学习积极性也高，但学习不认真，要小聪明，学习效果往往不理想；而有些学生学习积极性并不高，但已养成做事认真、踏实的态度，这样的学生可能会取得较好的学习效果。

2. 学习动机的结构

学习动机是在学习需要基础上产生的，激发和维持学生学习活动，并力图达到社会和教育对学生的客观要求的心理特点。据此，可以将学习动机的基本结构大致分成两个方面，即学习需要和学习期待，二者在学生学习过程中相互作用。

（1）学习需要与诱因。学习需要与诱因作为学习动机的必要条件而存在。学习需要是社会和教育对学生学习的客观要求在学生头脑中的反映，是个体在学习活动中感到某种欠缺，而力求获得满足的心理状态。它表现为学生学习的兴趣、爱好、信念等学习愿望或学习意向。这种愿望或意向是驱使学生进行学习的根本动力。学习需要是学习动机的基本成分。

诱因是引发个体行为的外界原因。按其内容，诱因大致分为三类：理智的诱因，如目标与反馈；情绪的诱因，如表扬与批评（奖励与惩罚）；社会的诱因，如人与人之间的竞赛等。按其性质，诱因可以分为两种：其一，积极诱因，是驱使个体趋向或接近并可获得满足的目标物，即正诱因；其二，消极诱因，是驱使个体竭力避免或躲避的目标物，即负诱因。如果说，需要是引发动机的内部因素，那么诱因可以看作引发动机的外部因素，因而诱因也是动机基本结构的组成部分。在现实生活中，人的行为及其动机离不开需要与诱因的相互作用。

在大学生学习过程中，学习的诱因对大学生学习动机产生影响。所谓学习诱因，是指能够激发大学生学习的定向行为，并能满足其学习需要的外部条件或刺激物。其中，学习的积极诱因引起学生学习的积极行为，驱使大学生趋向或接近学习目标。例如，大学生在学习中信心不足时，老师、同学对其的鼓励与帮助等。学习的消极诱因会引起大学生学习的消极行为，是大学生竭力避免或躲避的。例如，大学生在学习过程中，学习困难，多门成绩挂“红灯”；由于种种原因，大学生在学校中人际关系紧张，感到孤独等。

学习需要与学习诱因是紧密联系的。一般来说，既没有无学习需要的学习诱因的存在，也没有无学习诱因的学习需要的存在。大学生在现实的大学学习中，其学习动机往往是由学习需要与学习诱因相互作用决定的。

（2）学习期待。期待是个体对于从事活动所要达到目标的主观估计，是客观的活动目标在头脑中的主观反映。

学习期待是学习动机的又一基本要素，在大学生学习活动中，大学生根据自己的能力和学校对学生的要求，对自己力图达到的学习目标的自我评价与判断，是个体对自己能力、经验、客观条件、目标难度等各方面加以权衡、考虑之后的综合预想水平。正确、积极的学习期待可以激发大学生积极进取的学习行为。为激发大学生的学习动机，应当分清学习目标与学习期待。学习目标是各个大学生通过自己的学习活动要达到的预期结果。例如，某门课程至少应获得“优秀”，某门课程只要通过就行，等等。而学习期待则是学生学习过程中体现出来的心理特点，它是学习目标在学生头脑中的反映。

在学生现实学习过程中，学习期待与学习目标可能相一致。这是因为学生通过自己的努力学习使自己的学习目标得以实现。但二者也往往表现为不相一致，这表明由于种种原因，设定的学习目标与学生的自我主观判断之间存在差距。研究表明，学习期待的强烈程度对于学生学习动机有着强化或抑制作用，因此重视研究学习期待，帮助大学生确定合适的期待水平，对于激发大学生学习动机有着重要意义。

总之，学习需要与学习期待是学习动机的两个基本成分，它们紧密相连。学习需要是个体从事学习活动的根本动力，它引发学习期待。学习期待是指向学习需要的满足，促使学生努力达到学习目标。

（三）学习动机的种类

在高校学习的大学生来自全国各地，他们的学习动机也千差万别。高校教师必须研究和把握大学生学习动机，因材施教，从而有利于高校的教学和人才的培养。

1. 主导学习动机和非主导学习动机

根据学习动机对行为作用的大小和地位，可以将动机分为主导学习动机和非主导学习动机。主导学习动机是个体最重要、最强烈、对行为影响最大的动机。非主导学习动机是强度相对较弱、处于相对次要地位的动机。人的行为实际上是由不同重要性的动机构成的动机系统决定的。在这个动机系统中，主导动机可以抑制那些与其目标不一致的动机，对个体的行为起决定性作用；非主导动机则起辅助作用。主导学习动机表现在学生把学习与国家、社会的利益、发展集合在一起，明确自己身上担负的社会责任，认识到自己只有通过刻苦努力的学习，掌握现代科学文化知识，才能为国家的经济繁荣与发展有所贡献。而非主导学习动机则是把努力学习只与个人的一己私利结合，认为努力学习是为了出人头地，是为了“治人”。不同的学习动机对于大学生健康成长、成才往往产生不同的结果。

2. 内部学习动机和外部学习动机

从学习动机的动力来源看，学习动机可分为内部学习动机和外部学习动机。内部学习动机是指个体内在学习需要所引发的学习动机，如大学生强烈的求知欲、浓厚的学习兴趣等。内部学习动机会使得学生自觉、主动地学习，并取得良好的学习效果。

外部学习动机是指由于奖惩等外部诱因所引起的学习动机。例如，一些学生往往为获得奖学金、三好学生称号、他人的赞赏，或避免受罚而努力学习。他们进行学习活动的动机不在学习任务本身，而在学习活动之外。由外部学习动机支配的学生，可能也能取得一定的学习效果，但是由于学习的动力在于外部，学习的动力往往不能持久，遇到挫折可能气馁。在大学生学习活动中，两类学习动机可以相互转化。如许多外部学习动机，如评优秀学生也是学生内部学习动机的当然目标。

在高校教育过程中，既要引导和培养大学生健康、强烈、持久的内部学习动机，同时也要重视外部学习动机的重大作用，积极创设和利用外部学习动机，如通过一定仪式表彰优秀学生，来满足当代大学生在被尊重、出成就等方面的需要。同时，应当有意识地促进外部学习动机向内部学习动机转化，使之有力地促进大学生努力学习和进取。

3. 直接性学习动机和间接性学习动机

根据学习动机与学习活动的相互关系，可将学习动机划分为直接性学习动机和间接性学习动机。直接性学习动机是指学生的学习活动是与学习动机直接相关的，是为获得高分、赞赏、奖励、避免受惩罚而努力学习的学习动机。这种动机往往稳定性较差，易受环境变化影响。例如，在学校里可能存在这样的现象：大学生往往因某老师专业知识扎实，教学效果良好而喜欢上该门课程，并努力学习。但在换了老师之后，许多学生总会出现有意或无意的对新老师的心理排斥、对该门课程兴趣骤减、成绩下降的现象。

间接性学习动机是指学生的学习动力在于学生对学习的社会意义的认识和自己长远目标的价值。大学生努力学习除了学习的求知欲和兴趣、获得赞赏等直接动机，还包括自己的学习应为祖国的发展、科技的进步、社会的繁荣承担社会责任。随着年级的升高，间接性的学习动机在大学生学习中日益得到加强。例如，在山东大学进行“你认为为什么要努力学习”的问卷调查中，认为学科重要的占 77%，学科吸引力占 46%，毕业工作需要占 44%。合肥工业大学在相类似的一项研究中也得出相近的结论，其中，认为应当多学习知识的占 69%，知识的实用性占 68%，对所学习课程感兴趣的占 65%，等等。间接性的学习动机比较深刻，稳定而持久，它对于大学生的学习乃至成才往往具有决定意义。

大学生的直接性和间接性学习动机是既相互区别，又相互联系、相互作用的。一个刻苦学习、努力成才的大学生的背后往往是这两类动机相互作用的结果。因此，必须从两方面着手，因材施教。一方面培养大学生直接性学习动机，使大学生认真对待学习中的每一环节，在得到良好的评价中不断进取；另一方面引导大学生树立健康稳定的间接性学习动机，使直接性的学习动机深化，促进大学生努力学习的持久与发展。

4. 近景的学习动机和远景的学习动机

根据学习动机与学习活动内容的关系，可将学习动机划分为近景的学习动机和远景的学习动机。

一般来说，学生的学习动机与其在学校的学习任务直接相关。我们把学生为尽可能好地完成学校规定的教学内容、教学大纲，去争取较好成绩，称为近景的学习动机。而远景的学习动机是与近景的学习动机交织在一起的，学生在学校里的学习，其深层次的根本动力可能是为了争取未来的理想工作、优厚的待遇，获得较高的社会地位，为祖国的强盛做贡献，等等。大学生远景的学习动机往往因其个体的经历、社会阶层等各个方面的原因而形成较大的差异。对大学生而言，近景的学习动机和远景的学习动机都是不可缺少的。

近景的学习动机与远景的学习动机的划分是相对的。与一种学习动机相比是近景的学习动机，而与另一种学习动机相比则可能是远景的学习动机。

（四）大学生学习动机的特点

学习是个体获得知识和技能的过程，在这个过程中有许多特点，如学习的迁移作用、学习（练习）中的高原现象等，它们都对学习产生着不同的影响。当代大学生学习动机因其生活阅历、教育实践和社会环境的影响而不断变化，在学习活动中表现出以下特点。

1. 学习动机的多元性

动机是人们的需要引起的达到一定目标的心理特点，因此可以说，人们的需要决定了人们的活动动机。学习动机是学习需要引起的，因此同样可以说，学习需要决定了学生的学习动机。

在校大学生需要的多样性，必然决定了其学习动机是极其多样的。比较中学生而言，大学生的学习动机显得复杂得多。其最主要的原因是大学生的学习不再像中学生那样只是为了升学，他们已经是没有领工资的成年人，他们中的一些人准备继续深造，但大部分人面对的是竞争日益激烈的社会，因此他们的学习动机千姿百态。

2. 学习动机的复杂性

大学生学习动机不仅是多元的，而且相互渗透，呈现出复杂性的特点。大学生的学习动机十分多样，从内容上可以分为四大类：第一类是报答性学习动机，如或者为光宗耀祖、报答父母养育之恩，或者为不辜负老师期望，或者为找一个出色伴侣组织家庭等；第二类是谋求职业和生活保障的学习动机，如能在城市工作，获得一份好职业，得到较好的物质生活待遇；第三类是发展自我和自我实现的学习动机，如为满足自尊心和求知欲，发挥自己潜能等；第四类是具有社会意义的学习动机，如履行当代青年社会义务，为民族振兴、祖国富强和繁荣做出较大贡献等。上述大学生学习动机的区分不是绝对的，在大学生学习过程中可以在同一个大学生身上得到体现，也可能在某大学生群体中显现。而且学习动机在社会发展的不同时期也存在差异。如有的大学生较多的考虑到个人生存和发展，对于祖国和社会的义务则较为淡薄；有的大学生有着强烈的学习兴趣和欲望，关注国家的发展和现代科学技术的进步，因此更专注于钻研专业知识；等等。

3. 学习动机的间接性

有人对不同年级大学生的学习动机进行研究，发现对所学知识的兴趣、对分数、赞赏的追求，避免受罚等而努力学习的大学生，在大学一年级占 25%，大学二年级占 24%，大学三年级占 21%，到大学四年级只占 16%。大学一年级占 25% 的比例说明有相当大的低年级大学生的学习动机仍然由直接性学习动机所左右。这是因为刚人校的大学新生由于其心理尚未完全成熟，对高校学习不甚了解，长期的应试教育的学习方式的定势仍然影响、左右着他们的头脑。直接性学习动机是由大学生学习的直接兴趣和直接结果所引起的，它在学生一定的学习阶段有积极意义，但毕竟所要达成的目标较近、较具体，所以所持续的时间相对较短、也较不稳定，很容易受到客观环境变化的影响。大学生如果仅仅限于直接性、功利性的学习动机中，对其全面发展是不利的。

大学生直接性的学习动机随着年级的升高而逐年减弱，而间接性的学习动机逐渐成为大学生的主要学习动机。

4. 学习动机的社会性

随着大学生年级的升高，大学生当前的、功利性的学习动机呈现逐年减弱的趋势，而社会责任感的学习动机得到培养和提高。有人在研究大学生学习动机中，发现在大学一年级有 91.3% 的大学生主要是为“争口气”“报答父母恩情”，而到了大学三年级、四年级，学习动机为“为社会多做贡献”“有所建树”的大学生占到了 89.5%。这说明高年级大学生学习动机较低年级学生表现出更强烈的社会责任感，其学习动机的社会性意义日益增强。

5. 学习动机的职业性

我国在校大学生进入高校学习，在所报学校和专业上，他们中的绝大多数是按所报志愿录取的，也有一部分是由于种种原因以服从分配方式入学的。不论哪种情况的大学生，在刚刚进校时往往可能都存在专业思想巩固问题。其中，服从分配入校的不必多说，即使是那些以所报志愿录取的大学生也往往同样存在对所学专业的动摇，这是因为这些大学生进入某校某专业往往因为高考成绩、家长意见等影响，而并非出于自己的志愿，即使有些大学生完全出于自己的志愿，也可能由于对所选专业不甚了解，深入学习后感到失望。

随着年级的升高，学习不断深入，大学生对所学专业的认识、感受日益加深。他们更加广泛地接触社会，特别是他们直接面临就业的重大人生转折，他们较低年级大学生更关注现实，他们把学习的内容与大学生未来就业需要的知识日益紧密结合，逐步认识到所学专业与国家建设与发展的意义。同时他们也在学习中渐渐消除了对所学专业的某些偏见和逆反心理。高年级大学生这种职业定向性的学习动机不断获得增强与巩固。他们不仅认真努力地学习学校开设的与将来可能的工作相关的课程，而且主动通过各种方式、途径拓展这类课程知识，以及争取获得与专业相关的各种证书。

二、学习动机理论

严格地讲，心理学领域并没有专门的学习动机理论。心理学家们只是从不同学派角度提出关于一般动机的不同观点，借助这些相关成果，我们得以解释人的学习行为。

（一）需要层次理论

需要的层次理论是美国心理学家 A.H · 马斯洛（Abraham.H.Maslow）提出来的。他认为，人的需要包括不同的层次，而且这些需要都由低层次向高层次发展。层次越低的需要强度越大，人们优先满足较低层次的需要，再依次满足较高层次的需要。马斯洛把需要分为五个层次，即生理需要、安全的需要、归属与爱的需要、尊重的需要和自我实现的需要。

1. 生理需要

生理需要是最基层的需要，是指维持个体生存与种族繁衍的需要。如个体对食物、空气、睡眠、性、母性等的需要。马斯洛指出，如果所有的需要都得不到满足，那么有机体就会被生理需要所支配，其他需要就变得不存在了，即被生理需要掩盖了。古人说“衣食足而知礼仪”，就是这个道理。

2. 安全的需要

安全的需要是指对安全的环境、恒定的秩序、避免伤害和威胁的需要。一般而言，当生理需要得到满足以后，安全的需要就随之产生了。但在面临危险或威胁时，人们会把安全看得比一切都重要。在现实生活中，一般人的安全需要是基本得到满足的。但我们依然能看到表现安全需要的现象。如在房子上安上防盗门窗；喜欢稳定的工作；避免从事危险的工作；参加各种社会保险；注意食品、药品卫生，等等。

3. 归属与爱的需要

归属与爱的需要是指个体希望获得别人的爱和爱别人的需要，也就是希望与别人交往，并与别人建立亲密关系的需要。例如，儿童希望与小伙伴建立友谊，希望得到教师和父母的爱。归属与爱的需要是在前两种需要基本满足以后产生的。

4. 尊重的需要

个体在前三种需要基本满足后，就会产生尊重的需要。尊重的需要是指个体追求体现个人价值的需要。尊重的需要包括自尊和他尊两方面。自尊就是个体对自己的尊重。如自强、自信、自主、支配他人、胜任工作、取得成就等，都是自尊的具体表现。他尊是指别人对自己的尊重。如追求名誉、地位、尊严、威信、获得别人承认、引起别人注意和欣赏等，都是他尊的具体表现。

5. 自我实现的需要

自我实现的需要是指个体希望最大限度地实现自己潜能的需要。艺术家要创作，科学家要创造发明，每个人都想把自己的工作做得尽善尽美，这些都是自我实现需要的体现。自我实现的需要是在其他需要都基本满足以后才产生的最高层次的需要。

马斯洛认为，需要的产生由低级向高级的发展是波浪式地推进的，在低一级需要没有完全满足时，高一级的需要就产生了，而当低一级需要的高峰过去了但没有完全消失时，高一级的需要就逐步增强，直到占绝对优势。

马斯洛的需要层次理论系统地探讨了需要的实质、结构以及发生、发展的规律。这不仅对建立科学的需要理论具有一定的积极意义，而且在实践上也产生了重要影响。许多企业家就是依据这个理论，制定满足职工需要的措施，以调动职工的工作积极性。但马斯洛的需要理论也存在一定的不足。首先，马斯洛把生理需要、安全的需要、归属与爱的需要、尊重的需要都称为基本需要，并认为这些需要是与生俱来的，需要的发展是一种自然成熟的过程，这严重低估了环境和教育对需要发展的影响；其次，马斯洛强调个体优先满足低级需要，忽视了高级需要对低级需要的调节作用。连他自己也承认，他“并不完全了解殉道、英雄、爱国者、无私的人”。

（二）强化学习理论

1. 联结学习理论

以华生、斯金纳为代表的早期的行为主义心理学家在解释行为或学习产生的原因时，总是与刺激、惩罚、强化、接近、示范等概念相联系。他们倾向于把动机看作由外部刺激引起的一种对行为的冲动力量，并特别重视用强化来说明动机的引起和作用。在他们看来，人的某种学习行为倾向完全取决于先前的这种学习行为与刺激之间因强化而建立的牢固联系。而强化就是指在条件反射作用中，影响刺激—反应联结强度，或增强条件反应出现频率的程度。

这种以刺激与学习者反应（S—R）为中心概念的联结学习论认为，不断强化可以使联结得到加强和巩固，任何学习行为都是为了获得某种报偿。只要对个体表现的行为给以需求上的满足，就会保留强化该行为。因此，在学习活动中，采用各种外部手段如奖赏、赞扬、评分、竞赛等可以激发学生的学习动机，引起其相应的学习行为。

一般来说，强化有正强化和负强化之分。正负两种强化都具有加强行为的作用，都对学生的学习动机产生影响。

2. 社会学习理论

当代社会心理学家班杜拉（Albert.Bandura）创立的社会学习理论是行为理论和认知理论相互交叉、彼此渗透的产物。它在强调环境影响的同时，还强调个体内在认知也是构成学习的重要因素，将强化视为个体对环境认知的一种讯息，并把强化分为三种：一是外部强化，即通过外部因素对学习行为进行强化，如奖励和惩罚便是两种常用的外部强化方式；二是替代强化，即通过一定的榜样来强化相应的学习行为和学习行为倾向；三是自我强化，即学习者根据一定的评价标准进行自我评价和自我监督来强化相应的学习行为。在教学情境下，其他同学的优异表现，教师的德才兼备，都可引起学生的内心认同，而通过观察学习和模仿促进、提升学习动机，形成良好的学习效果。所谓“见贤思齐”便是这个道理。

强化动机理论对于学校教学产生了很大影响，第二次世界大战后的美国，甚至全世界的学校教育都广泛采用了斯金纳的操作条件反射作用的学习理论与方法，如编序教学（Programmed instruction，PI）、计算机辅助教学（Computer assisted instruction，CAI）与凯勒计划等。我国学校教育也广泛采用强化原则，通过表扬与批评来激发与维持学生学习动机。特别在中小学阶段，在升学压力下，教师、家长常用物质奖励、精神支持或其他惩罚措施来控制学生学习，有时效果也确实比较明显。但进入大学阶段，由于大学生学习的特点，这种重视外在学习动机而忽视内在学习动机的教学方式日渐失效。由于强化学习动机理论是外控性的，表现在教学上就是强调分数、排名，并根据分数和排名给予激励、控制学生学习的目标，而忽视学生内在学习动机的培养。在强大的外部学习诱因环境中，学生很容易为追求奖励而读书，为追求分数而求知，被动地应付读书考试，原有的好奇心和求知的兴趣、自身的学习热忱日渐被压制下去。同时，学生对于不受重视的学科和不举行考试也不计算分数的活动不再积极参与，造成求知兴趣窄化。学业以学科分数定排名，分数变成了读书的唯一目的，致使学生体会不到学习的乐趣，求知欲受到抑制，严重影响了学习的积极性。

（三）认知学习理论

认知派的观点强调的是内部动机作用，如学习的满足或成就感。人们被看作主动地、千方百计地探寻信息去解决与他个人有关的问题，为了专注于自己选择的目标，甚至可以忍受饥饿、承受苦难。人们喜欢某项工作本身，就会十分努力地工作，完成任务。

1. 归因理论

最早提出归因理论的是海德（F.Heider），他认为，人们的大部分行为由两种需要驱动，一是理解世界的需要，二是控制世界的需要。受这两种需要驱动，人们开始试图预测将来的行为。在海德看来，行为的原因或者在于环境，或者在于个人。环境的原因如他人影响、奖惩、运气、工作难易等，如果将行为原因归于外在环境因素，即情境归因，则个人对其行为结果可以不负什么责任。个人原因如人格、动机、情绪、态度和能力等，如果将行为原因归于个人性格等，即性格归因，则个人应当对行为结果承担责任。一般而言，当个体作为观察者解释他人行为时，倾向于采取性格归因；在对自身行为活动进行归因时，则倾向于采取情境归因。

韦纳（Weiner）的归因理论是考查人们对任务成功与失败的情感和认知的一种理论模式。根据实证研究的结果，韦纳对行为结果的归因进行了系统探讨，提出六因素三向度归因理论。六个因素分别是能力高低、努力程度、工作难易、运气好坏、身心状况和其他因素。三个向度是因素来源（内部归因和外部归因）、稳定性（稳定性归因和非稳定性归因）和可控制性（可控制性归因和不可控制性归因）。

韦纳认为，根据三个向度可将成败分为八类归因。①内部稳定的可控因素，如自控水平。这类人认为学习成功是自控及时和有力的结果，而自控水平低则易导致学习失败，所以他们比较注意提高自己的自控水平，以争取获得好成绩。②内部稳定的不可控因素，如能力高低。此类学生认为学习好是由于能力强，他就会信心十足；学习差是由于能力低，他就会丧失信心，听任失败。③内部不稳定的可控因素，如努力程度。这类人如果学习成功，就会鼓励自己继续努力，并预期自己再次获胜；如果学习失败，就会相信只要自己努力，就一定会获得成功。④内部不稳定的不可控因素，如身心状况。如果一个学生认为只有身体健康、精力充沛才能取得好成绩，他就会注意锻炼身体，重视心理卫生，以保持和促进身心健康。⑤外部稳定的可控因素，如学习方法。这类学生会自觉改进学习方法，逐步学会学习。⑥外部稳定的不可控因素，如任务难易。这类学生把学习不好归因于任务困难，倾向于埋怨客观，满意感较少。⑦外部不稳定的可控因素，如他助多少。这类人如果学习不好，就会认为是因为未能得到他人的帮助，并因此注意协调人际关系，争取他人帮助。⑧外部不稳定的不可控因素，如运气好坏。

韦纳认为：第一，当个人将成功归因于能力和努力等内部因素时，他就会满意，信心增加，而将成功归因于任务容易和运气好等外部因素时，产生的满意感就较少。如将失败归因于缺少能力或努力，就会产生羞愧和内疚，而将失败归因于任务太难和运气不好时，产生的羞愧感则较少。第二，在付出同样努力时，能力低的应得到更多的奖励。第三，能力低而努力的人受到最高评价，能力高而不努力的人受到最低评价。

韦纳发现，在师生交互作用的教学过程中，学生对自己成败的归因并非完全以自己的考试分数的高低为基础，还受到教师对他成绩表现所做反馈的影响。

2. 自我效能理论

自我效能论由社会学习论的创始人班杜拉（AlbertBandura，1982）所提出。其基本观点是，当面对一项挑战性工作时（如竞争性考试），个人是否主动地全力以赴，将决定于他对自身自我效能的评估。所谓自我效能，是指个人根据以往经验，对某一特定工作或任务，经多次成功体验后，确信自己有能力成功处理的主观判断。班杜拉研究表明，个体对自我效能的评估取决于四个方面的经验：一是直接经验，即自身以往从事同类工作时的成败经验；二是间接经验，由观察学习间接的别人的经验；三是书本知识或别人意见，指由阅读或与他人交往获得的经验；四是身心状况、情感的激发等。一个人高兴、悲伤、恐惧、愤怒等情绪都可能改变其行为及自我效能感，过去成功或失败的情绪体验都可能影响自我效能感的判断。

班杜拉指出，这四类影响因素中最主要的为个体直接经验，即由自身行为直接体验的成败经验。一般来说，成功经验会提升自我效能感，而失败经验则会挫伤自我效能感。当然，若将成功因素归因于外部不可控因素，如运气、他人帮助等，则不会增强效能感；而将失败归因于内部可控因素时就不一定会降低效能感。

班杜拉等人的研究还指出，自我效能感在学习活动中具有以下功能：第一，决定人们对学习活动的选择及对该活动的坚持性；第二，影响人们在困难面前的态度；第三，影响新行为的获得和习得行为的表现；第四，影响学习时的情绪。

自我效能感理论克服了传统心理学（行为主义和认知学派）重行轻欲、重知轻情的倾向，日益把学生个体的需要、认知和情感结合起来研究人的动机，重视学生个体自我效能感的培养。对于在培养学习动机这一内在心理过程中，要注意发挥受教育者本身作用方面具有重要启示。在教学中，应着力培养学生建立稳定的自我效能感，以提高正确看待自身能力的判断。当个体确信任务的价值、性质，并确信自己有足够能力去实现时，个体的动机才能被最大限度地激活。在教学过程中，应注意让学生体验到成功的、自我肯定的愉悦感，培养学生稳定的自我效能感和长期的自我价值感；而不应一味地使学生觉得自己能力有限、无法成功，影响教学任务的完成和教育质量的提高。

3. 自我价值理论

自我价值论由美国教育心理学家卡芬顿（Covington）提出，主要从学习动机的负面着眼，试图探讨“有些学生为什么不肯努力学习”的问题。

他认为：首先，自我价值感是人们追求成功的内在动力。社会上一向看重成功，儿童从小就知道努力学习能取得优秀成绩，进而感到满足、自尊心提高、自我价值感增强。在多次经历之后，能力—成功—自我价值感三者之间就形成前因后果的链锁关系，而追求自我价值感就成为个人追求成功的内在动机。而事实上，大学生努力学习，除为获得良好成绩和奖学金之外，更多的是为获得更高的自我价值感。

其次，区别对待成功与失败，采取不同的应对策略以维护自我价值感。卡芬顿通过研究发现，成功的学生倾向于将成功的原因解释为自己的能力，而非自身努力的结果。因为成功归因于自己的能力，能获得更大的自我价值感，因为努力人人可为，但能力却唯我仅有。而在长期追求成功却无法获得的情况下，学生们为逃避失败后的痛苦，维持自我价值，他们既不承认自己能力不足，又不认同努力学习就可获得成功的看法。因此，常会看到有的学生能力不差但总不努力学习的情况。

最后，学生对能力与努力的归因随年级而变化。卡芬顿研究发现，随着学生年级的升高，学生们的学习动机强度随之降低。低年级学生最看重努力，而高年级学生则认同能力而非努力。当今大学受到社会浮躁风气的影响，家庭背景、人际关系网、交际手段等潜规则对于取得成功的影响不断在大学生心中得以强化，部分大学生对努力学习的作用产生不同程度的怀疑，并由此极大地影响学习动机。

学校教育中存在两个严重问题：其一是有能力的学生不肯读书；其二是学生们接受教育时间愈久，读书机会愈多，反而愈不喜欢读书。它启示我们应反思学校教育中存在的这些反常现象，促使学生产生持久的学习动机。我们日常所强调的教育目的，如发展品格、启迪心智、强健体魄，实现德智体美劳的全面发展，只是教育者的目的，是远景目标。而作为受教育者的学生最直接的目的就是要在每一门科目上获得学习的成功，因为学习动机原本就是“因知而进一步求知的内在动力”，学生只有连续地在课程科目上取得学习的成功，学习动机才能不断被强化。所以，辅导学生认识近期学习目的，培养学习动机，应该被视为教育的重要方面。

（四）成就动机理论

1. 默里理论

在成就动机领域中，最早的研究来自默里（H.A.Muray）。他认为，成就需要是一种普遍的需要，是“克服障碍、施展才能、力求尽快尽好地解决某一难题”。而成就动机是在人的成就需要基础上产生的，是激励个体乐于从事自己认为重要的或有价值的工作，并力求获得成功的一种内在内驱力。作为一种主要的学习动机，成就动机是人类独有的、后天获得的具有社会意义的动机。

默里及其同事是在主题统觉测验中和关于人类动机假设中提出成就动机的，还以实验的方式测量成就动机，对提高人们成就动机水平做出尝试。研究证明，尽管成就动机是相当稳定的因素，但可以通过学习和经验加以改变。人们对新任务的最初尝试经验对于成就动机是十分关键的，因此教师应尽量提高大学一年级新生的考试通过率，以避免挫伤其学习积极性和自信水平。此外，研究者还指出，人们成就动机的差异性部分是由于早期抚育方式不同所造成的，如母亲对孩子进行的早期独立性训练，父母对成就的高期望和高奖赏等。

2. 麦克利兰理论

20 世纪 50 年代末 60 年代初，麦克利兰（D.C.McCleland）在各种实验条件下对不同年龄、不同特征的被试者的成就动机做了大量的研究。例如，让 5 岁的儿童当被试者的实验。让孩子们走进一间屋子，给他们许多绳圈，让他们用绳圈去套房间中间的一个木桩。孩子们可以自由选择自己站立的位置，并且让他们预测他们能够套中多少绳圈。结果发现：追求成功的孩子选择了距离木桩适中的位置，然而避免失败的孩子却选择了要么距离木桩非常近，要么距离木桩非常远的地方。研究表明：成就需要高的人，喜欢对问题承担自己的责任，能从完成任务中获得满足感。实验中追求成功的孩子选择了与木桩距离适中的位置，就是选择了具有一定挑战性的任务，但同时也保证了具有一定的成功可能性。而成就动机低的人，因为要尽力地避免失败及消极情绪，所以要么距离木桩很近，以轻易成功；要么距离木桩很远，几乎没有成功的可能，这是任何人都达不到的，因此也不会带来消极情绪。同时，麦克利兰还发现，成就动机的水平与完成学业任务的质与量紧密相关。高成就动机者在没有外力控制的环境下仍能保持好的表现，在经历失败的过程中，高成就动机者在任务的坚持性上比低成就动机者强。因为他们在归因时倾向于内部归因，成功的经验使他们更相信自己的能力，一旦失败，他们会更加努力地去完成任务。避免失败的学生正好相反，他们自信心不强，倾向于外部归因，由于他们认为自己的能力有限，他们往往设置一些不切合实际的目标，同时又不付出足够的努力，而不断地失败导致了他们对自己能力不足的固定看法。由于他们将失败归因于缺乏能力，而将成功归因于运气、机遇、任务简单，这样无论成功还是失败对他们都没有积极的影响。

3. 阿特金森理论

阿特金森对成就动机理论的主要贡献是，他提炼并明确区分了成就动机中的两种不同倾向：其一是力求成功的需要；其二是力求避免失败的需要。人在这两种特征的相对强度方面各不相同，可以分为力求成功或力求避免失败这两种类型的人。阿特金森认为，生活使人面临难度不同的任务，他们必然会评估自己成功的可能性。力求成功的人旨在获取成就，并选择能有所成就的任务，成功概率为 50% 的任务是他们最有可能选择的，因为这给他们提供了最大的现实挑战。如果他们认为成功完全不可能，或胜券在握，动机水平反而会下降。反之，避免失败的需要强于力求成功愿望的人，在预计自己成功的机会大约有 50% 时，则会采取回避态度。他们往往选择更易获得成功的任务，以便自己免遭失败；或者选择极其困难的任务，这样即使失败，也可为自己找到合适的借口。

阿特金森还列举了两个公式以表示不同成就动机倾向：①求成动机倾向：$TS=MS\times PS\times IS$；②避败动机倾向：$TF=MF\times PF\times IF$。其中 T 代表成就期望，其强度取决于 M（个人对取得成功或避免失败的稳定长久的兴趣，属人格特质方面）、P（对在任务上取得成功或失败可能性的估计，它受到当事人过去经验、对别人经验的观察及当时竞争程度等影响）、I（对目的和任务价值的主观评价）。由此可见，阿特金森认为无论是追求成功的动机还是避免失败的动机都基于这三个因素，而由于追求成功和避免失败的动机在活动中同时起作用，因此实际上完成某项活动的动机强度 TA 等于二者之和，即 $TA=TS+TF$。值得注意的是，这一理论的特殊假定是 $IS=1-PS$，即如果成功的可能性低，那么成功的激励值就大。如报考某名牌大学对某生来说是较难实现的目标，但正因如此，对于某生的主观价值也更高；反之，对于较易考上的学校，其主观价值也有可能因此下降。他指出，在考察人的成就动机水平时必须将这两方面结合起来加以综合考虑。

4. 奥苏伯尔理论

奥苏伯尔（D.P.Ausubel）是美国纽约州大学研究院的教育心理学教授，是认知派的代表人物之一。他认为成就动机的组成因素有三方面的内驱力，一是认知内驱力，即个体力求获得知识、技能，善于发现并解决问题的能力的需要，如好奇心、求知欲等；二是自我提高的内驱力，即个体把学业成就看成为自己赢得相应地位的需要，如自尊心、自信心、胜任感等；三是附属内驱力，即个体力求成功是为了获得他人，如父母、老师等长辈和同辈群体的赞许、喜欢和认可的需要。这三种内驱力在学习活动中的作用不是固定不变的，通常随着学生年龄、个性特征及所处的社会历史和文化背景的变化而变化。

成就动机理论把动机的情感方面与认知方面结合起来，并用数学模式简明地表述出来，揭示了影响成就动机的某些变量和规律，并用实验检验和证实了其理论假设的合理性和客观性，这对于动机理论的建立和发展有着深远的意义与巨大的贡献。但同时由于其不完善性，它还不能很好地说明成就动机的本质和发生、发展的条件以及影响成就动机的各种变量，所以也还存在一些缺陷。

三、大学生学习动机的激发

学生的行为要受到动机的支配，如有的学生是为了振兴中华而发奋学习，有的学生是为了能考上好学校而努力学习，有的学生是为了能得到好分数获得父母、老师的赞扬而学习，有的学生则是因为有兴趣、乐于学习等。

动机的激发是指通过某些刺激使人发奋起来。动机的激发也称“激励”，通俗地说，即为调动人的积极性。心理学家研究认为，人类行为都具有一定的动机性，也就是说，不存在无目标导向的人类行为。而人的动机多起源于人的需求欲望，一种没有得到满足的需求是激发动机的起点，也是引起行为的关键。因为未得到满足的需求会造成个人的内心紧张，从而导致个人采取某种行为来满足需求以解除或减轻其紧张程度。动机的激发过程，实际上就是人的需求满足的过程，它以未能得到满足的需求开始，以得到满足的需求而告终。因为人的需求是多种多样、无穷无尽的，所以激发的过程也是循环往复、持续不断的。当人的一种需求得到满足之后，新的需求将会反馈到下一个激发循环过程中去。

动机的激发对人的活动具有非常大的意义。哈佛大学威廉·詹姆斯（William James）教授发现，在没有动机激发的情形下，人通常只能发挥出 20% ~ 30% 的个人能力，而如果给予充分的激发，其能力可以发挥出 80% ~ 90%。由此可见，在人的活动中对人的动机的激发不可或缺。

大学生学习动机起源于大学生的学习需求，大学生的学习需求是社会和教育对学生学习的客观要求在学生头脑中的反映，是大学生学习活动中感到某种欠缺和未得到满足的学习需求形成的内心紧张的心理状态。学习动机驱使大学生采取学习活动来满足学习需求，以解除或减轻其紧张程度，力求获得满足的心理状态。

为了促进大学生的学习效果，需要采取一定的方式，把已形成的学习需求，由潜伏状态转入活动状态，使之成为实际而持续地推动其努力学习的内在动力，朝着成才的目标前进。这就是对大学生学习动机的激发，以充分调动大学生学习的积极性。在对大学生学习动机激发中，大学生没有得到满足的需求是激发大学生学习动机的起点，也是引起（激发）大学生学习积极努力行为的关键和最根本的动力。

学习动机的激发是利用一定的诱因使已形成的学习需求充分调动起来，即由潜在状态转化为活跃状态，成为学习活动中的积极因素。

（一）创设问题情境，实施启发式教学

所谓问题情境，指的是具有一定难度，需要学生努力克服，但又是力所能及的学习情境。简单地说，问题情境就是一种适度的疑难情境。在学习过程中，难度过小或难度过高的东西，学生都不会感兴趣。只有在学习那些“半生不熟”“似会非会”的东西时，学生才会感兴趣而迫切希望掌握它。因此，能否成为问题情境，主要看学习任务与学生已有知识经验的适合度如何。研究表明，问题情境的难度在50%左右最有利于激发学习动机。创设问题情境，要求教师熟悉教材内容，掌握教材内容的结构，了解新旧知识之间的内在联系；并且充分了解学生已有的认知结构状态，使新的学习内容与学生已有水平构成一个适当的跨度。这样，才能创设问题情境。具体创设问题情境的方式可以多样，既可以用教师设问的方式提出，也可以用作业的方式提出；既可以从新旧教材内容的联系方面引进，也可以从学生的日常经验引进。问题情境的创设既可以在教学的开始阶段，也可以在教学中和教学结束时进行。

（二）增强学习材料的科学性与趣味性

学习材料的科学性不仅是指材料内容要正确，符合客观规律，逻辑结构严谨，还包括材料内容要适合学生已有的知识背景，符合学生的年龄特征和心理发展水平。材料的趣味性是指材料的内容要生动活泼，富有趣味，同生活经验联系紧密，实用性较强。

（三）利用学习结果的反馈作用

让学生及时了解自己的学习结果，会产生相当大的激励作用。因为学生知道自己的进度、成绩以及在实践中应用知识的成效等，可以激起其进一步学习的愿望。同时，通过反馈的作用又可以及时看到自己的缺点和错误，及时改正，并激发其上进心。因此，在教学过程中，教师应注意：①及时批改和发还学生的作业、测验和试卷。“及时”是利用学生刚刚留下的鲜明的记忆表象，满足其进一步提高学习的愿望，增强其学习信心；②眉批、评语要写得具体，有针对性、启发性和教育性，使学生受到鼓舞和激励。

（四）进行正确的评价和适当的表扬与批评

正确的评价和适当的表扬与批评所起的作用，主要是对学生的学习活动予以肯定或否定的强化，从而巩固和发展正确的学习动机。一般来说，表扬、鼓励比批评、指责能更有效地激励学生的学习动机。因为前者能使学生产生成就感，后者则会挫伤学

生的自尊心和自信心。进行有效的评价和适当的表扬与批评应注意以下几点：第一，要使学生对评价有一个正确的态度。只有对分数持正确的观点，分数才能起积极的激发学习的作用。第二，评价必须客观、公正和及时。如若评价不公正，则会使评价产生相反的结果。第三，评价必须注意学生的年龄特征与性格特征等。如对学龄初期的学生，教师的评价起的作用更大些，对学龄中、晚期的学生，通过集体舆论来进行表扬或批评，效果更好。对自信心差的学生应多一些鼓励与表扬，对过于自信的学生，则应更多地提出要求，在表扬的同时还应指出其不足之处。

（五）组织学习竞赛，激发学生的成功感

竞赛是指个体在群体中由于相互比较、竞争而激发自己的内在潜力与能力。在学生学习过程中适当组织学习竞赛，对于激发学生学习动机是必要的，它有利于提高学生学习的积极性，培养学生的学习兴趣，使学生内在的潜力与能力获得有益的开发。

当代大学生竞争意识强烈，他们希望自己比别人强，超过他人，希望能充分展示自己的能力和风采。这一特点对于处于成绩中上等的学生显得尤为突出。因此，高校教师应积极而妥善地组织学习竞赛，以激发学生学习动机。值得注意的是，由于学习竞赛对于不同水平的学生影响不同，因此需要在组织学习竞赛的实践中，科学设计学习竞赛的内容，积极探索新的竞赛的形式，尽量最大程度地调动和发挥每个大学生的潜力与能力、特长和优势，在学习竞赛中激发学生的成功感，提高他们的自尊心和自信心。组织学习竞赛也应讲究适度与方式方法。如果在大学生中过于频繁地组织学习竞赛，则会造成不利于学习的紧张气氛，影响学习动机；如果有学生在竞赛中成功或失败过于频繁，或者造成目空一切的骄气，或者对自己丧失信心。这些都不利于大学生学习动机的激发。

（六）正确指导结果归因，促使学生继续努力

成败归因理论的研究表明，学生对学习结果的归因，不仅是解释了以往学习结果产生的原因，更重要的是对以后的学习行为会产生影响。不同的归因方式对学生今后的行为所产生的影响不同，因此可以通过改变学生的归因方式来改变其今后的行为。在学生完成某一学习任务后，教师应指导学生进行成败归因。一方面，要引导学生找出成功或失败的真正原因；另一方面，教师也应根据每个学生过去一贯的成绩优劣差异，从有利于今后学习的角度进行归因，哪怕这时的归因并不真实。一般而言，无论对优生还是差生，归因于主观努力的方面均是有利的。因为归因于努力，可以使优等生不至于过分自傲，能继续努力，以便今后能继续成功；使差等生不至于过分自卑，也能进一步努力学习，以争取今后的成功。

（七）科学设计任务难度，适当控制动机水平

生活中经常会发生这样的情境：一名平时学习努力、成绩优秀的学生面临重大的

考试时，期待能考出高分，但结果在考试中出现“大脑空白”，连极其容易的问题也回答不出；有的学生平时学习不努力，对大考小考持无所谓态度，考试成绩也不可能理想。前者学习动机过强，后者学习动机过弱，结果学习效果都不理想。

美国心理学家耶克斯（Yerks）、多德森（Dodson）研究发现，动机的激活水平和行为效率之间的关系是一种呈现倒U型的函数关系：激活水平太低，影响行为效率；激活水平过高，行为发生紊乱，同样缺乏行为效率；而当激活水平适当时，其行为效率高。他们由此提出了著名的耶克斯—多德森定律。研究还发现，最佳的动机激发水平与任务难度有关：任务越容易，动机激发的水平较高；任务越困难，动机激发的水平越低；而任务难度中等时，动机激发水平适当。

根据耶克斯—多德森定律，科学设计大学生学习任务难度，适当控制大学生学习动机的激活水平，能够实现提高大学生学习积极性，取得优良成绩的目的。科学设计大学生学习任务难度，可以在大学生学习的各个方面。例如，在高校中，适当引导大学生根据自己的实际情况，树立恰当的对自己成绩的期望，既不过高，也不过低；作业难度适中，激发大学生学习动机水平最佳，有利于大学生学习。因此，教师在安排作业时，使作业难度控制在中等难度水平上，使大学生在完成作业时，必须要付出一定的努力，使他们在作业完成时有一种辛劳后的收获感、成就感、喜悦感。当然，学生在学习中也不可避免地会遇到难度较大的问题，此类问题可能对一些大学生学习动机的激发产生消极的影响。在此情况下，教师应尽量创设较为轻松愉悦的气氛，慢慢引导学生平心静气，避免学生过于紧张、焦虑。

总之，激发学生学习动机的方式和手段多种多样，只要教师有效地利用上述手段来调动学生学习的积极性，学生就会学得积极主动，并学有成效。

第四节　大学生知识的学习

现代心理学认为，知识和技能有广义和狭义之分。广义知识指个体所获得的学习结果，包括陈述性知识、程序性知识和策略性知识三种类型；狭义知识即陈述性知识，也称为言语信息，即个体所获得的信息及其意义。广义技能包括程序性知识和策略性知识，其心理机制是产生式或产生式系统的运用，包括认知技能与动作技能的综合；狭义技能指程序性知识，其心理机制是产生式或产生式系统的自动化运用。本章所讲的知识和技能是狭义的知识和技能，即陈述性知识和程序性知识。

一、大学生知识学习与技能学习概述

掌握知识与技能是大学生的主要学习任务，也是高等教育的重要目标，如何根据大学生学习知识与技能的特点，进行知识与技能教学是高校教师关注的问题。

（一）知识的表征

知识即陈述性知识（declarative knowledge），是指有关人所知道的事物状况及事物之间关系的、能够被人陈述和描述的知识，或者说是关于“是什么”的知识，包括名称、事实、事件、态度等。从某种程度上讲，知识所反映的是一种静态的（不变的）事实信息，信息的组织对人们来说是显而易见的，也就是说个体大脑中有明显的提取线索。例如，我们平时在文章中所陈述的某些事实或现象、所描述的某些事件和人物、所阐明的某些观点和事理即运用此类知识的结果。

知识在学生的头脑中是如何储存和运作的呢？要解决这个问题，就要进一步研究知识的表征（representation）。认知心理学家认为，表征是信息在人脑中呈现和储存的方式。不同类型的知识，其表征方式是不同的。现代认知心理学研究结果表明，陈述性知识是以表象、命题和命题网络表征的，这些表征形式整合起来构成一种综合的表征形式——图式。下面，我们就对各类表征形式逐一做具体的研究。

1. 表象

表象（image）也称意象或心象（mentality），是外界事物与空间有关的连续信息在人的大脑中的表征。人们对曾经体验过的事物的形态或经历过的情景多少有所记忆，例如，有关儿时某个伙伴的记忆，有关几年前见过的某个玩具的记忆，有关故乡的记忆，有关母校的记忆，有关去年游玩过的某处景点的记忆等。我们在描写事物或记叙事件时，往往要回忆或想象这些不在眼前的人物、事物或情景，这些人物、事物或情景浮现在我们的脑海之中，我们感到“好像在头脑中看到它们似的”。这种关于人物、事物或情景的知觉特征的记忆便是表象。

（1）表象的一般特征。综合现代心理学家的研究成果，我们可以归纳出表象所具有的如下一些特征：①表象能够表征空间上的立体信息和时间上连续的且不断变化的信息。表象的结构具有与其所表征的对象（客体）相类似的结构特征，因而，表象不仅能够具体地表征客观对象的三维空间上的立体特征，而且能够表征各个维度上连续的细节特征及其变化的形态特征。表象的这一特点是构成个体形象思维的基石，是学生进行想象的心理基础。②表象能够进行多种形式的心理运作。认知心理学家对个体运用表象进行心理运作做过很多实验，如心理的“三维旋转”实验、“心理行走”实验等。这些实验的结果揭示，个体在运用表象时可以对自己心目中的表象进行旋转、扫视或有层次的组织与分割等多种形式的心理运作。多种形式的心理运作就可以使个体在大脑中通过想象不断改变与一定的客观事物相类似的结构。这种心理上对客体结构形态的改变即我们通常所说的创造性想象，这是学生学习过程中常常涉及的心理过程。③与实际知觉相比，表象所表征的信息往往具有一定的模糊性和概括性。表象是大脑对客体的反映，它与真实的事物和事件毕竟有一定的区别。心理学家尼科尔森和亚当斯（Nickerson & Adams）曾经做过相关调查：他们要求被试者对 15 张一便士硬币的图案（其中只有 1 张是正确的）进行再认，以了解人们对视觉细节保持的完整性和精确性。调查结果表明，绝大多数被试者都做出了错误的选择，也就是说，尽管人们已无数次地知觉过一便士硬币，可是，绝大多数人平时并不去留意它的图案的细节，人们所记忆的只是它的模糊的、大概的结构特征。从上述调查中可以看出，个体可以运用视觉表象进行记忆，但这种记忆不一定是知觉对象的细节。因此，与实际事物相比，人的视觉表象通常是比较模糊、比较概括的，往往不够完整、不够精确。④对复杂的物象或图像所形成的视觉表象具有一定的结构层次，这种结构层次的存在往往会对人的心理表象造成一定程度上的歪曲。心理学家史蒂文斯和库珀（Stevens & Coupe）曾用实验证明：人们的大脑已经储存的“高层结构”的表象信息会影响与之相关的低层结构的表象信息，从而导致人们产生回忆的混淆和歪曲。这同时又说明，人的大脑中的表象并非照相似的对客体进行反映，有时甚至是错误的反映。

（2）工作记忆中的表象。认知心理学家研究结果表明，人的工作记忆的容量是有一定限度的，一般为 7 ± 2 个单位，或者说为 5 ~ 9 个单位。由于工作记忆容量的限制，进入工作记忆的信息单位量便有限，是一个常量；但是，每个单位本身所包含的信息量是有一定变化的，是一个变量。在同样的单位量中，一个单位的表象能够表征的信息比一个单位的命题所能够表征的信息更多更丰富，所以在工作记忆有限的容量之中，表象比命题包含的信息量要大得多。例如，如果采用命题来表征某座建筑物的外形结构方面的信息，那么，所需要的命题数量可能非常多，这将大大超过人的工作记忆的容量；然而，如果用表象来表征，则一幢大楼可能只需要一个信息单元，这对工作记忆来说仅仅使用了很小部分的容量。所以，运用表象来表征事物，不仅能够在短时记忆中储存大量的信息，而且能够大大减轻工作记忆的负担。

人在工作记忆中应用表象，这已被各种各样的心理实验所证实。最有影响的实验是罗杰·谢泼德（Roger Shepard）及其同事所做的有关心理旋转的一系列实验。他们每次让被试者观察一张字母 R 的卡片。字母 R 按正反两种方向呈现，而且每次呈现时其角度发生程度不同的旋转。被试者的任务是确定每次出现的刺激字母是正面还是反面。实验结果表明，刺激字母旋转的角度越大，被试者判断的反应时间越长。因为被试者在做出判断时，总是先要在心里把呈现的刺激字母旋转为正直的方向，然后才能检验它的方向是正的还是反的。被试者的内省报告也表明，他们在做判断时，的确在心里对表象做旋转式的运作。罗杰·谢泼德等人的实验告诉我们如下道理：第一，当人们在完成以空间信息或视觉信息为主的心理加工任务时，往往在工作记忆中要使用心理表象。这不仅说明工作记忆中的确存在表象，而且说明工作记忆与表象有密切的关系。第二，人们在工作记忆中对心理表象进行加工的过程，类似对事物进行加工的过程，即被试者在工作记忆中进行心理操作（在此为心理旋转）所需要的时间，与类似的实际操作所需要的时间相等。这在一定程度上揭示了工作记忆中表象的运作特征。

（3）长时记忆中的表象。短时记忆（工作记忆）中的表征一般用于操作和转换过程，因此短时记忆中的表象通常用于加工和转换空间信息；而长时记忆中的表征往往用于储存，所以长时记忆中的表象通常用于存储空间信息。关于长时记忆中的表象问题，近 30 年来有多种观点。以 A · 佩维奥（Paivio）为代表的一些心理学家提出了双重编码理论，主张长时记忆中的信息既以语义网络编码，也以表象编码。有人设计了这样的实验：要求被试者学习一套杂志的图片，一次学习一张。被试者学完以后，实验者向他们呈现成对的图片，每对中都有一张是未曾学过的，要求被试者辨认出哪一张是学过的。另外，让被试者学习若干成对的句子，然后向被试者呈现成对的句子，其中每一对都有一句是未曾学过的，要求被试者说出学过的句子。结果表明，被试者在句子条件下进行回忆，他们出现错误的概率为 11.8%，而在图片条件下回忆，错误率仅为 1.5%。这一实验告诉我们，人们在长时记忆中不仅运用表象进行编码，而且与语义编码相比，表象编码的效果更好，巩固性更高。

2. 命题

认知心理学家一般都认为陈述性知识所反映的是事物的意义（通常是语言信息），在人的记忆中关于事物意义的知识通常是以命题的形式来表征的。

（1）命题的性质和功能。“命题”（proposition）这一概念原本来自逻辑学和语言学，一般以句子为其表现形式，指一个独立的断言，通过它可以使我们了解某个判断的真假。在认知心理学中，命题是指词语表达意义的最小单元。一个命题大致与我们头脑中的一个观念相当。例如，“这（那）个学生写好了论文”就是通过把几个概念（学生、写、论文等）联系起来表达了一个比较完整的观念。这则短语便是一个命题。在大多数情况下，一个句子可含有一个以上的观念，所以一个句子通常包含几个命题。例如，“这（那）个学生写好了论文交给了老师离开了教室”就含有三个观念：一个观念是“这（那）个学生写好了论文”，另一个观念是“他把论文交给了老师”，还有一个观念是“他离开了教室”。这就意味着在这个句子中含有三个命题。

认知心理学家的研究表明，人脑归根结底是一个信息加工系统，也是命题操纵的机器，因此命题是知识的基本存在形式。词、短语和句子虽然是知识的物质载体，但是在人脑中储存的是以命题所反映的句子或短语的意义，而非某一特殊的词或句子。他们把命题看作陈述性知识的最小单元，认为它是一种陈述，可以是一个语句，可以是一个方程式，或其他任何一种符号的有意义的组合。认知心理学家在研究陈述性知识的表征时，将词、短语、句子和命题进行了有效的区分。在他们看来，词、短语、句子是观念的形式，而命题则代表了观念的本身。无论是安德森和鲍尔还是其他一些心理学家的研究都从不同侧面表明，个体是用命题而不是用句子来贮存言语信息的。

换句话说，在个体运用语言进行学习或交流时，词、短语或句子这些语言单位只是学习和交流思想的工具，是思想观念的物质外壳或载体；而人的思想观念在头脑内不是用词语而是用命题记录下来的。人记忆和思考的对象不是词语，而是命题；命题是思想的单元。

（2）命题的特征和构成。根据 J.R · 安德森的观点，命题具有三个特征：①一个命题有点像一个句子，但其形式更为抽象，更像一个句子所表达的意义。②一个命题有一个“真值”（truthvalue），其质量可以是真也可以是假。例如“小孩”一词无从判断为真假，但是，“小孩哭”和“小孩闹”则可以判断为真假。③一个命题通常是依照某种规则而构成的。

认知心理学家通过分析命题或观念的构成发现，命题是一种由一定的成分组成的形式化的结构。一个命题一般含有这样两个成分：一个关系（relation）和一个以上的论题（argument）。论题是命题中的主体、客体、目标、工具和接受者，一般由句子的主语和宾语担当；关系是用来限定论题之间的联系的，多由动词、形容词、副词、介词等担当。例如，在“小明走了”这一命题中，“小明”是论题，它是命题表述的话题或主题；而“走了”则是这一命题的关系，它对我们所知道的有关小明的全部情况这一主题做了某种限制。通过这种限制使我们在此时只注意“小明走了”这一情况，而不管其他的情况（如“小明留下了”“小明说话了”等）。由此可见，关系缩小了我们注意的范围，是命题中信息量最丰富的成分。

在以上这种以动词作为关系的命题中，关系仅有一个，但是命题所涉及的论题可以不止一个。例如，在“小明写作文”这一命题中，命题的关系仅有一个，即“写”；但涉及的论题有两个，即“小明”和“作文”。“写”这一关系对“小明”和“作文”这两个论题进行了限制。它告诉我们：在“小明”和“作文”之间出现的情况是“写”而不是“读”“展示”及其他情况。由于一个命题往往包含着许多论题，因此我们可根据论题在命题中所扮演的角色，给予论题以不同的名称或称谓：它们可以是执行某一行动的主体（subject），也可以是行动、作用的对象或客体（object）；可以是行动的目的（goal），也可以是行动时的使用工具和手段（instrument），还可以是客体的接受者（recipient）。

由此可见，如果我们要知道一个句子中含有多少个命题，最好的办法是找出句子中有多少个动词、形容词、副词和介词，因为只有动词、形容词、副词和介词才表示关系，而一个命题只有一个关系。一旦我们知道句子中有几个关系，就知道该句中含有多少个命题。

3. 命题网络

现代认知心理学家认为，在人的长时记忆中贮存的任何信息单位，并不是孤立地存放在那里，各个信息单位之间往往有着千丝万缕的联系，特别是那些分享着同一主题的若干命题相互之间会存在这样或那样的联系。正是命题与命题之间的这种相互联系，使人们大脑中储存的知识才能被有效地提取利用。加涅的女儿 E.D · 加涅指出，信息组合之间的关系是智力的关键方面。这种关系的知识支配着我们进行类比推理和洞察其他类型的联系的能力，而这些能力对于解决新情境中的问题是十分重要的。

那么，命题与命题是如何联系起来的呢？多年来，认知心理学家们一直尝试着用恰当的描述方式来揭示这种联系，其中一种被大家广泛采用的描述方式称为“命题网络（propositionnal network）结构”。认知心理学家认为，命题与命题之间有共同成分，这种共同成分通过一定的动词、名词或介词等关联词语连接起来便构成命题网络。事件的抽象意义信息就是以命题网络形式储存在人的记忆之中，人们运用语言表达自己的思想观念就是对记忆中已有的命题网络的组合和提取，听话和阅读也是通过对句子中所包含的命题及其组合关系的分析来理解话语中的思想的。那么，命题与命题之间是如何联系的呢？现代心理学主张，命题之间有三种基本的联系方式：①并列，通过并列连词表示两个或两个以上命题间的关系；②关联，表示一个命题对另一个命题的限制或修饰；③补充，表示用一个命题填补另一个命题的空位。

认知心理学家科林斯和奎利恩（Colins & Quilian）认为，命题网络的结构是存在一定的层次性的，处于结构低层的单位与处于上位的高层单位以一定的方式联结起来。一定单位所具有的某一特征与该单位的属性及其属性值（value）相联结。例如，“一只小麻雀停在树枝上”。在此，下位概念“麻雀”与上位概念“鸟”相联结，“鸟”又与其更高层的概念“动物”相联结。有关这些概念所具有的属性，有可能分别贮存在不同的概括水平上。“小”储存在“麻雀”这一水平上；“有翅膀”“有羽毛”等属性贮存在“鸟”这一水平上；而“有皮肤”和“能呼吸”等属性则贮存在“动物”这一水平上。虽然“有皮肤”和“能呼吸”不贮存在“鸟”这一水平上，但是，由于鸟是动物的一个下位观念，所以我们可以从动物具备“有皮肤”“能呼吸”这些属性推论出鸟也具备“有皮肤”和“能呼吸”的属性。科林斯和奎利恩还进一步假设，如果我们头脑中的陈述性知识果真是按照上述层级贮存的，那么当我们要证明“黄鱼有皮肤”这一句子的真伪时，搜寻工作将从“黄鱼”这一水平开始；若在这一水平未发现该属性，搜寻工作将上升到“鱼”这一水平；如果在这一水平仍然未搜寻到该属性，就进一步上升到“动物”这一水平搜寻。据此，科林斯和奎利恩提出，证实这些句子为真所需要的时间，可能取决于句中所涉及的两个概念在这一层级中的距离的远近，距离越远，所需要的时间越长；反之，则越短。例如，证明“金丝雀有皮肤”所花的时间比证明“金丝雀是黄色的”所花的时间要长。因为从“金丝雀”搜寻到“皮肤”涉及两个水平，而从“金丝雀”搜寻到“黄色”仅涉及一个水平。为了证实自己的上述假设，他们做了如下实验：向被试者呈现下面一些句子，要求被试者做出是非判断，主试者记录从句子呈现到被试者反应之间的时间距离（反应时），再根据被试者的反应时间来推测被试者内心活动的状况。

真句 1(特征句)：

（1）金丝雀会唱歌。

（2）金丝雀有翅膀。

（3）金丝雀有皮肤。

（4）金丝雀是金丝雀。

（5）金丝雀是一种鸟。

（6）金丝雀是动物。

对于（1）、（2）、（3）三个句子来说，一个主语与其谓语的关系是单位与属性的关系，但是这些属性有些是直接联结的属性，有些是其高层单位所具有的属性；对于（4）、（5）、（6）三个句子来说，一个主语与其谓语的关系可能是一个、两个或三个类别层次的关系。实验结果是：反应时间既随谓语类别层次的提高而增长，也随谓语属性层次的提高而增长。这说明，人们对语句的加工主要是通过搜索。当提出一个语句要求验证时，人们就从主项名词和宾项名词进入命题网络，并寻找这两个结点联结起来的通道，核对通道上的标记与句中所断言的关系是否一致。由于搜索的过程存在差别，因而验证一个句子所需要的时间可能是不同的。如果两个单位之间只有一个联结，所需要的时间相对来说比较短；这两个单位之间的子集关系是直接储存在语义记忆之中的。如果两个单位之间有两个联结，验证该句子所需要的时间就要长一些，人们必须从已经储存的两个单位之间的关系中进行推断。这充分表明，人的大脑中的各种观念（命题）不是杂乱无章地存放着，而是根据一定的线索、按照一定的层次严密地组织在一起。人们可能是根据不同的概括水平来贮存事实或概念，也可能是按照一种最能区分有关事实和概念的标准来贮存它们的属性。需要指出的是，人们可以将“有皮肤”这一属性贮存在“鸟”这一水平上，但是，如果人们将这一属性贮存在“动物”这一水平上将更加有益，因为按照这种办法进行贮存，我们可以利用对观念上下位关系的理解来减少某一水平上需要直接贮存的知识量。这样，不仅大大减轻了记忆的负担，而且便于提取，还使推理成为可能。

4. 图式

在人的长时记忆中，表象与命题、情节知识和语义知识并不是彼此孤立地分别进行储存，相反，它们往往是围绕一定的主题组成具有一定结构层次的大的知识单元。早先，在奥苏伯尔的理论中，这种知识单元称为认知结构。现代图式理论对此做了具体的描述和解释，从而丰富和发展了奥氏的认知结构说。

安德森认为："对于表征小的意义单元，命题是适合的，但是对于表征有关一些特殊概念的较大的有组织的信息组合，命题是不适合的。"在人的大脑中，这种较大的有组织的信息组合是用图式表征的。图式（schematism）这个概念最早由巴特莱特提出，他认为，图式是一个人的用于加工新信息和引起对信息回忆的已有知识。后来，皮亚杰根据认知发展论的观点对图式做了进一步阐释，他用图式来描述儿童认知发展的阶段特征，不同发展阶段的儿童对外部世界的认知有着特定的加工图式。在此基础上，安德森、鲁梅哈特和梅耶等人从信息加工的角度对图式进行了系统研究，使图式理论日趋完善和成熟。尽管这些心理学家对图式的理解有所不同，但是大家普遍认为，图式是由信息组成的单元，是大的知识结构，它能够运用于范围广泛的情境之中，是加工信息的基本框架。虽然图式的形式多种多样，但是图式一般都具有以下特点。

（1）图式由恒定部分和可变部分组成。恒定部分是图式的主题，是比较固定的；可变部分的一个重要特性就是有许多空位——"槽"（slot），它们可以与环境的不同方面相联系，即可以被新的学习填补，使图式能够在具体化的时候千变万化。如人过铁路的图式中，人和铁路就是恒定部分，谁过、在哪过、怎样过则是可变部分。朱自清的散文《背影》里关于父亲过铁路为"我"买橘子的细节描写中，身体肥胖的父亲、高于地面的铁路以及父亲过铁路时笨拙的动作等与图式的可变部分有关，可以作为"值"填入可变部分的"槽"中去。

（2）图式具有层次性。这里有两层意思，一是指一个图式是由一组亚图式（subschema）组成的。例如，关于人物形象的图式就由头部、四肢、身体等亚图式组成；而头部图式又由头发、眼睛、鼻子、眉毛、嘴巴、耳朵等不能再分的亚图式组成。二是指图式具有不同的抽象水平，可以表征各级水平的知识。就人物形象的图式而言，就存在不同抽象水平的图式。例如，关于少女形象的图式，既包括一般的或笼统的相对于儿童、中老年来讲的年轻女性的形象，也包括某种职业的如女大学生、某个地区的如南方姑娘或某个民族的如维吾尔族少女等特定的形象，还包括某种性格、相貌、修养、地位等具体的形象，如《红楼梦》中的薛宝钗、林黛玉、晴雯、袭人之类的形象。

（3）图式包含着多种信息。图式是一个大的知识单元或者说是一个信息包，在图式中既包括命题类的语义知识，也包括表象类的情节性知识。可以这么说：我们所具有的围绕某一主题的全部知识都可以包括在图式中。与写作相关的图式也是如此。例如，与写一篇介绍建筑物的说明文有关的图式既包括命题知识，如字、词、句、语法、修辞等语言方面的知识，说明文的文体结构、特点、写法等方面的知识，建筑物的特征、功能等方面的知识；也包括人们关于各类具体建筑物的外形、色彩、大小、位置、构造等表象方面的知识。

（4）图式不仅储存信息的静态结构，而且是加工信息的动态过程。当我们阅读一篇课文时，图式既是评价我们的知识与课文中的信息是否具有适合性的过程，又是对自身的可变部分赋予一定的值的过程。因而，在人们运动语言符号信息的过程中，图式不是静止不动的，而是总处于运动变化状态。例如，当我们在阅读朱自清的散文《春》时，一方面，图式要和课文中的文字信息进行比较，找出自身储存的有关春天的信息与课文中所提供的信息之间存在哪些相同点、有哪些不同之处；另一方面，又要不断填充自己的“缺失值”（default value），使文中具体描写的花味之香、花色之艳、花类之多、花间之闹等信息依次进入图式的可变部分之中。可见，图式不只是一幅幅图画，而且是一座座加工厂，其加工的产品，就是对课文的记忆、理解和评价。

（二）技能的表征

认知心理学家主张，程序性知识（procedural knowledge）是一种以操作步骤为基础的知识，是一种倾向于动态的（变化的）知识，人们对其组织是无法用语言来描述的。在人的头脑中，程序性知识是以“产生式”（production）和“产生式系统”（productive system）这种动态的表征形式来储存或记载的。产生式和产生式系统原来为计算机科学的术语，后被认知心理学家引入信息加工理论，用以说明人类对操作性知识的程序表征。在认知心理学家看来，个体对操作性知识的信息加工是靠产生式和产生式系统来实现的。

产生式表征与表象、命题和命题网络表征有很大区别。表象、命题和命题网络是有明确的提取线索并可以用语言加以表述的，而产生式表征则是难以用语言加以描述的表征。

（1）一个产生式由两个基本因素构成。两个基本因素分别是“条件”（if、如果）因素和“行动”（then、那么）因素。“条件”因素即对执行一套特定的操作步骤必须满足或必须符合的条件所做的规定；“行动”因素列出了在符合这些条件时将要执行或激活的操作行动。“条件”因素中的语句数目代表了必须满足的条件数目；而“行动”因素中的语句数目代表了将要发生的行动数目。产生式中含有的语句数量越多，意味着操作步骤越多、越复杂，所以要想弄清某个产生式是否复杂，主要是看其条件因素和行动因素中含有的语句的数量。

（2）产生式是描述个体内部认知活动过程的重要手段。，对于个体来说，产生式的条件因素和行动因素也分别有两种类型。在产生式中的条件因素有两种：一种属于外在条件，另一种属于内在条件。例如“使用强化”这一产生式中，第一个条件为个人目的，它属于个体内在条件，其他人无法看到或认同；但第二个条件则存在于个体的外部，别人既可观察到也可认同。同样，产生式中的行动因素也有这种区别。

二、大学生知识学习与技能学习的一般过程

在现代科学心理学中，广义的技能可以分为两类：一是动作技能（又称心因动作

技能）；二是心智技能（又称智慧技能或智力技能）。前者需要身体的肌肉协调才能完成；后者则在头脑内部完成。加涅区分了智慧技能的四个成分，即辨别、概念、规则和高级规则。这四个成分都是知识，它们从低到高构成一个层次关系。两类技能的共同心理实质是程序性知识（procedural knowledge），或者是"如果……那么……"的产生式规则系统。其行为表现是回答"怎么办"的问题，所以其测量方法是提供问题或做事的情境，观察学习者的行为表现，或根据被测者的行为表现，对其办事能力做出推测和评判。

（一）知识学习的过程与条件

写作内容知识本质上是陈述性知识，是由表象、命题和命题网络及它们的综合表征形式图式表征的。因而，写作内容知识的学习过程，就是这些表征的获得和完善的过程。由于在中小学作文教学中，能够体现学生写作能力的标志是文本——作文，而作文又是学生思想感情的外化形式，其内在本质是语言文字所包含的意义，这种意义在大脑中即为命题或图式。所以，对研究写作内容知识的学习来说，其主要任务是解决命题和图式的习得问题。

1. 命题的学习

在一些认知心理学家们看来，人们在学习新命题的时候，将要激活与所学命题有关的旧命题，人是通过旧命题来理解新命题的意义的，学习的最终结果是将新命题与知识网络中已有命题的有关单元贮存在一起，整合成为一个新的命题网络。因此，命题意义的习得过程是新旧知识相互作用的过程，也是新的知识结构或命题网络的建构与形成的过程。关于命题意义的习得过程，有代表性的理论有两个：一个是奥苏伯尔的同化论，一个是安德森的激活论。

（1）同化论的命题学习。同化论主张，命题意义习得的实质是新信息与学生已有的认知结构（命题网络）中的适当观念建立一种实质性的和非人为的联系。所谓实质性的联系，指新信息与学生原有的命题网络中的符号、命题、表象等建立联系。假如学生大脑中缺乏相应的知识储备，就不可能获得新信息的意义，只能导致机械学习。所谓新旧命题建立非人为的联系，指新信息与原有命题网络中的相关观念建立一种合理的或合乎逻辑的联系。

奥苏伯尔认为，学生运用原有命题网络同化新信息从而获得命题意义有三种形式：①下位同化。学生已有的命题网络中的适当观念在包摄性和概括性上高于新学习的命题，从而使新信息与原有知识之间构成了一种类属关系或下位关系。这种同化方式又可以分为两种形式：一种是派生类属同化，指新学习的命题作为原有命题的证据或例证加以理解。在这种关系中，所要学习的新命题完全可以直接从上位命题中推演出来，属于原有命题的派生物。这种类属同化的结果，不仅使新的命题获得了意义，而且使原有的命题得到了充实或证实。另一种是相关类属同化。当新命题类属于原有命题网络中的具有较高概括水平的适当观念之后，使原有的观念得到扩展、精确化、限制或修饰，这种同化形式便成为相关类属同化。在这种形式的同化中，新命题与原有命题不是一种派生关系，而是一种相关关系。②上位同化。当学生大脑储存的命题网络中已经具备了若干观念，现在要在原有观念的基础上学习一个概括性和抽象水平更高的命题，便形成了上位同化性学习。③并列同化。当所学习的新命题与原有命题网络中的已有观念既不属于类属关系，也不属于总括关系，而是一种并列联合的关系时，便形成了并列同化性学习。新学习的意义虽然不能类属于原有知识之中，也不能总括原有的知识，可是它们之间因为具有某些共同的特性而呈现一种并列联合的关系，新信息可以通过与原有知识的并列结合而获得意义。同化论主张，命题学习需要如下条件：第一，要学习的材料本身要有逻辑意义。这里的逻辑意义是对人类而言的。也就是说，学习材料对教师和其他受过教育的成人是有意义的。第二，学生原有认知结构中要具有同化新材料的原有知识，即新材料能在学生原有认知结构中找到固定点。第三，学生要具备有意义学习的心向，即学生在新的学习任务面前能主动激活自己的原有知识，使新旧知识发生相互作用。在这三个条件中，奥苏伯尔特别强调学生原有上位知识的作用。因此当遇到新的学习任务而学生认知结构中又缺乏相应的上位同化点时，可以设计先行组织者，从外部向学生头脑中输入一个一般上位观念，以便同化新知识。

（2）激活论的命题学习。激活论认为，储存在个体大脑里的命题网络之中的命题，其活动水平是有一定差别的。在某一特定时刻，有相当数量的命题处于静止状态，只有少量的命题处于激活状态；一定的命题一旦被激活以后，它的活动可以扩散或传播到与它有一定关联的命题之上，引起这些命题也处于不同水平的激活状态。例如，假如在T1时刻，你想到“我去年暑假乘飞机到海南岛旅游”，那就是说“我乘飞机”和“我旅游”这两个命题处于激活状态。与此同时，这两个命题的活动沿着与它们有关联的命题扩散。如在T2时刻扩散到“飞机的机型是波音757”和“飞机上的乘客大多与我是一个单位的”等命题；在T3时刻扩散到“海南岛的景色很美丽”“海南岛的阳光很强烈”等命题；在T4时刻扩散到“游人大多戴着太阳镜”和“海边的姑娘在皮肤上涂上防晒霜”等命题之上。激活论能够在一定程度上解释学生的构思和表达过程，尤其是能够揭示作者在写作时的想象和联想过程。根据激活论的观点，学生学习新命题的整个过程包括如下几个环节。

由外部环境（包括教师的讲述和板书，语文课本及其他文字材料教学媒体，如幻灯、投影、图片、录音机、挂图、电视电影屏幕等）向学生呈现新的命题；学生把知觉到的声音符号、文字符号、图像符号或其他形式的符号等具体的信息转换成意义表征的命题；外界输入的新命题通过激活的扩散或传播，使学生命题网络中原有的相关命题被激活，为提取先前已经获得的相关命题提供了线索。新呈现的命题和由它激活的先前获得的相关命题同时处于工作记忆之中，它们形成网络联系，新的命题被习得，或者促使学生生成一些新的命题（这就是所谓对信息所做的精致加工）。由外界提供的新命题和学生自己通过精致加工生成的新命题都与在学习过程中被激活的先前的相关命题紧密联系，贮存在长时记忆之中，构成新的命题网络。

根据激活论的观点，我们可以得出命题意义的获得必须具备如下条件：第一，外界环境向学生提供的信息本身必须具备潜在的逻辑意义；第二，学生原有的命题网络之中必须具备与新信息相关的命题；第三，学生必须把新信息与大脑中已有的观念联系起来，使之生成新的命题网络或生成新的命题意义。

2. 图式的学习

如前所述，图式是一种大的知识单元，它将一些小的知识单元如命题、表象组织起来，使个体形成对一定的客体范畴、事件范畴及一类文本的一种定型或定格的知识表征，是一种学习结果。那么，其学习过程和条件如何呢?

（1）图式学习的一般过程。认知心理学家们大量有关图式形成的研究结果表明，图式是在例子的基础上形成的。学生要在头脑中形成一定图式，必须学习两个以上的例子，并且有意识地寻找和抽象出不同例子之间的相同和相似之处。下面，以学生形成有关锯子的图式的经过为例具体说明图式的形成过程。

假定某个小学生在不同场合下看到工人用不同形态的锯子锯不同材料，他可能会将自己体验到的一系列情形通过一系列的命题和表象来予以表征。在该学生形成一系列表征时，可能会形成有关锯子的图式，该过程包括如下几个环节：①发现不同例子（不同形态的锯子）之间的相同和相似之处；②对这些相同和相似之处做出编码表征；③摒弃不同例子之间的一些无关紧要的差异；④对两个以上的实体之间存在的相似功能（能锯木头、钢条等材料）与相似结构（有手柄、锯条、锯齿）用命题的形式予以表征，而将他们之间存在的差异，如手柄是用钢铁制作的还是用木头制作的，锯条的宽窄长短等，作为无关特征而予以排除。

心理学家吉克和霍利奥克（Gick & Holyoak）认为图式学习主要包含三个过程：一是排除过程，从例子的表层描述中排除不重要的细节，使得储存的信息量减少；二是概括过程，概括也会减少储存的信息，同时又会对信息进行改造；三是建构过程，建构不再是减少信息而是增加信息，包含了对未直接表述的蕴涵的信息的推断。在认知心理学家看来，尽管图式的种类各不相同（如自然范畴图式、角色图式、事件图式和文本图式等），但所有图式的形成均经过上述基本过程。换言之，尽管形成的图式各不相同，但个体的心理运作过程基本上是一致的——都是抽取出某一范畴中最为典型的特征并加以组合。

（2）图式形成的条件。综合上面的研究，我们可以得出如下认识：要使学生形成某种图式，必须具备以下几方面的条件。

第一，要让学生同时或相继接触至少两个以上的图式例子，使这些不同的图式例子同时处于学生的意识之中。为此，对于有视觉成分的图式例子而言，应当同时或者尽可能同时呈现图式的例子。对于那些有时序特征而不能同时呈现的图式例子，最好的呈现方式是一个接着一个地迅速呈现。或者在呈现新的图式例子时提醒他们回忆出以前接触过的图式例子，从而将新旧例子同时放置在意识之中。

第二，要引导学生对图式例子进行比较，找出不同例子之间所存在的相同和相似之处，抽取出它们的共同特征。可以通过提供线索或提示的方式，让学生对处于意识之中的图式例子加以分析比较，指出（说出或写出）它们的相同或相似点。

第三，呈现给学生的图式例子要经过精心的设计和选择。如果学生所比较的图式例子中有一些相同或相似之处不是所要形成的图式中的构成成分，那么，学生形成的图式就会过于狭隘。例如，在帮助学生形成建筑工人图式时，如果所呈现的建筑工人例子全部是中年男性，那么，学生就会把中年和男性作为建筑工人图式的常量。实际上，年龄和性别仅仅是建筑工人图式中的变量。为了防止这种倾向的出现，所呈现的图式例子在无关特征方面要有变化。在上例中，不仅要出现中年男性建筑工人的例子，还要呈现青年男性、青年女性、中年女性等不同年龄、不同性别建筑工人的例子。

（二）技能学习的过程与条件

现代认知心理学通过专家和新手的对比研究发现，人的许多技能不是天生的，而是通过后天的学习获得的；从某方面技能的新手到专家往往需要经过很长时间和大量的练习。卡内基梅隆大学研究专家行为的威廉·蔡斯（W.Chase）曾经用两句格言来概括认知技能的形成及其发展的规律：“一分耕耘，一分收获”，“行走使人健壮，健壮使人更善于行走”。所以，大学生要想具备一定的技能，练习是前提和必经途径。那么，为什么技能的形成需要经过一定时间的练习呢？究竟需要练习多长时间才能形成技能呢？怎样练习才能形成呢？下面我们就探讨这些问题。

1. 技能学习的过程

认知心理学研究结果表明，学生要获得一种特殊领域的自动化技能一般要经过以下三个阶段：认知阶段（cognitive stage）、联系阶段（associative stage）或转化阶段和自动化阶段（autonomous stage）。下面我们就分别讨论在各个阶段里发生的情况。

（1）技能学习的认知阶段。在技能获得的认知阶段，学生对技能的执行还相当生疏，当他们面临新情境时往往只会使用自己已经掌握的、用于达到一般目的的产生式来对新输入的操作步骤（即规则）做出自己的解释。他们要对当时的情境（在环境或问题中提供的种种条件或信息）进行考察，对问题形成最初的表征，然后提出解决的办法。例如，就大学生学习写作技能而言，当教师呈现“根据材料写一篇评论”时，对于刚开始学习评论的学生来说，在他们的记忆之中尚无解决写评论这类问题的产生式，因而可能要激活以下这种用于达到一般目的的产生式：

如果目的是要达到X状态，

且M是达到X状态的方法，

那么设定使用M方法的这一子目标。

本阶段的一个明显特征是：学生在执行技能过程中，每操作某一步骤时都需要说出一步或想到一步，然后才操作一步。例如，大学生初学写作评论时通常要一个词一个词地想，写了上句想下句，甚至一边说一边写。由于他们对每一步骤都有相当清晰的意识，因而，在用错了词语或写错了字时，能够马上看出来并及时进行纠正。但是要想最终得出正确的结果，写出满意的文章来，还必须付出大量努力和对整个表达过程做有意识的监控。这是一种亦步亦趋、循序渐进的思考和表达相结合的过程，没有达到对语言运用自如的地步。

（2）技能学习的转化阶段。在基本认知技能获得的第二阶段，学生逐步从需要在陈述性知识指导下执行一系列行动步骤的操作，转变为不再需要陈述性知识的指导，而自动采取一定的行动步骤。在此阶段之初，在个体头脑中会形成一连串条件与行动的产生式步骤。但正如安德森所指出的：随着一系列步骤被不断地重复执行，操作中的错误会逐渐被排除，这种指导行动的知识将有效地得到“编辑”（compilation）。安德森使用“编辑”这一术语旨在表示，此阶段的运作与计算机编程人员的操作有类似之处。正如计算机编程人员必须事先对输入计算机的程序做出编辑才能使程序快速地运行一样，对知识的编辑也需要建立一种程序性的表征过程，使一系列的条件与行动能够快速、流畅地加以执行。

在这期间将出现两个子过程：一个是“合成”，一个是“程序化”。所谓合成，就是将一系列个别的产生式汇编成一个程序。通过合成，若干个单个的产生式将按照一定的顺序有机地组合在一起。这样，其中一个部分的产生式一旦被激活，就能为激活程序中的下一个部分的产生式创造条件，而后者的激活又能为激活再下一个部分的产生式创造条件。如此进行下去，结果会形成一个前后连贯的操作程序。在成功地执行了这样一种行动序列之后，各个产生式之间的联系便会得到进一步增强，整个技能也会逐渐具有程序化的特征。所谓程序化，就是指在执行程序时逐渐摆脱对陈述性知识的依赖，而出现自动执行一定操作步骤的状况。一旦技能具有程序化的特征，执行时就不再需要停下来考虑下一步该做什么。相反，自动的匹配过程将取代对下一个执行步骤的有意识的搜索过程。所有这些转化及各子成分之间联系的逐渐加强，最终导致操作步骤的执行更为迅速、更加精确，也更少需要有意识的努力。

既然执行这种经过预先编辑的大程序可以获得如此有效的结果，那么写作新手为何不能在学习技能之初，就直接根据陈述性知识来形成这种产生式呢？认知心理学家提出了三点理由对此予以解释：第一，人的工作记忆容量是有限的，而产生式是在人的工作记忆中构造起来的。当依照命题构造产生式时，在人的工作记忆中充斥着构成这一产生式的大量命题或陈述性知识，学习者必须将陈述性的表征转换为程序性的表征。因此在学习之初，工作记忆不可能提供这么多空间来形成大的产生式，而只能形成一些小的产生式；只是在随后的合成与程序化阶段，才有可能将小的产生式合成为一个较大的产生式，使各个部分的产生式之间的联系得以增强，由此逐渐摆脱对陈述性知识的依赖。第二，人对编辑某一程序有个逐步适应的过程。安德森曾指出，正是在操作过程中有意识的陈述性提示大大减少之后，人的技能才趋于驾轻就熟的自动化水平。换言之，只有在技能达到程序化、个体没有必要时刻有意识地努力控制整个过程的时候，才算获得了熟练的技能。对行为减少监控是以程序在多种情况下试用成功作为前提的，过早地减少监控有可能使许多错误的产生式形成程序化。因为若不对每一行动步骤保持意识监控，要想修正错误的步骤会变得更加困难。第三，在学习新技能之初，人还缺乏必要的前提技能。认知心理学家指出，程序之中所包含的几乎所有的条件与行动部分都是以学生已具备的另一些程序为前提的，都要得到这些子程序的支持才能发生作用。这种情况跟计算机程序必须得到程序库中另一些子程序的支持才能运行似乎是一样的。如果没有这些子程序，新的复杂的程序便不可能运行。

（3）技能学习的自动化阶段。在认知心理学家看来，学生在从技能学习的第二阶段向技能学习的第三阶段过渡的过程中，似乎不存在一个明显的转折点。自动化阶段是联系阶段的延伸，在第二阶段得以程序化的与书面表达相关的程序，在第三阶段只是变得更加的流畅和协调。随着学生对技能掌握的进一步熟练，对表达行为的有意识控制就会越来越少，他们的写作技能逐渐达到娴熟运用的境地，遣词造句变得信手拈来，起承转合变得随心所欲。不过，达到这种境界依然是件有得有失的事情。当人不再需要对自己的行动做缜密的思考时，常常也随之丧失了清楚地解释自己为什么会做出这般举动的能力。生活中我们常常看到，当写作新手向熟练的作者请教为什么要这样写的时候，作者时常反而道不明其中的缘由，个中原因就在于此。

在认知心理学家看来，第三阶段实际上会变成一种辨别过程，也就是说，写作领域的专家在熟练掌握写作技能的过程中，会变得越来越善于识别各种条件以及它们之间的细微差别，从而使行动变得越发适宜和精确。他们指出，技能之所以能在自动化阶段变得越发适当和精致，是因为在这种程序的条件句中，有关条件的图式或模式与行动句中适当的反应或子目标形成了联系。也就是说，阶段二使前一阶段条件句中具体阐明的陈述性知识跟某些特定的行为形成联系，并使该联系程序化。阶段三则使有关的条件图式与一系列的适当反应趋于自动化。人只要识别一定的条件模式，便能执行相应的行为。但建立这种程序化，有可能使人的反应变得刻板。某种程序一旦在误解的基础上得以自动化，造成刻板反应的危险就会增加，因此对某些程序保持有意识的控制依然十分重要。

2. 技能学习的条件

心理学家根据技能执行时主要是在大脑内完成还是通过肌肉的协调运作完成将其分为智慧技能和动作技能两类。这两类技能虽然都是运用概念和规则办事，且都是通过产生式或产生式系统表征，但两者还是有很大区别的。这种区别不仅体现在技能的执行上，也体现在学习条件上。

（1）动作技能的学习条件。心理学家认为，动作技能的执行体现了肌肉活动的速度、准确性、力量和流畅性等，因此动作技能的学习最好是通过重复练习而完成。进行练习需要如下两个方面的条件：①内部条件。动作技能由一系列操作步骤构成，这些步骤在心理学上也称为“执行性子程序”。学习某项动作技能必须先获得构成该技能的“执行性子程序”，然后还要能够顺利地从记忆中提取出来。例如，学开车技能，“倒车”“转弯”等部分技能必须事先获得，并被提取出来并入“在马路上将汽车掉头”的技能中去。②外部条件。为了便于学生学习“执行性子程序”，首先，教师应向学生提供有关“子程序”的知识——有哪些子程序、这些子程序的关系是怎样的；其次，要正确演示操作步骤的执行过程，为学生学习提供示范；再次，要为学生创设练习情境，让他们进行重复练习，重复在每种情况下达到理想结果所需要的动作；最后，对练习的结果要提供信息反馈。

（2）智慧技能的学习条件。加涅认为，智慧技能根据心理过程的不同复杂程度做层级划分，其中低级技能是高级技能的学习条件，即辨别是概念的学习条件，概念是规则的学习条件，规则是高级规则的学习条件等；而辨别的学习条件则是更为低级的刺激反应学习。此外，加涅还对每个层级智慧技能学习的外在条件进行了研究，辨别学习的外部条件有“接近”“强化”和重复练习；概念学习的外部条件是提供概念的例证，包括正例和反例；规则和高级规则学习的外部条件是提供正确的言语指导，以提醒学生回忆构成规则的有关概念，同时使学生用恰当的顺序组织有关概念；为学生创设运用规则的练习情境，让学生进行练习或变式练习，并对练习的结果提供反馈；向学生提供规则的使用例证，为学生提供运用规则的情境和线索，促进规则学习的保持和迁移等。

三、大学生知识学习与技能学习的指导

学生的知识技能主要是在教学活动中获取与形成的。教师在教学中对学生知识的获取、技能形成的培养，应考虑知识学习与智力学习的过程和条件，采取多种教学措施，有意识地进行。

（一）大学生知识学习的指导

根据陈述性知识学习的一般条件，可以利用以下教学策略来促进大学生学习知识。

1. 激发学生学习动机

学习心理学研究表明，对信息的注意是学习的前提，所以教师在教学过程中要运用各种手段去激发学生的学习动机，使其明确新知识的意义和价值。在知识的学习中，如果学生没有积极主动地去学习、注意新知识的愿望，很容易出现机械学习或只是对命题做表层联结；相反，学习动机强的学生更能积极主动地完成新知识的表征、转化、精加工等心理过程，知识保持得也更为牢固、持久，提取也更加便利。

因此，高校教师在课堂教学中要以组织学生注意的策略来调动学生的学习动机。例如，在讲授理论的同时，可以运用新颖变化的实物、模型、挂图、幻灯、多媒体等教学手段，也可以使用生动形象的比喻和讲述、恰当的手势以及教材中的插图、漫画等来引起学生的注意。此外，在大学生学习新的理论知识之前，要通过告知其学习目标、意义等方式唤起学生对知识的关注和重视。

2. 引导学生建构意义

知识学习关键在于建构命题的意义，而意义建构的实质就是运用已有知识对新的信息进行适当的解释。因此，教师讲课时，要让学生顺利激活和合理利用旧知识。比如，讲授新课前可以通过使用提问的方式引导学生回忆相关已学知识；在讲解过程中也可以随时引导学生提取有关的旧知识来理解新知识。新学习的知识也需要复述。在讲述新知识之后引导学生复述新知识的含义，不仅可以巩固学生所学的新知识，也是检验学生是否真正掌握了新知识、精加工程度如何的有效测查方法。但这种复述以鼓励学生以自己的方式阐述为佳，以防止学生养成机械照搬、死记硬背的不良习惯。

此外，当大学生不具备一定的先前知识时，教师可以应用先行组织者来促进学生对陈述性知识的掌握。比较性组织者能帮助学生区分新、旧知识之间的异同，说明性组织者能为学生学习新知识提供合适的可供利用的观念。这不仅有利于学生准确发现和建立新、旧知识间的联系，促进精加工的进行，也有利于对新知识进行组织和系统化。

3. 促进学生应用知识

知识学习的最终目的是使学生能够根据任务情境需要顺利提取知识，解决实际问题。要达到这个目的，在教学过程中必须注意：第一，要引导学生尽可能多地建立通往新知识的途径和通道，使学生具有更多提取新知识的线索。如可以让学生在学习中尽可能用多种感觉器官协同活动展开学习，做到“口到、眼到、耳到、手到、心到”，而不能总是用单一的视觉器官获取信息。第二，要引导学生用不同的具体语言形式来表达同一个命题。这样做，不仅使学生能灵活地从各种角度来理解新知识，进行精加工，也能使学生真正掌握新知识的深层含义，而不是停留在字面的、机械的、固定的理解上，在运用的时候更加灵活，易于迁移。第三，要指导学生合理安排复习时间和内容、挖掘复习的深度是获得良好复习效果的关键。让学生明确，复习不是简单重复，而是对所学新知识的再加工、再组织和再系统化。知识能否有效运用依赖于命题网络的良好组织和结构，因此教师要有计划地引导学生对所学知识进行归类、组织和系统化，才能使新旧知识融会贯通，构建出最优化的命题网络。

（二）大学生技能学习的指导

认知心理学认为，人要想成为任何领域的专家，就必须使自己的某些有关技能得以程序化和自动化，只有这样才能做到行动准确、思维敏捷。实现技能的程序化和自动化必须满足如下三个方面的条件。

1. 帮助学生掌握技能或前提技能

现代学习心理学研究表明，要掌握某项复杂的认知操作技能，其前提条件是熟练掌握构成技能的各个部分技能，即所谓子技能，使之达到自动化运用的程度。

加涅的学习层次论提出，一种技能的学习以相关的先前技能的获得为条件。安德森曾经指出："加涅从需要传授的技能中分解出它的子技能，从这些子技能中又再次分解出它们的子技能。例如，可以将代数看作微积分的子技能，而算术又是代数的子技能，基本的计算技能又是算术的子技能。在加涅看来，成功的教学设计关键在于确定这类子技能的层级，教学的宗旨就是分别传授这些层次中的各种子技能。"

布卢姆的"掌握学习法"也渗透了这一思想。在运用"掌握学习法"进行教学时，教师让学生按各自的学习速度展开学习活动，并针对学生在各个教学目标上的掌握情况提供测验。如果在教学之后学生尚未达到目标，便提供另外的教学时间，直到学生能够掌握该目标为止。这种教学同样旨在保证让每个学生学会必要的前提知识，并为掌握新的复杂的技能提供所需的子技能。

2. 帮助学生实现子技能的组合

教师帮助学生实现基本技能自动化的第二种方式是：给学生提供机会，让他们将一些小程序合成为大程序。如前所述，在实现技能程序化的第二阶段，最初形成的仅是一些小的产生式，因为工作记忆尚不能提供足够的空间来直接形成大的产生式。但是，若干小的产生式一旦形成，它们之间的组合将有可能出现。为了促进这种组合的产生，认知心理学家们指出，必须使两个小的产生式能够在工作记忆中同时或连续地处于激活状态。这样，人的信息加工系统就有可能注意到前一产生式的行动为后一产生式的启动创造了什么样的条件，并由此获得了一个新的产生式，它既含有前一个产生式的条件，又含有前后两个产生式的行动，而后一产生式的条件则作为多余的信息被删除掉。

在引导学生将基本技能合成的过程中，练习和反馈是两个十分重要的因素。因为每次练习和尝试都给两个具有潜在联系的产生式在工作记忆中同时被激活提供了机会，因而也就给它们的合成提供了机会。那么，应该如何练习呢？

大量关于间隔练习和集中练习谁更有利于技能的形成的研究发现，间隔练习似乎比集中练习更能够促进技能的学习。关于反馈对技能形成的作用存在不同的研究结果。有人研究证明：及时反馈相当重要，因为它有助于学生及时纠正学习中出现的错误，避免把错误变成编辑好的自动化程序中的一个成分。所以，对学生的练习结果要及时反馈，及时指导学生纠正错误。当然，也有一些研究结果表明，及时反馈可能会导致学生过分依赖反馈，在一定程度上对技能的获得起到干扰作用。

3. 帮助学生实现技能执行的程序化

当学生在一些构成技能的小的产生式上达到了自动化，并开始将一些小的产生式组合成大的产生式时，为了促进学生实现整个技能的自动化，教师应该引导学生对整个程序中所包含的一系列产生式步骤进行整体练习，而不是对各个部分的产生式分别单独地进行练习。随着学生一次次成功地执行这些动作序列，整个程序中各个步骤之间的联系也就会更多地依赖前后步骤的匹配，而不需要有意识地进行思考和搜索。

在进行程序化的整体练习过程中，往往存在如下突出问题：首先，学生可能会对过多单调的练习感到厌烦。如何解决这一问题？心理学家施奈德曾经建议：教师可以使用达标式反馈技术，即在学生每完成一组练习之后就提供外部强化。如在进行写作技能练习时，在学生审题、构思、表达、修改各个环节的任务之后，都要及时地对学生予以强化。其次，学生虽然学习了各个部分技能的合成，但是对各部分技能的关系以及何时适当地使用往往并不了解。例如，经过一定的练习之后，学生对写作过程基本上可以实现自动化了，一旦教师要求学生写作文，学生便知道运用叙述、描写的方式，根据时间、地点、人物、事件等要素来构思行文；然而，当学生遇到具体的题目，如“爸爸的生日”“与好朋友的一次误会”“童年记事”等时，却又不知道如何着手。要解决这一问题，就需要教师在引导学生实现某一组合的写作技能的程序化的同时，还要引导学生识别与特定的行动相联系的条件图式，了解各子技能的关系及合成的技能与总目标的关系。教师在教学过程中，要向学生提供适用于一定写作技能的，并且在无关特征上有一定变化的例文，使学生在多种条件下练习合成的技能。

第五节　大学生学习迁移策略

大学生的学习包括知识、技能、策略和情感态度等多种类型的学习，一定类型的学习总是在原有学习基础上进行的；同时，不同类型学习之间也相互影响，原有的学习和不同类型的学习对一定学习活动的展开具有促进作用，也可能会产生干扰作用。那么，大学生如何根据学习理论的有关原理使同一类型学习之间或不同类型的学习之间产生积极的促进作用而克服其消极影响呢？这就需要学习教育心理学领域中的一个重要理论，即学习的迁移理论。

一、学习迁移概述

学习迁移是普遍存在的，可以说凡是有学习的地方，就有可能产生迁移。例如，日常生活中，我们发现学会骑自行车有助于学习驾驶摩托车，学会投铅球有助于学会投铁饼，学会写毛笔字有助于学会写粉笔字，学会写实验报告有助于学习写学术论文，等等。那么，什么是学习迁移呢？下面将对此进行具体探讨。

（一）学习迁移的含义

学习迁移是指在一种情境中获得的技能、知识或形成的态度对另一种情境中技能、知识的获得或态度的形成的影响。学习迁移的本质就是一种学习对另一种学习的影响，它是一种普遍的现象，贯穿于整个教学系统。它不仅存在于知识和技能的学习之中，而且还存在于认知策略和态度品德的学习之中。因此，学习迁移无论对于大学生还是对于高校教师来说都是十分重要的。

对于大学生来说，学习迁移一方面可以促进理论知识的学习和运用，使知识和技能的学习变得事半功倍。因为知识和技能的学习是先前经验对新的学习的影响即迁移的结果，离开了迁移、知识、技能，学习将变成机械的记忆；另一方面也将对毕业后的工作和学习产生积极的影响，做到学以致用。因为只有通过学习迁移，知识和技能才能转化为解决实际问题的能力。对于大学教师来说，学习迁移有助于提高教学效率。“为迁移而教”已经成为当今教育工作者的共识。按照学习迁移的规律展开教学活动，可以有效促使学生将知识、技能顺利转化为能力，促使学生将道德规范知识转化为稳定的态度和品德心理结构，这对大学生以后的工作、学习和生活都将产生深远的影响。

学习迁移不仅具有重要的实践意义，而且具有重要的理论意义。学习迁移问题是学习论和教学论研究中的一个十分重要的课题，历来受到中外学者的关注。因为对这一问题的探讨牵涉到学习和教学理论诸多实质性的问题，如不同类型学习结果的关系问题、学习的心理机制问题、学习过程和学习条件问题以及教学目标的设置问题、教学内容的确定问题、教学过程的安排问题和教学方式方法的运用问题等。可以说，学习迁移的问题是整个学习和教学理论研究的核心和突破口，对这一问题的探讨有助于对整个学习规律的揭示，从而有助于推动整个学习和教学理论研究的发展。

总而言之，学习迁移是整个学校教育领域乃至整个学习领域中最为重要的问题。它既有助于促进大学生知识结构甚至整体素质的不断完善和发展，又有助于揭示学习和教学规律，促进科学学习和教学理论体系的构建。

（二）学习迁移的类型

关于学习迁移的分类，除了上面所提到的顺向和逆向、正和负的分类方法，还有以下几种流行的分类方法。

1. 普遍迁移与特殊迁移

美国教育心理学家布鲁纳根据迁移范围的大小将学习迁移分为特殊迁移和普遍迁移。前者是指“通过学习对同原先学习去做的工作十分相似的那些工作的特殊适用性……应该把这种现象称作习惯或联想的延伸。它的效率好像大体上限于我们通常所讲的技能”。这种具体知识与技能的迁移范围较小。后者是指“……原理和态度的迁移。本质上，一开始是学习一个普遍的观念，而不是学习技能，然后这个普遍的观念可以用作认识原先所掌握的观念的一些特例的后继问题的基础。这一种类型的迁移应该是教育过程的核心——用基本的和普遍的观念来不断扩大和加深知识”。这种观念或态度的迁移范围较大。

2. 顺向迁移和逆向迁移

顺向迁移是指先前学习对后继学习的影响，逆向迁移是指后继学习对先前学习的影响。例如，当学生面临一个新的问题情境如学习骑摩托车，能够利用以前所学的知识和技能如骑自行车技能来促进学习，这便是顺向迁移；相反，如果学生所掌握的知识、技能存在缺陷或不够稳固，不足以解决新情境中的问题，就需要学习新的知识技能对原有的知识技能进行改组或修正，这种因为整合了新知识技能的原有知识结构，其功能和结构会发生一定程度上的变化。这种新的知识技能对原有知识技能的影响便是逆向迁移。

3. 侧向迁移和纵向迁移

美国当代著名学习理论家加涅根据已经获得的学习结果在新情境中运用的难度将学习迁移分为侧向迁移和纵向迁移。前者是指习得的概念或一般规则在新情境中的简单运用，一般不会产生新的概念或规则。如学生学习了“红灯停，绿灯行”的交通规则后，用这一规则在十字路口过马路便是侧向迁移。后者是指习得的概念或规则在新情境中运用之后产生新的高级规则。例如，大学生将所学的数学知识运用于解决经济学方面的问题，这便是一种纵向迁移。由此可见，侧向迁移是概念和规则的简单运用，相当于“结构良好问题”的解决，一般不会产生新的概念或规则；而纵向迁移则是概念和规则在变化情境中的灵活运用，相当于“结构不良问题”的解决，需要解决新的问题并得出新的规则，即高级规则。

4. 低路迁移与高路迁移

这是由所罗门（G.Salomon）和帕金斯（D.Perkins）于 1969 年所做的划分。低路迁移是指经过充分的变式练习之后，技能运用达到了自动化境地，这样技能就可以产生自动迁移，不需要反省认知的参与。如钢笔字写得很流利的大学生可以很顺利地使用粉笔进行书写。这种迁移的关键是原先的技能经过了充分的练习，而且练习是在变化的情境中进行的。高路迁移是指在新的情境中有意识地运用先前学习的抽象知识解决问题。这种先前知识的有意识运用可以分为两种情况：其一，在当前的学习中联想到今后的应用。例如，大学生在学习心理学理论时想到将所学的理论用于将来的工作、学习和生活之中。其二,面对新的情境时,想到用以前所学的知识解决眼前的现实问题。例如，学习经济学时，考虑用以前学过的数学知识分析经济生活中的有关现象，解决有关经济问题。低路迁移与高路迁移的根本区别在于：一个是先前知识和技能的自动化运用，一个是在反省认知监控之下对先前知识和技能的运用，即在新情境中运用知识和技能时要考虑为什么用、怎么用以及用什么知识和技能等。

5. 两类知识迁移

认知心理学家辛格利与安德森（M.K.Singley & R.Anderson）把学习迁移看成先前学习的知识在后继学习中的运用。他们把知识分为陈述性的和程序性的两大类，由此而将学习迁移分为四种类型。

（1）程序性知识向程序性知识迁移。当先前习得的程序性知识直接运用于迁移任务时，便出现了此类迁移。比如大学生在中学时习得了书面表达技能，到大学后要求写一篇论文，可以直接运用已有的表达技能进行论文写作，这种迁移可以自动产生。

（2）陈述性知识向程序性知识迁移。当先前习得的陈述性知识有助于迁移任务中程序性知识的学习时便出现了这类迁移。这里有两层含义，一层含义是指在技能习得的过程中，知识的陈述性形式通过练习和变式练习转化为程序性形式，这本身就反映了陈述性知识向程序性知识的迁移；另一层含义是陈述性知识有助于一些技能的学习。比如，丰富的日常生活知识，有助于写作技能的习得。

（3）程序性知识向陈述性知识迁移。当原有的技能促进新的陈述性知识的学习时就出现了这类迁移。例如，大学生在中小学掌握了一定的阅读技能，进入大学后大大促进了对专业理论知识的学习，这就是程序性知识向陈述性知识迁移。

（4）陈述性知识向陈述性知识迁移。当已经习得的陈述性知识有助于（或干扰）新的陈述性知识的学习时，便出现了这类迁移。例如，大学生在中学学过中国现代史知识，进入大学学习中共党史时，已有的历史知识能够促进他们理解所学的党史知识，这就是陈述性知识向陈述性知识迁移的表现。

（三）学习迁移的过程

现代认知心理学对迁移的研究不局限于外部情境，而是把研究的视角深入人的大脑——“黑箱”的内部，对迁移的整个心理过程进行了系统的研究。研究结果表明：迁移与人的信息加工过程有密切关系。迁移涉及信息加工的整个过程——与信息的编码、储存和提取都有关，同时，在整个加工过程中起重要作用的监控系统中的主要因素——心向，也对迁移的产生起着关键作用。这一研究成果在一定程度上为我们揭示了学习迁移的内在心理过程，为教育实践、特别是为教学改革提供了有益的启示。

1. 编码

学生能否将在一种情境中学习的知识有效地运用到另外一种学习情境之中，在很大程度上与他们在学习知识时怎样对信息进行编码有密切关系。也就是说，学生对所获取的信息用什么方式进行编码、编码的水平如何、效果怎样等将直接影响到以后在新情境中的学习。对此，巴斯奥克（Bassok）和霍里奥克（Holyoak）通过实验予以说明：他们让两组学习能力相当的被试者分别在代数课和物理课中学习一条完全相同的定理；然后再交换学习一条相关的定理——先学习代数定理的小组再学习物理定理，先学习物理定理的小组再学习代数定理。学习完成后，分别对两个小组进行测试，结果两个小组的学习成绩有很大差别：先学习代数定理再学习物理定理小组的学生表现出较高的由代数知识向物理知识迁移的水平，而先学习物理定理后学习代数定理小组的学生却表现出较低的由物理知识向代数知识迁移的水平。为什么会出现这种差异呢？这与两个小组在学习过程中所进行的编码的不同有直接关系：代数被认为是一门能够将其原理广泛运用于其他学科的工具课，教师教代数时，把它的原理和物理学科的有关原理有机地结合起来，这就使得先学习代数定理的学生在接受信息过程中对信息进行了比较性、概括性编码，后来学习物理定理就能将代数相关定理有效地提取出来；而物理则被视为具有较强的自我封闭性，教师教物理定理也是采取就事论事的态度和办法，没有和代数结合起来。这就使得先学习物理定理的学生对所接受的信息进行单一性、闭锁性编码，后来再学习代数定理迁移就会出现困难。由此可见，有效迁移的形成是建立在对信息正确合理编码的基础之上的。

2. 组织

迁移的产生与人对所接受的信息所进行的组织与重组呈正相关：进行合理的组织，迁移的效果就好，没有进行组织或组织得不合理，就不能形成迁移或出现负迁移。图尔文（Tulving）的词语配对联想实验证实了这个假设：实验人员先向被试者呈现一列词语（A），经过多次自由回忆练习之后，再向被试者呈现两列词语，一列词语与前列截然不同（BC），另一列词语则与前列词语有一半相同（AC），让被试者进行自由回忆练习。一段时间之后，对被试者进行回忆测试。测试结果是：被试者回忆 AC 列词语的成绩低于回忆 BC 列词语的成绩。按照传统的记忆频率理论：回忆的强度依赖于练习的频率，AC 列中的词语有一半在先前已经练习过了，这就意味着被试者对该列词语练习的频率要高于对 BC 列词语的练习频率，因而，被试者回忆 AC 列词语的成绩应该优于回忆 BC 列词语的成绩。但实验的结果为何恰恰相反呢？这与被试者在学习过程中对知识的组织有密切关系：学习 A 列词语时，被试者对这些词语进行了一定的组织，再学习 AC 列词语，先前的组织对新知识的组织起着干扰作用，使重新建构新组织遇到一定的障碍；而学习 BC 列词语则没有这种干扰，建构新组织就很顺利。也就是说，学习者在两种学习情境中学习，他对先前所学习的知识的组织将影响或制约对后来所学习的知识的组织，使迁移的产生相应受到干扰或促进的影响。后来，弗兰斯基（Frensch）所做的一系列实验都证明了知识的组织和重组对迁移产生的影响——对知识有较高水平的组织和重组的被试者，在迁移的速度和效率等方面均优于对知识的组织和重组水平比较低的被试者。这就进一步说明了组织与迁移的关系。

3. 辨别

有效的迁移是以有效的辨别为前提和基础的。心理学中有关前摄抑制的实验充分说明：学习者在两种学习情境中学习，如果对先前所学习的知识辨别不清，在后来学习中，先前知识会干扰新知识的掌握，这样就会产生负迁移。著名的认知心理学家安德森（Anderson）曾经做过一个有关辨别对迁移影响的实验：他首先让被试者学习 26 列如下类型的语句："医生在银行里""消防队员在公园里""律师在超市里"等。学习一段时间后即进行自由回忆测试，这时，被试者的回忆成绩是不错的。接着，实验人员对各句的人物或地点进行变换，按照一个人（如律师）有可能出现在不同的地点（如超市、教堂、公园、银行等），或者按照几个人（如医生、律师、消防队员、司机等）有可能出现在同一地点（如公园）来组成若干新句子，再让被试者学习，然后对被试者进行第二次自由回忆测试。结果，被试者的回忆成绩与第一次相比大大下降了。原因何在呢？第一次测试之前，被试者学习的内容和结构比较单一，易于辨别；第二次测试之前，不仅学习的内容和结构比较复杂，而且要受到先前学习的干扰，使被试者对学习情境辨别的难度大大增加。这就表明：人们对学习情境的辨别是否清晰和方便将直接影响迁移的效果——良好的迁移效果得益于学习者对学习情境清晰而便利的辨别。这种辨别对迁移影响的例子在我们日常生活中也是不胜枚举的。例如，一个在甲公司工作非常出色的管理者调入乙公司做同样的工作后，工作成绩往往不能达到在甲公司所达到的水平。原因就在于：这个管理者把适合于甲公司的方法视为也是适合乙公司的方法，而没有分清两者的区别，结果出现负迁移。如果他能够对两家公司进行一番比较辨别，认识到它们的相同点和不同点，这样就会避免负迁移的出现，并能产生正迁移，使之在乙公司的工作成绩更为出色。

4. 心向

现代认知心理学认为，迁移的产生不仅与人的认识过程相关，与人的动机态度也有关系。信息加工心理学对此进行了更为深入的研究，进而做出更为明确的解释，认为迁移与心向密切相关。心向也称定势，是指先于一定活动而指向这种活动的心理准备状态。它对于学习迁移既有可能产生积极影响，也可能起阻碍作用。当后面的任务是前面任务的同类课题或它的特例时，心向能对后来课题的学习起积极的促进作用。但是，当新的学习任务与先前任务不是同类或者是需要灵活变通的相似任务时，心向就可能干扰新的学习，对学习迁移起阻碍作用。陆钦斯（Luchins）的"量杯实验"证明了这一现象。在这一实验中，研究者要求被试者解决一些要求用给定的量杯（A、B、

C）量出一定水量的数学问题。陆钦斯把被试者分成两组，在同时做完练习题（第1题）后，对第一组被试者（控制组）事先提出“不要盲目进行”的警告，而对第二组（实验组）则不予警告。然后要求被试者独立解决其他10个问题。由于被试者在2～6题上可以找到一个解决问题的公式：B-A-2C，于是实验组81%的被试者（无论是中小学生还是大学生）具有强烈的“三杯量法”的定势，坚持使用B-A-2C的方法来解决7～11题，而忽视更简单的可能解法。这就是心向对学习迁移产生的消极影响。控制组被试者则能随机应变，用较简单的“两杯量”解决其他问题，说明他们没有受到心理定势的干扰。迈耶（Maier）也曾经做过一个实验，说明心向对新知识的学习或新技能的获得的影响：实验人员在一间屋子里放两根木棍和一个夹子，要求被试者制作一副帽架。面对这些材料和将要完成的任务，被试者感到非常棘手，认为用所给的材料无法做成一副帽架。安德森指出，这一结果说明，被试者在日常生活中所常见的帽架形状已经在他大脑里形成了一种心向，这个心向对他解决现在的问题起着控制作用：由于常见帽架的制作材料与眼前的材料有出入，所以被试者认为这些材料是无法制作成帽架的（其实，只要将夹子夹住两根木棍，然后将其楔入墙内或天花板上，一副帽架也就做成了）。这也说明，心向驱使被试者在新的学习情境中出现功能固着现象——产生了负迁移，影响了问题的解决，阻碍了新知识的学习。心向促使正迁移产生的例子也有很多。例如，大学生在阅读学术论文过程中，如果对学术论文的一般结构形态——引论（提出问题）、本论（分析问题）、结论（解决问题）非常熟悉并能够形成一种心向，那么以后再让他们写学术论文，他们就会按照这种结构形态来布局谋篇、构思行文，写作的速度会大大提高，写作的质量也会有保证。根据心向对迁移影响的双重性，要求学习者在学习过程中必须扬长避短，注意建立和有效运用积极的心向，克服消极心理定势对知识和技能学习所产生的制约作用。

二、学习迁移理论

学习迁移问题是学习理论的一个核心问题。科学教育心理学诞生以来，关于学习迁移的理论很多，这里主要探讨有关导致学习迁移形成的原因，探讨学习迁移是如何发生的。长期以来，各派学习心理学家从不同的角度对导致学习迁移形成的原因进行了比较系统的研究，提出了一些很有影响的观点或学说。

（一）共同要素说

行为主义心理学之集大成者、美国早期的教育心理学家桑代克，最早系统地研究了学习迁移问题。他和伍德沃斯于1901年进行了形状知觉方面的迁移训练实验研究。他们以大学生为被试者，训练他们判断形状和大小各异的图形的面积。先用90个面积在10～100平方厘米的平行四边形对被试者进行判断训练，然后再对被试者进行两种测验：一种测验是让被试者判断 13 个与训练图形相似、面积在 150～300 平方厘米的长方形的面积；另一种是让被试者判断 27 个三角形、圆形和不规则图形的面积，这 27 个图形是前测中使用过的。实验结果表明：通过平行四边形对被试者进行面积判断训练，对被试者长方形面积判断成绩的提高有显著影响，而没能使被试者对三角形、圆形和不规则图形面积判断成绩有所提高。在此基础上，桑代克还做了估计物体长度和重量的训练实验，得出相似的结果，即估计长度训练或估计重量训练不会对后来对重量或长度的判断成绩提高产生影响。

由此，桑代克得出这样的结论："只有当两种心理机能具有共同成分作为因素时，一种心理机能的改进才能引起另一种心理机能的改进。"他认为两种学习中迁移产生的原因在于两种学习情境之间，即先前的学习情境和后来的学习情境之间存在着某种共同的要素。在学习过程中，这种共同要素会导致先前学习向后来学习迁移；而且，迁移的程度往往是由两种学习情境中共同要素的多少来决定的，共同要素越多，迁移的程度越高，共同要素越少，迁移的程度越低。

（二）概括说

学习迁移的概括理论最早是由心理学家贾德（C.H.Judd）提出的，他在 1908 年做了一个经典的学习迁移实验——"水下打靶"训练实验。他将被试者分为两个训练小组。在训练之前先向一个小组的被试者讲解光的折射原理，而对另一个小组的被试者则不做这方面知识的讲解。实验分两次进行，第一次将靶子放在距离水面 12 英寸处，让两个小组的被试者进行打靶练习，结果两个小组的成绩几乎一样；第二次将靶子放在距离水面 4 英寸处，让两个小组的被试者进行打靶练习，结果两个小组的成绩出现明显差异：学过光的折射原理的小组的成绩明显好于另外一个小组的成绩。贾德对此结果做了如下解释："理论（光的折射原理）曾经把有关的全部经验——水外的、深水的、浅水的经验——组成了整个思想体系……他们（指学习了光的折射原理的被试者）在理论知识的背景上理解了实际情况之后，就利用概括了的经验去迅速地解决需要按照实际情况做分析和调整的新问题。"也就是说，造成学习迁移的原因不仅仅是因为两种学习之间存在共同的因素，还因为两种学习遵循着共同的原理。

在学习理论研究上做出杰出贡献的美国另一位行为主义心理学家斯金纳，根据其操作条件理论对学习迁移形成的概括说做了进一步的发展。他认为，迁移产生的一个重要条件是学习者能够对先前学习情境（刺激）进行辨别，并把在这种学习情境中获得的经验加以综合，形成概括的认识，这样在后来相关的学习情境中学习，迁移就有可能自发地产生。在他看来，概括是迁移产生的前提，概括的水平直接影响迁移的效果。

（三）关系转换说

这是格式塔心理学家提出的学习迁移观点。他们认为"顿悟"关系是学习迁移的一个决定性因素，主张迁移不是由两个学习情境具有共同成分、原理而自动产生的某种东西，而是学习者突然发现两种学习情境之中存在的某种关系的结果，学习者对学习情境中关系的“顿悟”是迁移产生的决定因素。因此，迁移的实质是一种关系的转换；学习情境中手段—目的的整体关系是迁移的基础，换句话说，造成迁移产生的根本原因，并不在于两种学习情境之中存在着零零散散的共同要素，而是因为两种学习情境之间存在某种相同的关系。

该学说强调个体在学习迁移中的重要作用，认为只有学习者主动发现两个学习情境之间的关系，学习迁移才可能产生。支持该学说的经典实验是苛勒（K.Kohler）的“雏鸡觅食”实验。他让小鸡在两种深、浅不同的灰色纸下寻找食物。通过条件反射学习，小鸡学会了只有在深灰色纸下寻找食物才能获得奖赏。随后，实验者变换实验情境，用黑色的纸取代浅灰色的纸。如果小鸡仍然在深灰色的纸下寻找食物，那就证明是相同要素导致学习迁移的产生。实验的结果却是这样的：小鸡对新刺激（黑色纸）的反应为 70%，而对原来刺激（深灰色纸）的反应为 30%。这一结果表明，学习迁移是学习者对情境关系反应（顿悟）的结果。

（四）同化说

该学说是教育心理学家奥苏伯尔（D.P.Ausubel）根据其同化论发展而来的。奥苏伯尔认为，知识学习过程是认知结构中的已有知识同化新知识的过程，因此已有知识对新知识的学习将产生一定的影响；换句话说，学习迁移是认识结构中的已有知识同化新知识的结果。奥苏伯尔认为，新知识与认知结构可以利用的原有知识可以构成三种关系：①原有知识是上位的，新知识是下位的；②原有知识是下位的，新知识是上位的；③原有知识和新知识是并列的关系。这三种关系就导致了学习迁移的三种形式。

其一，下位同化迁移。学生的已有知识在包摄性和概括性上高于新学习的知识，从而使新知识与原有知识之间构成了一种类属关系或下位关系。这种同化方式又可以分为两种形式：①派生类属同化，指新学习的知识作为原有知识的证据或例证加以理解。在这种关系中，所要学习的新知识完全可以直接从已有上位知识中推演出来，属于原有知识的派生物。这种类属同化的结果，不仅使新知识获得了意义，而且使原有知识得到了充实或证实。②相关类属同化。当新知识类属于认知结构中的具有较高概括水平的已有知识之后，使认知结构得到扩展、精确化、限制或修饰，这种同化形式便成为相关类属同化。在这种形式的同化中，新知识与原有知识不是一种派生关系，而是一种相关关系。

其二，上位同化迁移。当大学生大脑储存的认知结构中已经具备了若干知识，现在要在原有知识的基础上学习一个概括性和抽象水平更高的知识，便形成了上位同化性学习。例如，大学生已经学习了记忆力、思维力、想象力等概念，再学习智力这个新的总括性概念时，新概念通过归纳、总括原有下位知识的属性而获得意义，即形成一种上位知识。

其三，并列同化迁移。当所学习的新知识与认知结构中的已有知识既不属于类属关系，也不属于总括关系，而是一种并列联合的关系时，便形成了并列同化性学习迁移。例如，假设大学生已经知道了“读后感”“学术笔记”“读书笔记”“书札”等概念的意义，现在要获得“札记”这一知识的意义。新学习的意义虽然不能类属于原有知识之中，也不能总括原有的知识，可是它们之间因为具有某些共同的特性而呈现一种并列联合的关系，新知识可以通过与原有知识的并列结合而获得意义。

（五）产生式说

产生式说是认知心理学家安德森（J.R.Anderson）根据其思维监控理论（adaptive control of theory，ACT）提出的一种学习迁移理论。该学说的基本思想是：在前后两种程序性知识学习之间发生迁移的原因，是因为两种程序性知识的表征——产生式之间出现了重叠现象；重叠得越多，迁移量就越大。所谓产生式，就是有关条件和行动的规则，简称 C-A 规则，其中 C 代表一种行为产生所需要的条件；A 代表的是行动，它既可能是外在的动作，也可能是内在的思维运作。为了验证这一理论，安德森等人设计了许多实验。例如，他和辛格利（M.K.Singley）设计了用不同计算机文本编辑程序的学习实验。他们将被试者分为三组：A 组在练习 EMACS 程序编辑之前，先根据已经做好标记的文本练习打字；B 组先练习一种程序编辑，再练习 EMACS 程序编辑；C 组为控制组，自始至终练习 EMACS 程序编辑。每组都练习 6 天。实验结果是：C 组每天练习 3 小时 EMACS 程序编辑，前 4 天成绩显著提高，而到后 2 天则维持在相对稳定的水平；A 组前 4 天练习打字，后 2 天练习 EMACS 程序编辑，成绩与 C 组前 2 天相似，这说明练习打字对程序编辑未产生迁移。B 组前 4 天练习一种文本程序编辑，每天练习 3 小时，后 2 天练习 EMACS 程序编辑时，结果成绩明显好于 A 组。这说明第一种文本程序编辑的练习对第二种文本程序编辑的练习产生了显著的迁移。安德森对此做了这样的解释：在打字和文本程序编辑这两种技能之间没有共同的产生式，而在两种文本程序编辑技能之间则存在许多共同的产生式，这是导致两组学习迁移效果不同的最重要原因。

（六）意义建构说

意义建构说是皮亚杰、维果斯基等建构主义心理学家所提出的一种学习迁移理论。该理论认为，学习迁移的过程就是一个意义或经验的建构过程。该过程是学习者通过将外界输入的信息与原有的知识经验相互作用，在建构信息符号意义的基础上，形成层次化或网络化的心理结构。这一过程是通过同化和顺应两种基本途径来实现的。同化指已有的知识结构吸收新的经验成分或把新的经验成分纳入已有的知识结构之中的过程。同化性迁移的根本特点是“自上而下”的迁移。已有的知识结构是一种上位层次的结构，新获得的经验成分属于下位层次的结构，已有上位的知识结构可以把新建构的下位经验成分整合到自身组织之中，新习得的下位经验成分也可以被归入已有上位的知识结构中。这种建构性迁移的过程，是已有知识对新经验的具体化，也是新经验对已有知识的类化。顺应指已有知识结构不能把新的经验成分吸收和纳入自身组织之中时，个体调整原有知识结构，从而形成能包含新、旧经验的更高一级的知识结构，以适应外界变化的过程。这其实也是一个构建新的上位知识结构，使之能够整合新的和旧的下位经验结构的过程。这种建构性迁移通常在学习既有联系又有区别的并列教材或在日常概念的基础上学习科学概念时发生。如在学习了“树木”“花卉”等植物概念后再学习有关的动物概念，在日常概念“鸟会飞，有羽毛”的基础上学习“前肢为翼、无齿有喙”的鸟的科学概念，都属于顺应性迁移。

（七）经验整合说

经验整合说是我国心理学家冯忠良教授在吸收前人研究成果的基础上，创造性地提出的一种学习迁移理论。他认为，学习迁移的过程就是一个经验整合的过程，经验整合的实质就是要构建一种一体化、网络化的心理结构。而整合的基础是概括，它是通过对不同学习中的经验成分的分析与抽象以及对不同学习中的共同经验成分的综合及概括实现的。因此，整合是在概括的基础上实现的一种经验网络化现象。经验的整合是指通过概括所获得的经验与原有经验的相互作用，从而形成在结构上一体化、系统化，在功能上能稳定调节活动的一个完整的心理系统。整合是一个过程，它是通过同化、顺应和重组三种基本途径来实现的。

同化指已有经验结构吸收新的经验成分或把新的经验成分纳入已有的经验结构之中的过程。同化性迁移的根本特点是“自上而下”的迁移。已有经验结构处于一种上位结构，新获得的经验成分属于下位结构。已有上位结构可以把新建立的下位经验成分吸收到自身里来，新习得的下位经验成分也可以被纳入已有上位的经验结构中。这种迁移过程，是旧经验对新经验的具体化，也是新经验对旧经验的类化。

顺应指已有经验结构不能把新的经验成分吸收和纳入自身之中时，个体调整原有经验结构，从而形成能包含有新、旧经验的更高一级的经验结构，以适应外界变化的过程。也就是建立一个新的上位经验结构，以包容几个旧有的下位经验结构的过程。它通常在学习既有联系又有区别的并列教材或在日常概念的基础上学习科学概念时发生。

重组也称结构重组，是指习得的经验组成成分在新的组合中，仅仅在结合关系上（如程序或位置）进行了调整或重新组合，而经验的构成成分不变。重组性迁移主要适用于迁移分类中的特殊迁移。结构重组在教学过程中非常重要。作为教师，首先必须教给学生进行结构重组的基本要素，即基础教材。在学生掌握了进行结构重组所必需的基础教材后，要善于利用这些基础教材的机构重组性迁移，大幅度促进有关的派生性教材的掌握，以提高教学效率。

三、大学生学习迁移的促进

当今社会已进入一个信息激增的时代，知识更新周期正急剧缩短，甚至有人说，大学生在学校学的知识一走出校门就过时了。这种情况给大学生的学习活动带来了前所未有的挑战。“为迁移而教”已经成为当前教育界比较流行的口号，而且是一个很有吸引力的口号。各类高等学校的教学活动把促进大学生学习迁移的实现作为衡量教学效果的一个重要标准。虽然有学习就有学习的迁移，但正如前所述，积极的、高水平的学习迁移通常不是自动发生的，而是需要一定条件、受到一些因素影响的。为了促使大学生积极、高效学习迁移的有效展开，大学教师必须了解影响学习迁移的条件，掌握促进大学生学习迁移的有效方法，根据学习迁移的规律有的放矢地指导大学生进行学习。

（一）学习迁移的形成条件

研究表明，有效学习迁移的发生需要具备许多条件，这些条件既有外在环境因素，也有内在心理因素。其中最主要的条件因素有：学习对象的共同因素、已有知识的概括水平、认知技能与策略以及心理定势的作用等。

1. 存在相同成分的学习内容

有关学习迁移理论表明，两种学习内容在客观上存在一定的相同点是实现迁移的必要条件。通过运用学习内容中存在的相同成分促进学习迁移一般都能收到良好的效果。例如心理学家华虚朋（M.V.Osburn）采用林斯兰（Rinslan）词汇表研究了词汇之中存在相同成分对学习迁移产生的效用问题。在林斯兰词汇表中共有9000个多音节词，单音节词约为2300个。他选出了其中的45个关键音节（在林斯兰词汇表中出现频率较高的音节）教给学生。结果表明，如果学生在教师指导下掌握了这些音节，概括出它们的发音特点，并且认识到这些音节是不同词汇中存在的相同成分之后，就能对整个词汇表中其余有关词的学习起积极的促进作用。例如学会了“going”的“ing”，就会拼出“morning”“playing”“counting”；概括出最后一个音节（或字尾）总拼作“ing”，便能拼出林斯兰词汇表中带有“ing”词尾的其他877个词。现代科学心理学家也对学习内容中的相同成分对学习迁移的促进问题进行了研究，他们从分析学习对象的构成成分入手来研究相同的成分对学习迁移形成的影响。他们把学习对象的构成成分区分为结构成分和表面成分两大类。所谓结构成分是指学习任务中与最终所要达到的目标或结果有关的成分；而表面成分是指学习任务中与最终目标的获得无关的成分。研究表明，两种情境的结构相似性决定迁移的正或负。如果学习内容之中具有共同的结构成分，就会产生正迁移；结构成分不同则不能促进正迁移，甚至会产生负迁移。所以，要想促进学生的学习迁移的形成，必须使学习内容之中存在相同的结构性成分。

2. 较高概括程度的已有知识

已有知识具有一定的概括性或结构性是学习迁移产生的最重要条件，教育心理学史上有许多心理学家对这一点做过论述。布鲁纳在阐明原理和态度的迁移时指出，学生所掌握的知识越基本、越概括，对新学习、新问题的适应性就越广泛，也就越能产生广泛的迁移。因此，他特别强调对学科基本原理、基本结构的掌握，即对学科中的概括水平较高的知识的掌握。诺维克（L.R.Novick）通过对专家和新手的对比研究发现，具有较高概括性知识结构的专家比知识概括程度较低的新手更能够解决新的问题。新手在解决问题时往往应用情境表面特征作为提取线索，对表面特征具有相似性的问题用相似的方式解决，难以抛开不起作用的原有具体解题程序或方法，结果产生负迁移。专家则能在抽象的结构水平上注意到问题之间的相似性，较少受到表面特征的干扰。即使产生负迁移，在尝试使用错误程序后，他们也能较快地根据结构特征的相似性作为提取线索，以分析和加工任务之间的关系，这样很容易摆脱负迁移。这说明，已有知识的概括水平越高，则越容易产生较多的正迁移。

3. 一定的技能和策略

现代认知心理学研究结果表明，学习迁移是通过复杂的认知活动实现的。在迁移过程中，长时记忆中储存的已有知识发挥着重要的作用。这种已有知识既指陈述性知识，也包括通常被称为技能的程序性知识，还包括作为特殊程序性知识的认知策略。本章前面所述及的安德森的两类知识之间的迁移，在一定程度上也说明了技能和策略对学习迁移形成的影响。这也意味着学习者已有技能和策略的掌握水平必然要影响到迁移的实现。在实际教学中，我们常常发现：学习内容具有相同成分，已有知识经验的概括水平也比较高，可是学生对新的学习内容仍不能产生有效的迁移。这里的原因就在于，学生尽管掌握了一定的知识，但缺乏一定的认知活动中所需要的模式识别能力和操作步骤的执行能力，或者缺乏认知活动中必要的自我监控能力和自我反省能力，也就是没有掌握解决这些问题所需要的技能和策略。根据加涅的学习层级理论，基本技能是解决问题的基础和条件，有效的问题解决依赖于基本技能执行的自动化；此外，认知策略也是影响问题解决的重要因素。因此，大学生在掌握知识的同时，还要掌握一定的解决问题的技能和策略，以促进学习迁移的实现。

（二）学习迁移的促进

1. 根据迁移产生的心理机制促进学习迁移

在实际教学中，要有效地促进学生形成积极的迁移，教师必须按照迁移产生的规律来确定教学内容、安排教学过程、选用教学的方式方法，也就是要依据迁移产生的心理机制来组织教学活动。

（1）指导学生进行合理的信息编码。教师在进行教学设计和课堂教学活动中必须充分考虑如何让学生进行合理的信息编码，要运用有利于学生以后能够更加灵活地提取信息的方法来传授知识、组织教学。教师在讲授新知识时，要引导学生将新知识和已经掌握的知识以及生活经验有机地联系起来，使新知识能够纳入学生的认知结构之中。例如，数学教学中教一条新规则，教师要联系学生已经掌握的有关规则或者结合学生在日常生活中所积累的经验来教。如教乘法规则 3×2，教师可以联系加法规则 3+3，并且列举实际生活中的有关问题，诸如：学校操场两边各有 3 棵树，操场两边共有几棵树？这样进行教学，就可使学生把乘法规则放在广泛的知识背景之下来编码，实现语意编码与情节编码密切配合，使新知识在认知机构中能够找到一个恰当的固着点。这种编码的结果使获取的信息不仅具有稳定性，而且具有清晰性和可辨别性，学生日后提取也就准确而方便了。

（2）引导学生对知识进行科学的组织。无组织的知识不但阻碍学生学习活动的顺利展开，还会影响学生的迁移，因而在教学设计中，教师要对教学内容进行精心的组织和安排——先教什么，后教什么；哪些该教，哪些不必教；何处需要多教，何处需要少教甚至不需要教等，都应该做到心中有数，不可“芝麻、西瓜一起抓”。课堂教学在遵循教学方案的前提下，要按照知识本身的内在逻辑顺序依次展开，既要有教学的灵活性，又要体现知识的系统性，切忌把零零散散、支离破碎的知识教给学生。例如，大学语文教学中的课文教学，不能把一篇血肉丰满的文章肢解成孤立的字词句段，或者变成几根缺乏联系的“筋骨”——几条段落大意、中心思想和写作特点，而应把课文看作一个有机整体，字词句段的教学、中心思想和写作特点的分析都围绕整体进行，这样学生获得的信息就不是单个的字词句，而是具有严密组织性的知识。

（3）帮助学生对所学的知识进行辨别。教师在讲授新知识时，既要引导学生认识新旧知识之间的联系，更要帮助学生弄清新旧知识之间的区别；既引导学生掌握一般的原理，也要指导学生明确每个知识点的意义、特点和归属，认清其类别，确定其使用范围，使学生能够把知识的概括和知识的分类有机结合起来。要达到这个目的，教师可以运用比较法进行教学。例如，教一篇记一件事的记叙文，可以把它和说明文或议论文进行比较，使学生认识它在表达方式和结构、语言上的特点；把它和记几件事的记叙文进行比较，使学生认识其在选材、组材上的特色；把它和其他记一件事的记叙文进行比较，使学生认识这篇文章和其他同类文章的不同之处。通过这种比较，学生不仅能够掌握记叙文的一般特点，而且能够掌握不同类别的记叙文的读写规律，为读写能力的迁移创造有利条件。

（4）帮助学生建构迁移的心向。心向使人们倾向于以一种特定的方式进行反应，这种倾向性本身就是一种活动经验。这种经验对学习和解决新问题既有积极作用，又有消极作用。在教学中，既要注意利用心向的积极作用，帮助学生掌握解决同类问题的方法，又要培养学生积极动脑，养成对问题认真分析的态度，根据问题的特点采取灵活的解决方法，防止心向对学习的干扰。心理学研究结果表明：学科之间的联系、学科和社会生活之间的联系、学习和应用之间的联系是学生形成迁移心向的重要条件。因此，在教学过程中，无论什么学科的教学都不能封闭式进行，而要和其他学科教学密切结合起来——不仅自然科学的各学科教学或社会科学的各学科教学之间要结合，自然科学和社会科学之间也要结合。例如文学教学中就可以渗透数学、化学、天文学等学科的知识，同样，数学教学中也可渗透政治、历史等学科的知识；同时，任何学科的教学都不能脱离社会生活实际——在确定教学内容时，要充分考虑是否与现实生活相适应，在选择教学的方式方法时，要充分考虑是否与现实客观教学条件相符合，以达到理论教学和实际生活的高度统一；此外，每个学科的教师都要引导大学生把学科的学习和实际应用结合起来。如果学习只是为了考试，迁移的心向很难形成；相反学习为了某种实际需要，学生就能产生迁移的心向。因而，要实现“为迁移而教”，必须从“为考试而教”转变到“为应用而教”之上，真正做到学用结合、学以致用。

2. 根据迁移的形成条件促进学习迁移

现代教学论主张，教学的基本功能是为学习创设适宜的外在条件，而外在条件的创设应该依据学习的内在条件。“为迁移而教”就是要依据学习迁移产生的条件创设一定的教学环境，促使积极学习迁移的顺利实现。

（1）科学确定教学目标。教学目标是一切教学工作的出发点和最终归宿，一切教学工作都是为教学目标服务的。因此，确立系统、明确而具体的教学目标是促进学习迁移的重要前提。

首先，确定教学目标要遵循系统性原则。由于任何学习都是在原有学习基础上的连续、分步构建的过程，而最终形成的心理结构也是具有一定层次关系的网络结构，因此，不仅对某门课程教学目标的确定要有全局观念，要充分反映大学生良好心理结构的形成，而且对某一单元或某一堂课的教学目标的确立也必须从所要构建的心理结构的整体出发来考虑，把一个单元或一堂课的教学目标作为整个课程目标的组成部分。

其次，确定教学目标要遵循序列性原则。相同要素说认为，根据两种学习之间的迁移是因为两个学习中存在共同成分，特别是共同的原理造成的情况，那么知识之间、技能之间的共同因素和相同的原理是产生迁移的重要条件。学生掌握了扎实的基本知识和基本技能，就为进一步学习新知识和技能创造了条件。只有这样，前面的学习才能为后继的学习提供适当的基础，后继的学习也能够进一步巩固和加深前面学习的结果。因此，各个单元之间、各个课题之间或每堂课之间的教学目标既要有区别，又要有联系，是一种螺旋上升的关系。

此外，教学目标的表述应明确而具体，不能含糊笼统，应让学生能够确切把握其含义，以发挥它对学习材料的指导和沟通作用。

（2）精心选择和组织教学内容。一定的教学目标要依靠一定的教学内容才能达成，教学内容是实现教学目标的保障。确定什么样的教学内容才能促进学习迁移的实现呢？根据学习迁移规律的要求，应把各门学科中具有广泛迁移价值的科学成果作为教材的主要内容。所谓具有广泛迁移价值的材料，就是学科的基本概念、基本原理、基本规则、基本方法、基本态度等。为此，布鲁纳特别强调对学科基本结构的掌握。他认为："不论我们选教什么学科，务必使学生理解该学科的基本结构。"所谓学科的基本结构就是学科的基本原理和基本规则，"懂得基本原理就可以使得学科更容易理解"，也就可以得到广泛的迁移。当然，在选择学科的基本概念、基本规则作为教学内容的同时，还必须选用一些典型的例子作为基本的事实材料。因为现代心理学认为，概念和规则都是通过具体的实例习得的，脱离具体的事实材料空讲概念和规则，就成了无源之水、无本之木。同时，教材内容要随科学的发展而不断变化更新。虽然学科的基本概念与基本规则具有一定的稳定性，但随着当代科技更新速度的加快，原来作为学科基本内容的教材就会失去其原有的地位，而被新的更重要的、迁移范围更广的概念和规则所代替。因此，精选教学内容，必须注意用科学研究的新成就代替过时的材料，不断充实新的内容，特别要将本学科的前沿理论吸收到大学教材之中，使之符合科学技术和文化的发展水平。

依据学习迁移的要求，把作为教学内容的基本学习材料精选出来以后，如何组织这些材料就成为重要的任务。因为同样的内容，如果编排得好，迁移的作用就能得到充分的发挥，教学就省时省力；如果编排得不合理，则迁移的效果就小。怎样才能合理编排教材呢？基本标准就是要使教材结构化、一体化、网络化。结构化指教材内容的各构成要素应具有科学、合理的逻辑关系，能体现出事物的上下、并列、交叉等内在关系。一体化指教材的各构成要素应能整合成为具有内在联系的整体，既要防止相互割裂、支离破碎，又要防止互相干扰或机械重复。教材的网络化是一体化的引申，指教材各要素之间上下左右、纵横交叉的联系要沟通，要突出各种知识、技能与道德规范的联结点与联系线（联结线索），这样不仅有利于教学过程中充分发挥整合作用，而且便于教师与学生了解以往学习中的断裂带及断裂点和今后学习中的发展带及发展点。

（3）合理安排教学程序。教学内容为学习迁移的实现提供了可能，但有了教学内容不一定就能够产生学习迁移；同样的学习材料，不同的教师去教，迁移的效果往往大相径庭。这说明，在教学内容确定之后，要想使一定的教学内容为产生有效的学习迁移服务，教师还必须认真考虑如何利用这些内容展开教学。在此，设计合理的教学程序就是首先要考虑的问题。教学程序既包括宏观方面的整体安排即学习的先后顺序安排，也包括微观方面的每一节课的教学程序设计。宏观教学程序的设计既指整个学科教学过程的整体安排，也包括各个单元、各个课题或各个章节知识的关系处理。在设计学科的宏观教学程序时，要把本学科中那些具有最大迁移价值的基本知识、基本技能、基本道德规范（上位结构）的学习放在首位，作为教材的主干。在此基础上，再遵循从一般到个别、从整体到部分的“不断分化”的原则组织下位结构知识的教学。同时，应加强单元与单元之间、课题与课题之间乃至章节与章节之间的概念和规则的横向联系，以达到“综合贯通”的目的。为此，教师在教学中应引导学生努力探讨观念之间的联系，找出它们之间的异同，消除学生认知的矛盾。如果教学程序设计不合理，不能使学生做到横向联系和融会贯通，就会出现不良后果。如学生不知道许多表面上不同的术语实际上代表着本质上相同的概念，从而造成许多认识上的混乱。在设计微观教学程序的时候，要根据概念生成和规则习得的原理安排教学过程。概念生成包括概念形成和概念同化两种形式，据此，可以将概念教学的程序设计为“从例子到概念”和“从相关概念到新的概念”两种模式。规则习得有规则接受和规则发现两种方式，前者是先弄清规则的含义再学习规则的例证；后者是先学习规则的例证再归纳出规则的含义。据此，可以将规则教学的程序设计为“从规则到例子”和“从例子到规则”两种教学模式。

（4）恰当运用教学方法。要依照学习迁移的规律选用一定的教学方法。为了促进基本概念和规则的顺利迁移，教学中应该倡导运用自主学习和探究学习的方式，引导大学生通过自主探究或合作探究在事实材料中发现规则，概括总结出基本原理。这样，可以使大学生能够更准确地理解和掌握学科的基本原理，培养和提高其概括能力，充分利用原理或规则的迁移，这是迁移训练的最有效方法。因为学习迁移是对已有知识经验的利用或改造过程，而学生已有知识经验的概括化水平高低对学习迁移效果有直接影响。概括化水平越高的知识就越能够反映同类事物间的共同特点和规律性联系，与具体事物的联系就越广，因此适用性就越大，也就越能够顺利迁移。此外，让大学生独立分析概括学习材料，可以提高他们发现问题、分析问题和整合问题的能力，这些能力也是影响迁移的重要因素。分析概括能力越高，就越容易觉察出事物之间的联系，就越能够掌握新旧课题的共同特点，从而有利于迁移。因此，教师在教学过程中应该做到以下几点：第一，提供适当的学习材料和练习题，使大学生充分掌握本学科的基本原理；第二，引导大学生广泛占有相关的学习材料，并对材料进行分析归纳；第三，通过练习使大学生在充分理解原理的基础上，运用原理去解决实际问题；第四，鼓励和引导大学生自己进行总结和归类，归纳概括本学科的学习内容，进而达到最有效的迁移。

（5）引导大学生学会学习。在当今信息社会，终身学习已是一种生存方式。这就要求大学教学不只是要让大学生掌握一门学科或几门学科的具体知识与技能，更重要的是让大学生学会如何学习，即掌握一定的学习策略或方法。学习策略是认知策略的重要组成部分，它可以对后继学习产生一种比较广泛的一般性迁移。学习策略中不仅包含有关知识，而且还包括有关学习的技能。因此，掌握学习策略不仅仅是知晓一些知识性的东西，还必须通过一定的练习掌握必要的心智技能，如阅读技能、写作技能、实验技能、观察技能、研究技能等。在西方心理学中把有关学习策略的学习叫作“学会学习”（learning to learn）。现代有关认知策略和元认知策略的研究，是教育心理学研究的一个热点领域，其实质就是学习策略的研究。在教学中，给予学生适当的学习指导对迁移有重要影响，向学生提供适当的指导，可以明显地提高学习迁移的效果。这是因为指导有利于发现并掌握更有效的解题与学习方法，使学生“学会如何进行学习”。但是，并不是所有的指导都对学习迁移有促进作用，只有指导得法才能对学习有益。在传统的学校教材中并没有把学习方法和学习策略作为学校教育的独立目标，教师也没有受过这方面的专门训练。因此，为了促进学习的迁移，教师必须重视对学习方法的指导，把认知策略作为一项重要的教学内容，并掌握认知策略教学的有效方法，使策略教学达到持久迁移的目的。布朗等人在关于阅读理解的实验中，用矫正反馈训练法教给学生元认知策略，结果不仅使学生对阅读理解问题正确反应的百分数明显升高，而且使其学到的元认知策略迁移到了他们的常规课堂的其他学习中。因此，教师要善于把对学生的指导与学生自己的总结结合起来，这样既可以减少学生探索的盲目性，提高效率，又可以让学生根据自己的体验达到对学习方法的真正掌握，从而使学习方法产生最大的迁移效果。

第四章　高校教师及教学心理

第一节　高校教师心理

一、教师与教师角色

（一）教师的含义

“教师”一词在现实生活中一般有双重含义：其一是指一种社会职业角色；其二是指教师角色的担任者。很显然，这两者有严格区分，同时又有密切联系。

1. 作为社会职业的“教师”

作为一种社会职业，教师和其他社会职业一样是一种由社会劳动分工关系所形成的职业。这一职业的本质特征就是承担教育学生、培养人才的劳动任务。教师职业的其他活动和心理要求，如权利、义务、责任及行为方式和行为规范都要与该职业相适应。

社会职业“教师”只是社会关系体系中的一种地位与身份，是抽象群体意义上的而非具体个体的，是社会对该职业的一般要求与规定，不以个体的意志为转移。人们常说“教师是人类灵魂的工程师”或将教师喻为“园丁”“红烛”等，不是指具体的某一个体，而是针对该社会职业而言的。

教师作为专门的职业，是社会发展到一定历史时期的必然产物。只要人类存在，这一职业就肯定存在。因此，只要人类社会永恒，这一职业也就永恒，它不会因某一个体的主观意志而存在或消亡。从这个意义上说，教师职业的存在是永恒的。

2. 作为个体的“教师”

个体的“教师”是指从事教师职业的人或充当教师角色的人。我们习惯于不论在什么场合都称他们为“教师”。其实，严格意义上说，只是在职业范围内才是教师。他们也同时从事其他职业活动，或承担其他社会角色，如承担医生职业（医学院的教师往往既是大学生的教师，又是医院的医生）和承担丈夫或妻子的社会角色等。因此，作为职业的教师含义与个体的教师含义有根本的区别，即个体教师体现出个性差异，而且是全部心理活动的现实载体，而教师职业是一般理论意义上的规定，不能成为教师个体的心理活动的现实载体，更谈不上个体的差异性，只是一种身份和地位的标志。

3. 教师双重含义的联系

首先，教师职业或角色总是由具体的、实在的个体担任。任何脱离具体个人的教师职业和教师角色以及任何脱离教师职业和教师角色的教师都没有实际意义。

其次，教师职业和角色对其承担个体的全部生活有重要影响。具体的个人，从事的职业可能不多，承担的角色却是多样的。而他所从事的职业和与其相适应的角色在他承担的诸多社会角色中的影响更是主要的。因为要在社会上安身立命就要参加社会劳动、从事某种职业，而能否胜任其所承担的职业角色就显得尤为重要。职业角色与个体完美统一是适应社会生活的表现。

最后，教师职业角色是个体教师心理形成的客观条件。人的心理实质是在社会实践中人脑对客观现实的主观能动的反映。教师职业活动是教师主要的实践活动，因此就要对个体教师的心理产生全方位的甚至是根本性的影响。我们知道，心理过程是个性形成的前提，而心理过程的发生、发展自然离不开人的活动，尤其是他的职业活动。作为个体教师的个性心理的形成自然与其教师职业活动密不可分。我们平常说某位教师的“书卷气”就是他长期职业活动的结果。总之，教师双重含义的联系是十分密切的。作为教师的个体，把握这一点对自身心理品质的铸造无疑是有益的。

（二）教师角色

1. 教师角色的含义

角色，简而言之就是个体在特定的社会关系中的身份以及由此而确定的行为规范和行为模式的总和，是个体的社会职能、权利和义务的集合体。

教师角色是指教师自身和社会包括国家、学校、家长和学生等对教师群体行为模式的一系列期望。一位合格的教师，不仅需要在课堂上传授知识，还需要做许多看起来与课堂教学无直接关系的事情，如疏导学生情绪、塑造学生人格、组织班级活动等，因此，教师的社会角色是多重角色的组合。同时教师的社会角色还随着时代的发展而变化着。

（1）“知识的传播者”和“学习的促进者”角色。“师者，传道、授业、解惑也”，这是我国古代对教师角色的精确概括。随着人类文明的发展和社会的进步，教师这一角色也发生了一些新的变化，被赋予了更多的内容和意义。教师除了要向学生传授知识，还要懂得如何高效率地传授知识，成为学科教学法与学科知识的双重专家。同时由于科学技术的发展，多媒体和网络技术的广泛运用也拓展了人们（包括学生）获取知识的途径，教师作为唯一信息源的作用日益减少。因此，教师不能仅仅把知识的传授作为教学的主要任务，还应把形成学生正确的学习态度、学习方法以及灵活的知识迁移能力作为教学的主要任务，承担起“学习促进者”的角色。

（2）榜样和模范公民角色。教师是教书育人的人，一个成功的教师应该成为学生崇拜与模仿的榜样。在学生心目中，教师是知识的源泉，是智慧的化身与行为的典范，是道德的楷模，教师的言行举止无不影响着学生的方方面面，因此教师也承担着榜样和模范公民的角色，每个教师都要通过自己的榜样、模范和表率作用去感染每一个学生，教育每一个学生，对学生施以潜移默化的良性影响。

（3）纪律执行者和活动组织者角色。大部分学生的活动都是以集体方式进行的，因此教师需要扮演纪律执行者角色来领导和管理这个集体，其具体表现为：从集体中选拔学生干部，分配集体职务，形成班组、团队和小组，营造良好的集体氛围，安排学习情境，制订学习规则和程序，评价学生行为的正误，并实施奖励和惩罚。

另外，平时加强以“法”治校，强化学校的规章制度和国家的有关法律的学习，养成学生遵纪守法的习惯和自律自控能力。教师扮演纪律执行者角色时，要顾及学生身心发展的群体特征和个体差异。学校是一个开放系统，学生之间的交往形成了各种正式或非正式的群体。对于诸多的群体，尤其对于非正式群体而言，教师应以高度的责任心来充当他们的领导和顾问，尤其对于落后的非正式小群体，教师要充分利用其领导权威督促其好转，以达到改造它的目的。同时由于社会多元化的发展带来学生个性的多样性，时代的发展使学生的主体意识进一步被唤醒，这就使学生的平等、民主意识增强，导致师生关系更多地向平等的方向发展，因此在师生关系中，教师将更多地引导学生进行活动，除了扮演纪律执行者角色，还扮演着活动组织者的角色。

（4）朋友和知己的角色。教师要热心、诚心、耐心和平等待人，只有这样，学生才会非常情愿地把自己的困难、忧虑、苦闷、过失和个人问题和盘托出，甚至向教师倾诉连父母都不告诉的小秘密。但作为教师时刻不要忘记，和学生的“朋友”与“知己”的关系不是学生之间的哥们义气，也不是由个人情感所支配、无原则地迁就学生，建立一种表面和气友好实际却低级庸俗的关系。树立“交心意识”而不是“交易意识”，这是教师在充当朋友与知己角色时应尤其注意的问题。

（5）人际关系艺术家的角色。现代教育是开放式教育，即使在物理环境上封闭的学校，在心理氛围上也是开放的系统。人们之间的交往、沟通的机动性很大，那么这种学校人员之间全方位地交往自然对教师教学和学生学习都产生多方面的影响。因此，在学校教育的情境下，教师有责任帮助集体中的学生彼此了解、信任，使他们乐于一起学习、生活，使每个学生都得到集体的关心与爱护，使每个学生都具有集体意识，与集体共荣辱，进而使学生之间、师生之间、教师之间及教师与家长之间、教师与“邻里”（周围单位人员）之间建立有效的交往和沟通关系，形成有利于学校教育的小环境、小气候。这样的教师就是一个善于处理人际关系的艺术家。因此，“强化公关意识”“培养公关能力”也是现代教师的一项重要素质要求。

（6）心理健康保健者角色。我们这里所指的“保健”不仅仅是生理上的保健卫生，更重要的是学生心理健康的维护。现代社会是一个竞争激烈的社会，谁落后谁就会被淘汰，一个国家是这样，一个民族是这样，一个人也是这样。大学生们当然也不例外。学习节奏的加快，就业压力的加重，竞争性的加强，从而导致了大学生们情绪的巨大波动，有的郁郁寡欢，有的多疑抑郁，有的自怨自艾，有的喜怒无常，有的意志消沉，有的胆怯退缩，有的悲观失望，甚至厌世轻生，这些都使得整个学校人际关系十分紧张。

作为教师应树立保健意识，有责任充当学生心理健康的护卫者，使学生从恐惧、悲观的泥坑里解脱出来，正视困难与压力，勇敢地接受挑战，培养承受挫折的能力；鼓励学生自我激励、自我约束，树立正确的人生观，营造宽松、健康的人际氛围，使我们的学生成为意志顽强、情绪健康、理想远大的一代。

（7）教学和科研人员的角色。教师要从事教学活动，向学生传授知识和技能，但同时还要积极探索和研究教学与学习中出现的问题，成为一个科学研究者。特别是对自己教学的研究，要掌握一定的教育科研方法，并注重运用所掌握的方法解决自己在教育教学实践中遇到的问题，从而使自己不仅成为一名教育实践者，还要成为一名教育理论者。

2. 教师角色对学生的影响和作用

（1）教师领导方式对学生的影响。教师领导方式对班集体的风气有决定性的影响，对课堂教学气氛、学生的学习态度和价值观、个性发展以及师生关系均有不同程度的影响。教师的领导方式可以分为四种：强硬专制型、仁慈专断型、放任自流型和民主型。民主型的领导方式是最理想的，它有利于营造良好的课堂气氛，促进学生形成正确的学习态度和人生观、价值观，培养良好个性及师生关系。

（2）教师教学风格对学生的影响。教学风格是指在计划相同的教学目的的前提下，教师根据各自的特长，经常所采用的教学方式方法的特点。典型的教学风格有两种形式：以学生为中心的教学风格和以教师为中心的教学风格。具有以学生为中心的教学风格的教师，强调学生的活动、学习的积极性和创造精神，强调让学生自己参与确定教学目标、教学内容与评价学习效果，自己则是一个不直接出面的领导者。具有以教师为中心的教学风格的教师直接出面指导学生。

（3）教师期望对学生的影响。教师对学生的期望、热情、关注是影响学生学业成绩和人格品质的一个重要因素。如果教师喜欢某个学生，对他抱有较高的期望，经过一段时间，这些学生容易取得教师所期望的效果。反之，学生会以一种消极的态度来对待老师，不理会或拒绝教师的要求。这种师生态度产生的相互交流与反馈在心理学上称为“罗森塔尔效应”或“教师期望效应”。教师期望是一种巨大的教育力量，它告诉人们，教师要关心每个学生，对每个学生都应寄予合理的期望和要求，给他们以足够的支持与鼓励。

（4）教师的言谈举止对学生的影响。教师对学生的影响，主要是通过两条途径来实现的，一条是有声的言教，另一条是无声的身教。在对学生产生有意识、有系统影响的各种有目的的教育、教学活动中，教师主要是采用“言教”的方式；而在大量的师生之间无意识的交往中，除言教外，经常起作用的是“身教”。“身教重于言教”，因为身教对学生起着潜移默化的影响。教师对学生的影响是全面的，是以全部行为和整个个性来影响学生的。积极的影响是如此，消极的影响也是如此。“以身立教，为人师表”是教师职业道德的主要特征。

3. 教师职业角色的形成

在现实生活中，当某个成员在特定的职业岗位上工作时，便充当着特定的职业角色。职业角色期待反映了社会对从事某一职业的人的行为要求。从事这一职业的人会逐步认识到自己的职业角色，产生相应的职业角色意识，形成从事某种职业的能力。教师职业角色的形成有时间、程度等差异，这些差异将影响一个教师的成熟和成长，将最直接地影响教育教学工作。

（1）教师职业角色意识的形成过程。

①角色认知阶段。这一阶段指角色扮演者对某一角色行为规范的认识和了解，知道哪些行为是正确的，哪些行为是不合适的。为了解教师角色所承担的社会职责，教师能够将其所充当的角色与社会上其他职业角色区别开来。

②角色认同阶段。这一阶段是指教师通过亲身体验接受教师角色所承担的社会职责，并用来控制和衡量自己的行为。对角色的认同不仅是在认识上了解教师角色的行为规范，而且在情感上有所体验。对教师角色的认同，是在一个人正式充当这一角色，有了教育实践后才真正开始的。

③角色信念阶段。这一阶段是指教师角色中的社会期望与要求转化为个体的心理需要，这时教师坚信自己对教师职业的认识是正确的，并视其为自己行动的指南，形成了教师职业特有的自尊心和荣誉感。

（2）促进教师角色形成的主要条件。

①正确认识教师职业。使从事教师职业的人在正式成为教师前对教师职业及相应的角色有一个较为全面而正确的认识。对于未来的教师，可以通过讲授有关知识，请优秀教师做报告的形式，有意识地传授有关教师角色的知识。只要方法得当，就会收到良好的效果。

②树立学习榜样。通过榜样的行为示范，人们能够掌握社会对教师的角色期待，学会在不同的情境中从事角色活动，处理角色冲突。树立榜样时要注意：首先，榜样的示范要特点突出，生动鲜明，能引起学习者的关注，榜样的示范行为是可学习的、可模仿的，不宜标准太高或难以学习；其次，榜样的示范行为要具有可信性且真实有效；最后，榜样的行为要感人，使学习者产生心理上的共鸣。

③积极参与教育实践。在将角色的认识转化为信念的过程中，实践活动非常重要。

一个社会是否尊师重教，一个学校能否人尽其才，是影响教师在教育实践活动中形成角色意识的客观因素，而教师的心理需要则是其主观因素。长期的教育实践会使大部分教师认识到教师职业的社会价值，从而将社会角色期望转化为自己的心理需要。教师与其他人一样，具有各级各类的需要，但每种需要的强度及相互关系在各个教师身上的反映是不同的。在教育实践活动中，教师会随着知识经验的增长，逐渐将社会需要转化为心理需要。

二、高校教师心理素养

高校教师的心理素养一般包括教师的教育观念、教学能力、人格特征等方面的特点。

（一）教师的教育观念

教师的教育观念涵盖教师观、学生观、教学观和学习观。

1. 教师观

当代教师必须努力成为学生学习的激发者、辅导者、组织者，促进学生学习能力和个性的和谐发展，更多地关注学生的学习态度、学习方法、身心素质和全面发展。

2. 学生观

教师的学生观是教师对自己的教育对象的基本看法。这种基本看法是教师教学的基础，会自觉不自觉地全方位影响教师的教育态度、方式和行为。教师的学生观主要表现在以下三个方面：①正确认识学生的向师性和独立性。既要珍惜学生的向师性，又要尊重学生的独立性，在此基础上，建立教学相长、尊师爱生的师生关系。②正确认识学生的能动性和可塑性。要用发展的眼光看待学生，这是激励学生成长进步的根本动力，是教师留给学生的宝贵精神财富，是教师正确的学生观的核心内容。③正确认识学生的个别差异和发展潜力。要侧重于从因材施教的角度看待学生的个别差异，从提高基本素质的角度为学生创造全面发展的机会，使学生的自身潜能得到有效挖掘。

3. 教学观

作为一名当代大学教师，必须具有新的教育思想。既要懂得新的教育理论，遵循新的教学规律，特别是要掌握所授学科教学的系统设计；又要懂得教育心理，掌握学习理论，尊重学生的人格，坚持以人为本，尊重学生身心发展规律和教育规律，重视培养学生的创新精神和实践能力，为学生全面发展奠定基础。

4. 学习观

学习对个体来说是一种不可缺少的需要，对于教师而言，由其职业性质所决定也是教师生活中不可分割的一部分。可以说，学习意识是教师最基本的一种意识，在信息时代的今天，学习更显得尤其紧迫。一般来说，教师应具备以下几种学习意识。

（1）专业学习意识。专业学习是教师“授业”的基础，应当摆在根本位置。凡是与教师有关的专业知识、技能，教师都应有强烈的学习意识、求知欲望，应当有做专家和学者的勇气。

（2）社会生活规范学习意识。教师生活在社会之中，是一个社会的人，自然要受到社会形态、人口、思想、政治、道德和法律等方面的约束。教师要立足于社会，就要学习这方面的各种知识，掌握相应的行为规范，正人先正己，然后才“传道”。

（3）教育和心理科学学习意识。教师是教书育人者。怎样教、怎样育是有科学规律的，而这些科学的教育理论和原则、方法都包含在教育科学和心理科学之中，因而要加强该学科的学习意识。

（4）其他一般科学文化学习意识。作为教师具有上述学习意识，可以使其知识结构趋于完整。但知识多多益善，古今中外，上至天文，下至地理，自然科学、社会科学等各方面的一般知识都有利于教师文化素质和教育能力的提高。因而，教师不应该把自己束缚在专业领域之内，不能过分强调专业的区分而疏于学习其他专业的知识。

（5）活的学习意识。教师不应止于坐以论道，仅学习书本知识，还应具有活的学习意识，包括向他人学习的意识、向自己学习的意识和向生活学习的意识。向他人学习的意识，“三人行，必有我师焉”，贤者为师；向自己学习的意识，自己作为一个教师一定有一些优势，要意识到自己的优势，进而发挥它，激励自己做得更好；向生活学习的意识，在生活中学习，在与人交往中学习，在与物交往（劳动、工作等）中学习，在与环境交往中学习。

（6）终身学习的意识。终身学习已成为当今世界的共同理念，对于教师而言更有其特别的意义，教师只有不断反省，不断更新自己，才能不断提高和发展，因此教师应把学习当成一种生活方式。教师职业是永恒的，而教师个体的生命是有限的，因此“活到老，学到老”应成为我们每一位忠诚教育事业的教师的共识。

（二）教师的教学能力

教师的教学能力主要包括认知能力、组织管理能力、教学能力等。

1. 认知能力

教师的认知能力包括观察能力、记忆能力、想象能力和思维能力。人们常以为教师的智力水平与教学关系十分密切，即教师智力水平越高，教学效果越好。但近期的许多研究却证明，教师的智力水平与教学效果的相关性并不高，甚至还非常低。当然并非教师智力水平与教学效果毫无关系，智力低下是肯定承担不了教师角色的。又有研究表明，教师智力水平超过了某一个临界点以后，教学效果并不会继续随教师智力水平的提高而变得更好。可见，教学效果的好坏不仅是认知能力在起作用，同样教师认知能力的另一反映形式——知识水平也在起作用，与教师的智力水平一样，只有当它低于某一关键值时，才会影响教学的有效进行。一旦教师的知识水准达到或超过了教学所必需的知识水准时，教学效果也就不会随其水平提高而提高。

另外，知识量大固然重要，但知识质的组织更为重要，因为只有教师把握了所教知识的整个体系及其在知识体系中的地位和意义时，才能促进学生的学习。教师的特殊认知能力主要包括以下几方面。

（1）敏锐的观察力。敏锐的观察力即对学生生活和学习中的一言一行，哪怕是细微的变化，甚至是掩饰性很强的变化都能准确无误地捕捉到。

（2）立体的思维能力。教师对教学问题及教学对象的思考应是全方位、多角度的，既能辐射性思维，又能聚合式思维；既能三维空间思维，又能四维空间思维（即三维空间加上时间的向度）；既能科学分析思维，又能辩证哲学思维。总之，具有创造性的思维能力，对解决教育教学中的各种问题大有裨益。

（3）丰富的想象力。想象其本质就是一种思维，要有丰富的想象力必定要有前面所述的立体思维能力。作为教师，当学生接受自己的教学时，要准确地想象其学习的状况，以便保证良好的教学效果。在预测学生的发展、变化时，教师要想象出各种可能性，在采取对策、准备措施时就有充分的针对性和把握，当学生问题一旦出现就能及时、从快、从便地解决，并消除各种隐患，以利于学生的学习和心理健康的发展。

（4）良好的记忆力。教师的良好记忆力表现为能迅速、准确、巩固地记忆教育活动中所需的各种信息，正如有人认为："教师要给学生一杯水，自己就要成为自来水。"另外，作为教师要掌握现代教育技术和网络化教学手段，以及培养自己能熟练地使用网络储存和提取信息的能力。

2. 组织管理能力

如果说教师的教学效果与教师的认知能力关系不甚密切的话，那么教师在指导学生的学习活动时（尤其是活动课）所表现出来的信息组织能力、言语组织能力和班级管理能力一定与教学效果关系甚密。

（1）教材组织能力。美国许多心理学家的研究表明，教师的教学条理性与学生的阅读成绩呈正相关，即条理性越强，学生的成绩越好。同样，教师在组织安排教学活动时有条不紊，学生的学习收效就大。因此，对每一位教师而言，备课时一方面要"备"学生，了解学生的原有水平和特点；另一方面要"备"教材，应仔细钻研教材，选择教学方法，精心设计教案，突出重点，抓住关键，突破难点，既顾及教材的系统性、连贯性，又考虑到教材的补充性。在教授时应明确先讲什么，后讲什么，什么时候讲，什么时候练，确定如何演示，怎样板书，等等，这就是教材组织能力的具体表现。同时在教材的教学中要善于启发学生运用新的信息，开发他们的创造力，而非死记硬背。

（2）言语组织能力。对教师言语能力的要求是十分高的，表现为善于清晰、简练、准确而富于说服力和感染力地表达自己的思想，使学生心悦诚服地接受其影响。由于教师主要是通过言语把知识传授给学生的，因此言语组织和表达能力直接成为影响教学效果的重要因素。

在现实的教学实践中，教师恰当的言语组织和清晰的表达能促进学生对知识的理解，也只有当教师用形象的言语把教学内容描述为鲜明的表象时，学生才易形成正确的概念，顺利地由形象思维转化为抽象思维。其次，教师恰当的言语组织和清晰的表达也能诱发学生的求知欲，富有魅力的言语能以声传情，以音动心，能激发学生的学习兴趣，吸引学生注意。从心理学的大量实验研究来看，也证明了这一点，学生的知识学习同教师表述的清晰度有显著的相关，教师讲解得清楚与否，与学生的学习成绩呈正相关。

（3）班级管理能力。教师是学生的领导者，应具备管理学生的能力。这种能力主要是学生管理中的决策能力、控制能力、激励能力、计划能力、组织能力、指挥能力和监督能力。

这几种管理能力体现在每位教师的教学组织之中，更体现在班主任工作的各个方面。这些管理学生的能力是一般认知能力与学校管理基本职能即计划、组织、指挥、监控、激励等的有机结合。新课程的实行，更强调学生积极主动地学习与参与，因而我们更要强调教师的激励能力和协调组织能力。

3. 教学能力

教师的教学能力包括一般教学能力、教学监控能力、教学反思能力、教育机制、教学效能感等几个方面。

（1）一般教学能力。教师的一般教学能力是指教师从事教育活动所必须具备的能力。国内外学者对此进行过许多探讨，综合起来，一般教学能力主要有以下几种：全面掌握和组织教材的能力；口语和书面表达的能力；了解学生心理特征和学习情况的能力；组织课堂内外活动的能力；解决有关自身及学生各方面问题的能力；教学媒体使用的能力。

（2）教学监控能力。教师的教学监控能力是指教师为了保证教学成功，实现预期教学目标，在教学全过程中将教学活动本身作为意识的对象，不断地对其进行积极主动地计划、检查、评价、反馈、控制和调节的能力。

教师的教学监控能力主要表现为以下三个方面：一是教师对自己教学活动的事先计划与安排；二是对自己实际教学活动进行有意识的监督、评价和反馈；三是教师对自己的教学活动进行调节、校正和有意识的自我控制。教师在教学过程的不同阶段，其教学监控能力的表现形式各不相同，包括课前计划与准备、课堂的反馈与调节、课后的反思与评价。

（3）教育机制。教育机制是指教师对教与学双边活动的敏感性，是教师在教育情境中特别是出现意外的情况下，快速反应、随机应变、及时采取恰当措施的综合能力。

一个教师，无论他的知识经验多么丰富、渊博，思虑多么周密，都难免在教育活动和教学活动中碰到偶然事件。教师如果不能灵活处理这些问题，就会造成僵局，伤害学生感情，导致教育教学工作上的挫折和失败。正如原苏联教育家苏纳波林所说："教师缺少了所谓的教育机制，无论他怎样研究教育理论，永远也不能成为一个优秀的实践的教师。"

（4）教学反思能力。反思性教学是近年来在欧美教育界备受关注的一种促进教师专业发展的教师培养理论。反思是教师着眼于自己的活动过程来分析自己做出某种行为、决策以及所产生的结果的过程，是一种通过提高参与者自我觉察水平来促进能力发展的手段。

（5）教学效能感。效能感指人对自己进行某一活动能力的主观判断。教师在进行教学活动时对自己影响学生行为和学习成绩的能力的主观判断就是教师的教学效能感。教师的教学效能感影响着教师对学生的知觉、判断和期望，影响教师对学生的指导行为，从而影响教学质量。

（三）教师的人格特征

在教师的人格特征中，有两个重要特征对教学效果有显著影响：一是教师的热心和同情心；二是教师富于激励和想象的倾向性。此外，大量的研究证实，一个有成效的教师还应具备一些其他的人格特征。

1. 动机结构以强烈而稳定的教育成就动机为主

成就动机是社会性动机的一种。教育动机就是在教育事业中追求事业成功，获得成就需要满足的动机，是教师教育活动的根本动力。若缺乏这种动机，就不会有积极进取的教师职业活动。成熟教师的动机结构应是以教育成就动机为主导动机的动机结构。

2. 有强烈的责任心

有了强烈稳定的教育成就动机后，教师对教育教学工作的认真负责精神便成为至关重要的条件。教师成就的满足要经过长期深入细致的工作，这就要求教师把自己的全部精力都花在教育和教学工作上。心理学研究表明，有激励措施、认真负责、富于想象并热心于自己学科的教师，其教学工作较为成功，学生更富于建设性，因为他们的工作是出于教育成就动机，出于责任心，而不是为了其他什么。

3. 有真挚深厚的爱的情感

教师真挚深厚的爱的情感产生于对教师职业的理解，同时，反过来又强烈而积极地影响着教师的思想和需要。这种爱的情感主要表现在三大方面：一是爱生，对教育对象——学生的热爱，是基于对学生与国家、民族关系的认识的情感，认识到学生是祖国的未来，是民族的希望，这种爱的情感是真挚而深厚的，这是一个教师成熟的表现，而非一般意义上的爱优等生、爱听话的学生；二是对教育内容的热爱；三是对教育活动的热爱，对传道授业、造就人才活动的热爱，这是前两者热爱的落脚点，也是教师情感的最主要、最具特征性的部分。

4. 具有坚强的意志

教师人格的意志特征主要表现在其优秀的意志品质上。

（1）高度自觉性。教师意志品质的自觉性表现为对教学行为的自觉、对该行为社会价值的自觉和对于实现目的后的社会影响的自觉。

（2）高度的坚韧性。对正确教育教学行为坚持到底，遇到挫折亦不动摇，在教育教学过程中发现某些行为不妥、不当，就坚决改正，不固执、不蛮干。

（3）高度的果断性。教师往往以其特有的宁静、沉稳或和善的态度来表现对教育教学现象的当机立断，以缜密的全面思考为基础，凡事既不优柔寡断，也不草率鲁莽。

（4）高度的自制力。教师这种意志品质主要表现在善于用理智来控制自己的行为和情绪，以利于教育和教学。

5. 有与教师工作相适应的性格、气质特征

教师的性格和气质特征无疑会对教育教学产生积极或消极的影响，如外向型、多血质的人易与领导、同事建立良好的人际关系，易与学生打成一片，有利于全面、迅速掌握学生的情况，但不一定能建立牢固深厚的关系；而内向型、抑郁质的人难于与领导、同事建立良好的人际关系，难于与学生打成一片，不利于迅速了解学生，但一旦建立了相互良好关系，却是牢不可破的，可以经得起时间的考验等。而教育教学实践告诉我们，优秀教师可以有不同的性格和气质特征，而同一或相似性格和气质特征的教师其工作效能却不一定一样。可见，性格和气质并非是教育教学效能产生影响的唯一条件，关键在于教师要善于分析自己的性格、气质特征，控制他们产生消极影响。教师理想的性格特点主要有：①平易近人；②没有偏心；③关心同学；④态度认真；⑤要求严格；⑥颇有耐心；⑦言行一致；⑧朴素大方；⑨开朗活泼；⑩品德高尚。

6. 有高水平的自我意识

自我意识是教师人格结构中最重要的部分，其发展水平的高低直接影响教师教育教学的水平。自我意识水平高的教师就能对自己的“现实的我”“过去的我”“理想的我”和“反射的我”有准确的认识和评价，由此能自我调节、自我控制、自我教育、自我完善与自我提高。要做到这些，显然不是一朝一夕的工夫，而是教师在教育实践中逐步形成的，充分发挥主观能动性可以加快这一进程。

第二节　高校教学心理

一、高校教学设计

（一）教学设计概述

1. 教学设计的含义

教学设计就是根据教学对象和教学内容，确定合适的教学起点与终点，将教学诸要素有序、优化地安排，形成教学方案的过程。该定义表明：①教学设计必须有确定的教学对象和教学内容；②教学设计是将教学诸要素有目的、有计划、有序地安排，以达到最优组合；③教学设计是对教学系统的预先分析与决策，是一个制订教学计划的过程，而非教学实施，但它是教学实施必不可少的依据。

教学设计是教学理论向教学实践转化的桥梁。首先，教学设计是依据一定的教学理论，在对教学的本质、功能以及规律理解的基础上进行的。教学理论作为改进教学工作的原理和原则，只有通过周密而详细的设计，才能转化为一系列方法或技术。其次，教学理论对教学的指导作用，必须与学校实际和教学实践相结合才能发挥出来，这两者的有机结合正是通过教学设计这一环节来完成的。因此，教学设计是教学理论向教学实践转化的必不可少的中间环节。

2. 教学设计的基本原则

为保证教学设计的科学性，遵循教学的规律与特点，教学设计应遵守下列基本原则。

（1）系统性原则。教学设计是一项系统工程，它是由教学目标、学生状况分析、教学内容、方法选择、教学评估等子系统所组成的，各子系统既相对独立，又相互依存、相互制约，组成一个有机的整体。在诸子系统中，各子系统的功能并不是等价的，其中教学目标起着制约其他子系统的作用。因此，进行教学设计应遵循科学的系统观，统筹兼顾其他子系统，只有将本子系统和谐地统一于整体之中，才能算是科学成功的设计。

（2）程序性原则。教学设计是一项系统工程，诸子系统的排列组合具有程序性特点，即诸子系统有序地成等级结构排列，且前一子系统制约、影响着后一子系统，而后一子系统依存并制约着前一子系统。根据教学设计的程序性特点，教学设计中应体现出其程序的规定性及联系性，确保教学设计的科学性。

（3）可行性原则。教学设计是依据一定教学理论对教学实践所做的规划。这种规划要成为现实，必须至少具备两个可行性条件：一是符合主、客观条件，如主观条件应考虑学生的年龄特点、已有知识基础和师资水平，客观条件应考虑教学设备、地区差异等诸因素；二是具有操作性。只有这两个基本条件同时具备，教学设计方案的实施才能达到预期目的。

（4）创造性原则。教学设计水平体现了教学者的教育智慧。因为教学设计不仅是一门科学，还是一门艺术。作为一门科学，它必须遵循一定的教育理论和心理学规律。作为一门艺术，它融入了设计者许多个人的经验与体会，需要根据教材和学生特点进行再创造，并灵活、巧妙地运用教学设计的方法与策略。

3. 教学设计的范畴

教学设计的范畴包括教学目标的设计、教学内容的组织与呈现、教学方法与策略的选择以及教学媒介的运用等。这些内容将在以下各节介绍。

（二）教学目标的设计

1. 教学目标及其功能

教学目标是预期学生通过教学活动获得的学习结果。在教学中，教学目标具有指导教师进行教学测量和评价、选择和使用教学策略、指引学生学习等功能。

（1）指导学习结果的测量和评价。教学目标是评价教学结果的最客观和可靠的标准，教学结果的测量必须针对教学目标。如果教师在教学结束后的自编测验没有针对教学目标，那么就无法测量到所想要测量的教学结果。

（2）指导教学策略的选用。一旦确定教学目标后，教师就可以根据教学目标选用适当的教学策略。例如，如果教学目标侧重知识和结果，则宜于选择接受学习，与之相应的教学策略是讲授教学；如果教学目标侧重于过程或探索知识的经验，则宜于选择发现学习，与之相应的教学策略是有指导的发现教学。

（3）指引学生学习。上课开始时，教师明确告诉学生学习目标，将有助于引导学生集中注意课中的重要信息，对所教内容产生预期。

2. 教学目标的分类

布卢姆曾领导一个委员会对教学目标进行了系统的分类研究，并指出教学目标可分为认知的、情感的和动作技能的三大类。

（1）认知目标。认知领域的教学目标分为知识、领会、应用、分析、综合和评价六个层次，形成由低到高的阶梯。

知识层次的目标是对所学材料的记忆，包括对具体事实、方法、过程、概念和原理的回忆，其所要求的心理过程是记忆。这是最低水平的认知学习结果。

领会层次的目标指把握所学材料的意义。可以借助三种形式来表明对材料的领会：一是转换，即用自己的话或用不同于原先表达方式的方法表达自己的思想；二是解释，即对一项信息加以说明或概述；三是推断，即对事物之间的逻辑关系进行推理。领会超越了单纯的记忆，代表最低水平的理解。

应用层次的目标指将所学材料应用于新的情境之中，包括概念、规则、方法、规律和理论的应用。应用代表较高水平的理解。

分析层次的目标指将整体材料分解成其构成成分并理解组成结构，包括对要素的分析（如一篇论文由几个部分构成）、关系的分析（如因果关系分析）和组织原理的分析（如语法结构分析）。分析代表了比应用更高的水平，因为它既要理解材料的内容，又要理解其结构。

综合层次的目标指将所学的零碎知识整合为知识系统。它包括三个水平：用语言表达自己意见时表现的综合（如发表一篇内容独特的演说或文章）；处理事物时表现的综合（如拟订一项操作计划）；推演抽象关系时表现的综合（如概括出一套抽象关系）。综合目标所强调的创造能力，需要产生新的模式或结构。

评价层次的目标指对所学材料（论点的陈述、小说、诗歌以及研究报告等）做价值判断的能力，它包括按材料的内在标准（如材料内在组织的逻辑性）或外在标准（如材料对目标的适用性）。评价目标是最高水平的认知学习结果，因为它要求超越原先的学习内容，并需要基于明确标准的价值判断。

（2）情感目标。情感领域的教学目标根据价值内化的程度可分为五个层次，即接受、反应、形成价值观念、组织价值观念系统和价值体系个性化。

接受层次的目标指学生愿意注意特殊的现象或刺激（如课堂活动、教科书、文体活动等）。它包括三个水平：知觉有关刺激的存在；有主动接受的意愿；有选择地注意。这是低级的价值文化水平。

反应层次的目标指学生主动参与学习活动并从中得到满足。处于这一水平的学生，不仅注意某种现象，而且以某种方式对它做出反应（如自愿读规定范围外的材料），以及反应的满足（如以愉快的心情阅读）。这类目标与教师通常所说的“兴趣”类似，强调对特殊活动的选择与满足。

形成价值观念层次的目标指学生将特殊对象、现象或行为与一定的价值标准相联系，对所学内容在信念和态度上表示正面肯定。它包括三个水平：接受某种价值标准（如愿意改进与团体交往的技能）；偏爱某种价值标准（如喜爱所学内容）；为某种价值标准做奉献（如为发挥集体的有效作用而承担义务）。这一水平的学习结果是将对所学内容的价值肯定变为一种稳定的追求，相当于通常所说的“态度”和“欣赏”。

组织价值观念系统层次的目标指将许多不同的价值标准组合在一起，消除它们之间的矛盾和冲突，并开始建立内在一致的价值体系。它分为两个水平：一是价值概念化，即对所学内容的价值在含义上予以抽象化，形成个人对同类内容的一致看法；二是组成价值系统，即将所学的价值观汇集整合，加以系统化。与人生哲学有关的教学目标属于这一级水平。

价值体系个性化层次的目标指个体通过学习，经由前四个阶段的内化之后，所学得的知识观念已成为自己统一的价值观，并融入性格结构之中。它分为两个水平：一是概念化心向，即对同类情境表现出一般的心向；二是性格化，即指心理与行为内外一致，持久不变。因此，这种行为具有普遍性、一致性，并且是可以预期的。其学习结果包括广泛的活动范围，但重在那些有代表性的行为或行为特征。

（3）动作技能目标。动作技能目标指预期教学后在学生动作技能方面所应达到的目标。这种目标包括知觉、模仿、操作、准确、连贯和习惯化。

知觉方面的目标指学生通过感官，对动作、物体、性质或关系等的意识能力，以及进行心理、躯体和情绪等的预备调节能力（如表现出外部的感觉动作）。

模仿方面的目标指学生按提示要求行动或重复被显示的动作的能力。但学生的模仿行为经常是缺乏控制的（如表演动作是冲动的、不完善的）。例如，在观看乒乓抽球的录像之后，能以一定的精确度来演示这一动作。

操作方面的目标指学生按提示要求行动的能力，但不是模仿性的观察（如按照提示表演或练习动作等）。这就是说，学生要能进行独立的操作。

准确方面的目标指学生的练习能力或全面完成复杂作业的能力。学生通过练习，可以把错误减少到最低限度（如有控制地、正确地、准确地再现某些动作）。

连贯方面的目标指学生按规定顺序和协调要求，去调节行为、动作等的能力（如准确而有节奏地演奏）。

习惯化方面的目标指学生自发或自觉地行动的能力（如经常性的、自然和稳定的行为就是习惯化的行为），也就是学生能下意识地、有效率地将各部分协调一致地操作。

在实际生活中，认知、情感和技能这三方面的行为几乎是同时发生的。例如，学生写字时（动作技能），也正在进行记忆和推理（认知），同时，他们对这个任务会产生某种情绪反应（情感）。因此，在教学中，教师往往需要同时设置这三个方面的目标。

3. 教学目标的表述

教学目标的表述可以从行为目标以及心理与行为相结合的目标两方面着手。

（1）行为目标。行为目标是指用可观察和可测量的行为陈述的教学目标。行为目标的陈述具备三个要素：一是具体目标，即用行为动词描述学生通过教学形成的可观察、可测量的具体行为，如“写出”“列出”“解答”等，旨在说明“做什么”；二是产生条件，即规定学生行为产生的条件，如“根据参考书”“按课文内容”“不用笔算”等，旨在说明“在什么条件下做”；三是行为标准，即提出符合行为要求的行为标准，如“没有语法或拼写错误”“90% 正确”“30 分钟内完成”，旨在说明“有多好”。

例如，在语文课上，“通过教学培养学生的分析能力”就是一个含糊的教学目标，缺乏指导和评价意义，应改为“提供一篇文章（产生的条件），学生能将文章中所陈述事实的句子与发表议论的句子归类，做到全部正确（行为标准）。”

（2）心理与行为相结合的目标。根据认知学习理论，在教学活动中学生学习的实质是内在的心理变化。但内在的心理变化无法直接观察到。因此，有人提出了内部心理与外部行为相结合的目标陈述方法。用这种方法陈述的教学目标由两部分构成：第一部分为一般教学目标，用一个动词描述学生通过教学所产生的内部变化，如记忆、知觉、理解、创造、欣赏等；第二部分为具体教学目标，列出具体行为样例，即学生通过教学所产生的能反映内在心理变化的外显行为。

例如，在语文课上，可以这样陈述教学目标：

A. 理解议论文写作中的类比法（反映心理变化）。

A-a. 用自己的话解释运用类比的条件（行为样例）。

A-b. 在课文中找出运用类比法阐明论点的句子（行为样例）。

A-c. 对提供的含有类比法和喻证法的课文，能指出包含类比法的句子（行为样例）。

在这里，A 陈述了教学目标中的要义是“理解”，而非“理解”的具体行为。但这些行为样例（A-a、A-b、A-c）仅仅是表明“理解”的许多可能的行为中的样例而已。这样，既强调了学生学习结果的内在心理变化，又克服了目标陈述中含糊不清的弊端，实现了内外结合。

（三）教学内容的组织与呈现

教学内容的组织与呈现主要是指教材的组织呈现。目前，关于教材的组织与呈现主要有三种不同的观点，即布鲁纳的“螺旋式”组织、加涅的“层级”组织和奥苏伯尔的“先行组织者”组织。

1. 布鲁纳的“螺旋式”组织

布鲁纳曾领导美国 20 世纪 60 年代初的课程改革，对教材的组织有独到的见解。他认为，教学不只是为了学生目前的学习，还应该使学生能够主动地选择知识、记住认识和改造知识，从而促进今后的学习。为此，教材就应该把反映该学科发展水平的最基本的概念和原理作为主体。概念和原理越是基本，它们对于解决新问题、掌握新内容的适用性也就越大。如果学生掌握了作为该学科知识结构核心的基本概念和原理，在学习其他知识内容时就能收到事半功倍的效果。他进一步认为，学习的早期教学就应该使用这样的教材。

同时，布鲁纳指出，这样的教材组织呈现只有与儿童的智慧发展相匹配，才能使基本概念和原理的教学顺利进行。儿童的智慧发展有三个阶段：①表演式再现表象阶段，指运用适当的动作反映去体现过去的经验，具有操作性特点；②映象式再现表象阶段，指以表象或图解来反映或表示个体的认识；③象征式再现表象阶段，指以抽象的符号（最基本的是语言）来反映经验内容。学科的基本概念和原理均可分别从动作的、表象的、符号的三种不同智慧发展水平出发，加以编撰和组织。年龄不同的儿童，其智慧发展阶段也不同，对他们就应该使用不同水平的教材。随着年龄的增长，教学涉及的基本概念和原理可能相同，但教材的具体直观程度逐渐降低，而抽象程度不断提高，从而体现了教材的“螺旋式”上升的特点，使学生一步步地在较高的认知层次上掌握教学的内容。

2. 加涅的“层级”组织

加涅是当代美国的一位著名教育心理学家。他认为个体的种种学习活动可概括为以下八类。

（1）信号学习。信号学习主要指学习某种信号刺激做出一般性和弥散性的反应。这就是巴甫洛夫的经典性条件反射，包括不随意反应和情绪学习。

（2）刺激—反应学习。刺激—反应学习指学习使一定情境或刺激与一定的反应相结合，并得到强化，学会以某种反应去获得某种结果。

（3）连锁学习。连锁学习指学习联结两个或两个以上的刺激—反应动作，以形成一系列刺激—反应动作联结。各种技能的形成，都离不开这类学习。

（4）言语联结学习。言语联结学习指把两个或更多的刺激—反应联结组合成系列，只是由言语组成连锁，个体先前习得的言语联结则更容易转换成新的连锁。

（5）多重辨别学习。多重辨别学习指被试者学习分化了的刺激，并对它做出准确的反应，但同时他要面对许多不同的刺激，学会有鉴别地做出各种不同的反应。当这样的刺激有彼此相似而干扰保持时，就更要求被试者能做出良好的辨别。

（6）概念学习。概念学习在某种意义上是与多重辨别学习相反的学习，学习者学会对一类刺激做出共同的反应。这类刺激的表现形式可能相距甚远，但因具有某个共同属性而属于一类。

（7）原理的学习。原理是由两个或更多概念组成的连锁，学习者要掌握其中各个彼此独立的概念之间的关系。

（8）问题解决的学习。问题解决的学习指联合先前学到的两条或更多原理来说明因果关系，在头脑内部对原理加以组合、进行操作。这也就是通常所说的思维。

这八类学习依次按“简单—复杂”这一维度组成一个“层级”系统，该“层级”中较高层次的学习必须以较低层次的学习为基础。这样，组织教学内容时，我们就应该对教材做具体分析，考察个体掌握这样的教材内容是属于哪一层次的学习，同时考虑“层级”中相应的子层次的学习内容。教材的组织安排，应事先完成“层级”中的较低层次的学习，然后在此基础上进行相应的高一层次的学习。这种对教材内容的分析和组织，加涅称之为“任务分析”，并认为这是教学获得良好效果的重要前提。

3. 奥苏伯尔的“先行组织者”组织

这种“组织者”组织呈现的技术，就是在新材料教学之前，先向学习者呈现某种能起引导性作用的材料。这种引导性材料具有较高的概括性和包容性，会使教材有更好的组织和结构，但呈现时则以学习者可接受和能理解的语言、方式来表达。这种先于正式教学材料呈现的引导性材料，就是“先行组织者”或“组织者”的材料。

“组织者”材料既与将要教学的新材料相关，又与认知结构中已有观念有着明确而清晰的联系，它为原有的认知结构接纳新观念提供了“锚位”，又称为“固定点”或“观念支架”。这也就起到了把教学的新概念与已有的旧观念联系组织起来，从而丰富、扩展或改变学习者认知结构的作用。

奥苏伯尔为使教学成为对学生的学习来说是件有意义的事，主张以“先行组织者”来组织呈现教材，这一点在教学设计方面已被公认为是极有指导意义的。

（四）教学方法与策略的选择

1. 教学方法

在教学过程中，常用的教学方法有讲演式教学、讨论式教学、自学式教学和作业式教学等。

（1）讲演式教学。讲演式教学指教师主要是用讲授、讲解和演示的方法向学生传授知识的课堂教学模式。

讲演式教学模式的主要优点包括以下两方面。

①在学生集中的课堂上需要讲授和说明某些知识时，这种方法最为节省时间和精力。

②讲演式教学中教师发挥主导作用，具有很大的决定权，可以根据教学计划自行控制教学内容及进度，还可以根据内容难度和学生水平变换方式和方法，便于学生理解。

讲演式教学的不足之处包括以下几方面。

①易使学生疲劳。讲演式教学中学生是被动地接受知识，长时间的讲演不容易维持学生的注意力，容易使学生形成被动的态度，造成学生学习兴趣低落。有经验的教师往往能适时采用一些技术来调动学生的积极性，使他们能主动思考。例如，用提问引发学生的好奇心，使不专心的学生也开始思考答案；又如，用形象的语言刺激学生的想象，以维持学生的兴趣；等等。据研究，10~15 分钟的讲演效果最好，大学生可以适当延长。

②信息传导单一。在讲演式教学中，往往是教师讲，学生听，信息反馈少。在这种情况下，教师往往高估学生听讲的能力，以为只要自己讲明白了，学生就能掌握。其实，学生常会因缺乏分析和归纳能力，不能从讲课内容中找出重点、总体把握知识。所以，教师平时应有意训练学生这种分析、归纳的能力。

③对教师要求极高。讲演式教学模式适合于反应快、思维敏捷、口才好的教师。

如果一位教师缺乏讲演的口才，或者讲话有口音或口齿不清，就应该尽量选用其他教学模式。教师讲课不能照本宣科，而应该对教材进行说明，并适当加以补充，弥补教材的不足，这样才能使学生清楚明了。讲课时教师要及时判断学生是否听懂了，从而调整讲课的速度，一定要保证学生有充分的思考时间，使他们能理解。如果讲得过快，学生只顾抄笔记，却不能理解知识，就容易造成死记硬背的现象。

④讲演式教学不适合培养学生解决问题的能力。有些教师用惯了讲演法，觉得省心省事，有时会不顾学习过程的性质，什么时候都用，这就变成了滥用，是需要克服的。讲演法适合集中传授知识，但在培养学生的操作技能、培养学生解决问题的能力方面，我们要有更好的方式方法。

（2）讨论式教学。讨论式教学指在教师指导下，教师和学生之间、学生和学生之间围绕一个中心问题，彼此讨论、回答，从而相互启发，共同解决问题的课堂教学模式。讨论式教学的主要优点是：①参与性强。这是讲演式教学所没有的。它能够使学生参与到教学中来，有机会发表自己的意见，大大提高听课的积极性。②启发性大。学生可以在讨论中相互借鉴和相互启发，对问题有相当充分和深刻的认识。此外，讨论式教学有利于学生增进独立思考能力和比较鉴别能力，还能大大提高学生的语言表达能力。

在课堂教学中，讨论式教学也有其明显的不足：一是费时间，二是教师掌握和调节的难度大。采用讨论式教学，教师首先要就学生必须掌握的关键问题准备好讨论的提纲，问题的难度要适当并且适合讨论，然后向学生布置问题，让他们做好讨论的准备。在讨论中，教师要起着调节的作用，尽量让更多的学生加入讨论，避免几个人控制课堂的局面；还要适时地引导话题扣住中心，逐渐深入本质问题。讨论结束后教师应及时总结，对疑难问题应尽力阐明正确的看法，但也要允许学生保留自己的意见。另外，如果教师经常采用讨论式教学，则要尽量掌握调节和引导学生讨论的一些必要技术，防止讨论走题或者不能深入，否则学生受益就不大。

（3）自学式教学。自学式教学指让学生通过自己阅读教材、完成作业等，从而掌握知识技能并培养自学能力的课堂教学模式。其主要特点是使用专门编订的课本、练习本、答案本，让学生自学、自练、自批作业，是一种适合于大学的教学模式。

自学式教学比讨论式教学更进一步，学生成了课堂的主体。它使学生的聪明才智和学习主动性得到高度发挥。对比实验表明，采用自学式教学的班级在学习成绩、学习能力和迁移能力方面均超过其他非自学式教学班，而且学生的心理素质也得到提高。

（4）作业式教学。作业式教学又称练习式教学，指为了形成一定的技能、技巧，要求学生在教师指导下反复多次完成某些动作和活动方式的教学模式。它又可分为心智技能练习，如听、说、读、写、算；动作技能练习，如体育运动、劳动操作、绘画活动；文明习惯练习，如卫生习惯、礼貌用语。

作业式教学是培养学生技能、技巧的主要教学模式，其教学步骤是：由教师提出练习任务，说明要求和方法并做示范；让学生独立练习，教师进行个别指导；教师检查和分析结果，做出总结。

学生练习的时候，教师要遵循强化的原则进行指导，对做得好的学生要及时肯定和表扬，对做错的学生要及时纠正。及时反馈是教师指导作业的关键。

2. 教学策略

教学策略主要表现为以教师为主导的教学策略、以学生为中心的教学策略和个别化教学策略等方面。

（1）以教师为主导的教学策略。这种教学策略是以学习成绩为中心、在教师指导下使用结构化的有序材料的课堂教学。在这种教学策略中，教师向学生清楚地说明教学目标，在充足而连续的教学时间里给学生呈现教学内容，监控学生的表现，及时向学生提供学习方面的反馈。由于在这种教学策略中，由教师设置教学目标，选择教学材料，控制教学进度，设计师生之间的交互作用，所以这是一种以教师为主导的教学策略。一般地，以教师为主导的教学策略包括六个主要活动：第一，复习和检查过去的学习。第二，呈现新材料。第三，提供有指导的练习。第四，提供反馈和纠正。第五，提供独立的练习。第六，每周或每月的复习。这些活动并不是遵循某种顺序的一系列步骤，而是有效教学的因素，例如，反馈、复习、补教，只要有必要就要进行，并且要与学生的能力倾向相匹配。这些活动可以被看作教授结构良好的基本知识和技能的框架，与我国传统的讲授教学相一致。

（2）以学生为中心的教学策略。以学生为中心的教学策略包括发现教学、情境教学和合作学习。

①发现教学。发现教学又称启发式教学，指学生通过自身的学习活动而发现有关概念或抽象原理的一种教学策略。一般来说，发现教学要经过四个阶段：首先，创设问题情境，使学生在这种情境下产生矛盾，提出要求解决和必须解决的问题；其次，促使学生利用教室所提供的某些材料，所提出的问题，提出解答的假设；再次，从理论上或实践上检验自己的假设；最后，根据实验获得的一些材料或结果，在仔细评价的基础上引出结论。

布鲁纳对发现教学的教学设计提出了四项原则：第一，教师要将学习情境和教材性质向学生解释清楚。第二，要配合学生的经验，适当组织材料。教师要在研究教材和学生实际的基础上，根据教材内容设计一个一个的发现过程，教师要仔细设计问题，排列好例子，确保参考材料和设备充足，以促进学生进行自我发现。第三，要根据学生心理发展水平，适当安排教材的难度与逻辑顺序。第四，确保材料的难度适中，以维持学生的内部学习动机。材料太容易，学生容易缺乏成就感；材料太难，学生容易产生失败感。发现教学要进行得顺利，关键在于恰当地确定学生可进行独立探究的力所能及的最近发展区。只有教师给学生创设的问题情境最符合学生的实际水平，只要跳一跳就能达到最近发展区时，学生的探索、智力和才能才会得到发展。这时学生就会经过独立思考，亲自去发现教材中那些蕴含的东西，概括出结论，使这些新东西很快纳入自己的认识结构系统里，把知识变成自己智慧的财富。

②情境教学。情境教学指在应用知识的具体情境中进行知识教学的一种教学策略。在情境教学中，教学的环境是与现实情境相类似的问题情境；教学的目标是解决现实生活中遇到的问题；学习的材料是真实性任务，这些任务未被人为地简化处理，隐含于现实问题情境之中，并且由于现实问题往往同时涉及多方面的原理和概念，因此这些任务最好能体现学科之间的交叉性。教学过程要与实际解决问题的过程相似，教师不是直接将事先备好的概念和原理告诉学生，而是提出现实问题，然后引导学生进行与现实中专家解决问题的过程相类似的探索过程。学生解决问题所需要的原理和概念往往隐含在问题情境之中，学生为了解决当前问题而学习它们，通过解决问题而深刻理解它们，并把这些知识的意义与应用它们的具体问题情境联系在一起。对学习结果的测验将融合于学生解决问题的过程之中，学生在解决实际问题过程中的表现本身就反映了其学习结果。

③合作学习。合作学习指学生们以主动合作学习的方式来代替教师主导教学的一种教学策略。合作学习的目的不仅是培养学生主动求知的能力，而且是发展学生合作过程中的人际交流能力。

合作学习在设计与实施上必须具备五个特征：第一，分工合作，指以责任分担的方式达成合作追求的共同目的。真正有效的分工合作必须符合两个条件：首先是每个学生都必须认识到工作是大家的责任，成败是大家的荣辱；其次是工作分配要适当，必须考虑每个学生的能力与经验，做合理安排。第二，密切配合，指将工作中应在不同时间完成的各种项目分配给各个人，以便发挥分工合作的效能。第三，各自尽力，合作学习的基本理念是取代为了获得承认和评级而进行的竞争，转而同心协力地追求学业成就，因为合作学习的成就评价是以团体为单位的，因此大家都是成功者，没有失败者。要想成功，团体成员必须各尽其力，完成自己分担的工作，并且要帮助别人。第四，社会互动、合作学习的成效取决于团体成员之间的互动作用，即大家在态度上互相尊重，在认知上集思广益，在情感上彼此支持。为此，学生必须具备两项基本技能，一是语言表达能力，二是待人处事的基本社交技巧。第五，团体历程，指由团体活动以达成预定目标的历程。这些团体活动包括如何分工、如何监督、如何处理困难、如何维持团体中成员间的关系等。

（3）个别化教学策略。个别化教学是指让学生以自己的水平和速度进行学习的一种教学策略。个别化教学大致包括这样几个环节：一是诊断学生的初始学业水平或学习不足。二是提供教师与学生或机器与学生之间的一一对应关系。三是引入有序的和结构化的教学材料，随之加以操练和练习。四是允许学生以自己的速度向前学。经典的个别化教学模式主要有程序教学、计算机辅助教学和掌握学习。

①程序教学。程序教学是一种能让学生以自己的速度和水平，学习自我教学性材料的个别化教学方法。其始创者通常被认为是教学机器的发明者普莱西，但对程序教学贡献最大的却是斯金纳。程序教学以精心设计的顺序呈现主题，要求学习者通过填空、选择答案或解决问题，对问题或表述做出反应，在每一个反应之后出现及时反馈，学生能以自己的速度进行学习。这种程序能够融入书、教学机器（即一种融入程序学习形式的机器设备）或计算机。

②计算机辅助教学。计算机辅助教学（computer assisted instruction，CAI）指使用计算机作为一个辅导者，呈现信息，给学生提供练习机会，评价学生的成绩以及提供额外的教学。随着多媒体技术、通信网络技术的发展，人们把以计算机为核心的所有个别化教学技术都称为信息技术在教学中的应用。与传统的教学相比，CAI 具有这样几个优越性：首先是交互性，即人机对话，学生可以根据自己的学习情况选择学习路径、学习内容等；其次是及时反馈；再次是以生动形象的手段呈现信息；最后是自定步调等。

③掌握学习。掌握学习是由布卢姆等人提出的，其基本理念是：只要给足够的时间和适当的教学，几乎所有的学生对几乎所有的学习内容都可以达到掌握的程度（通常要求达到完成 80% ~ 90% 的评价项目）。学生在学习能力上的差异并不能决定他能否学会教学内容，而只能决定他将要花多少时间才能达到对该项内容的掌握程度。换句话说，学习能力强的学习者，可以在较短的时间内达到对某项学习任务的掌握水平，而学习能力差的学习者，则要花较长的时间才能达到同样的掌握程度。但他们都能获得通常意义上的 A 等或 B 等。

基于这一理念，布卢姆等人主张，要将学习任务分成一系列小的学习单元，后一个单元中的学习材料直接建立在前一个单元的基础上。每个学习单元中都包含一个小组课，他们通常需要 1 ~ 10 小时的学习时间。然后，教师编制一些形成性测验（即在学习之前或学习之中的成绩测验）。学完一个单元之后，教师对学生进行总结性测验（这些测验提供了学生对单元中的目标掌握情况的详细信息）来评价学生的最后能力。达到了所要求的掌握水平的学生，可以进行下一个单元的学习。若学生的成绩低于规定的掌握水平，就应当重新学习这个单元的部分或全部，然后再测验，直到掌握。采用掌握学习这个方法，学生的成绩是以成功完成内容单元所需时间而不是以在团体测验中的名次为依据的。学生的成绩仍然有差异。这种差异表现在他们所掌握的单元数或成功学完这些单元所花的时间上。

二、高校教学测量与评价

（一）教学测量与评价概述

1. 教学测量与评价的含义

（1）教学测量与教学测验。教学测量是借助于一定的心理量表及其操作，对学生的学习成绩（简称学绩）进行探查，并以一定的数量来表示的考核办法。对此，我们应该注意以下几点：首先，教学测量的目标应以教学目标为依据，测量目标应与教学目标相一致，而不能偏离教学目标。因为教学测量的目的在于考核教学成效，也就是考察教学目标的完成情况，即学生内在的能力与品德等的形成状况。其次，测验量表的科学性是有效教学测量的必要前提。因为教学测量的对象是学生内在的能力与品德等的形成状况，它不可能像物理测量那样直接进行，只能借助于一定的心理量表及其操作间接测量。最后，命题的合理性与评分的客观性是有效教学测量的一个重要影响因素。因为教学成效是通过量化的学绩进行考察的。也就是说，教学成效是以学生的学习成绩为直接考察依据的，而学绩是以一定的数量来表示的。

教学测验又称学绩测验。所谓的学绩测验就是用以测量学绩的量表及操作，即选择代表学绩的一些行为样本进行考核并做出数量分析。它包含的只是测量目标的一个样组而不是全部。这个样组必须具有代表性，能有效地测量学绩。

学绩测验是教学测量的工具和手段，教学测量是对学绩所得的结果的客观描述，即教学测量是借助于学绩测验来对教学成效进行定量考核的一种方法。

（2）教学评价。教学评价是指有系统地收集有关学生学习行为的资料，参照预定的教学目标对其进行价值判断的过程，其目的是对课程、教学方法以及学生培养方案做出决策。具体而言，教学评价是一种系统化的持续的过程，包括确定评估目标、搜集有关的资料、描述并分析资料、形成价值判断以及做出决定等步骤。

（3）教学测量和测验与教学评价的关系。教学测量主要是一种收集资料数据的过程，是根据某种标准和一定的操作程序，将学生的学习行为与结果确定为一种量值，以表示学生对所测问题了解的多少。而教学测验是测量一个行为样本的系统程序，即通过观察少数具有代表性的行为或现象来量化描述人的心理特征。为了减少误差，教学测验在编制、施测、评分以及解释等方面都必须遵循一套系统的程序。

教学测量和测验是对学习结果的客观描述，而教学评价则是对客观结果的主观判断与解释，但这种主观判断和解释必须以客观描述为基础，否则就是主观臆想。教学测量与测验所得到的结果，只有通过教学评价，才能判断这种客观描述的实际意义，否则所得数据或结果则毫无实际价值。

2. 教学测量与评价的作用

教学测量与评价是检验教学成效、确定学生学习结果和教师教学效果的有效手段，是有效教学所不可缺少的环节，其作用主要体现在以下两方面。

（1）反馈—调节功能。对教师而言，通过教学测量与评价所提供的反馈信息，不仅可以了解学生能力与品格的形成状况，而且还可以了解影响学生学习的各种因素，从而可以更明确地调整教学目标、教学内容和教学方法，以提高学生的学习成效，加速其心理结构的形成。对学生而言，反馈信息能使他们明确自己对有关知识、技能的掌握情况，找出学习中的薄弱环节，从而调节自己的学习行为，把时间和精力集中在需要加强的那些方面，以构建完整的能力与品格结构。

（2）激励—动机功能。对学生而言，教学测量与评价所提供的反馈信息不仅可以调节教学活动，而且可以激励学生的学习，起到进一步激发学习动机的作用。当学生知道自己的学习效果是好的，则可以满足其“获取成功”的需要，从而带来愉快的情绪体验，进一步增强其学习动机。如果反馈的结果说明学习效果不好，往往会引起学生不愉快的情绪体验，为了“避免失败”，也可以促使学生把压力变成动力，从反面来增进学生的学习动机。

总之，通过教学测量与评价所提供的反馈信息，可以了解学生的学习情况，改进教师教学，从而促进学生学习。

（二）有效教学测验的基本要求

有效的教学测验应具备四个基本要求，即测验的效度、信度、难度与区分度。

1. 测验的效度

效度是指测量的正确性和有效性，即一个测量工具在多大程度上测量出所要测量的东西。换句话说，效度就是测量目标和测量结果的一致性程度。

效度是一个相对的概念。一个测量工具只是对一定的测量目的才有效。一个测验应用于某种目的是有效的，但若把它用于另一种目的和用途，可能就毫无价值。如用尺量身高有效，但量体重就无效。同样，为鉴定学生的智力水平而编制的一个测验，其测量结果却是“越用功的学生得分越高”，即这个测验测量的主要不是智力水平而是学习努力的程度，那么对于想鉴别学生智力水平这一目的来说，这个测验效果不高。所以，不能笼统地说测验有效或无效。判断测验效度的高低，主要看它能达到目的的程度。

一个好的测验可以用一种或一种以上的效度来表示。由于测量的目的不同，所要求的测验效度也不同。例如，学绩测验主要涉及内容效度，智力测验更注意构想效度，教育评价重视标准关联效度，我国某些省实行的高考预测则要求预测效度。

在测验或考试中，试题就是一种测量学生学习程度的工具，试题的效度则反映了考试结果与考核目标的一致性程度。一般来说，影响试题效度的因素主要有以下几个。

（1）试题的文字表述形式对效度有直接影响，一般在编制试题时，文字不应艰深难懂和模棱两可。

（2）试题需切合教学实际。根据教学要求和教材内容，从学生实际出发编制的试题，能有较高的效度。

（3）试题取样要合理，编制试题必须从学习内容的总体中抽取样本，并要检验这一取样是否合理。如果某测验只反映少数章节的内容，测题分值的比重不合理，或者有许多偏题、怪题，就会降低该测验的效度。

（4）试题的量要适当，不能太多，否则会因为时间的限制使学生无法充分表达测试所要考察的学习程度，降低测验的效度。

2. 测验的信度

信度是指一个测量工具对测量对象施行多次测量所获得的测量结果的一致性，即测量结果的可靠程度。它反映测量工具的稳定性和可靠性。如一个测验对同一个人施测多次，多次测量的分数基本相同，则可认为这个测验是稳定可靠的，即信度较高。反之，如某个测验对学生施测多次，同一个人每次测量的得分变化不定，有升有降，则这个测验信度就较低。

试卷信度就是指考试结果的可靠性程度，也就是考试结果与学生的真实水平的一致性程度。

影响测试信度的因素主要有以下几个。

（1）试卷的容量。如果试卷的容量太小，就会影响取样的合理性，造成较大的抽样误差；如果试卷的容量太大，测验的时间不够，就会导致大多数学生完不成测验。这两种情况都会降低测验的信度。

（2）评分标准。评分不准确或没有统一的标准，就容易受评卷人主观因素的影响。只有制定正确而详细的评分标准，并客观掌握评分标准，才能对测试结果做出稳定和可靠的评定，提高测试的信度。

（3）学生应试的动机。如果学生的应试动机不当或经常波动，也有碍于测验的信度。如有的考生为了获得表扬、奖励而考试舞弊，这样的应试信度必然低。只有激发学生积极的测试动机，让学生全力以赴地应试，才是保证测验信度的必要条件。

（4）学生的健康状况和心理状态。学生在受试前和受试时良好的身心状况是提高测试信度的重要保证。

（5）检验测试信度的方法。信度的指标用相关系数来表示，称为信度系数，通常是利用同一组受测者得到两组数据资料来计算其相关系数。相关系数的值越大，表示测量的一致性程度越高，则信度越高；相关系数的值越小，表示测量的一致性程度越低，信度也就越低。

检验信度的方法有如下几种。

（1）再测法。再测法就是用同一种测验工具在两个不同的场合施行于相同的学生而求其结果的相关。它反映测验分数的稳定程度，其相关系数又称稳定性系数。由于教育测量是一种不可复验的特殊测量，因此检验考试的信度一般不采取对同一对像使用同一试卷进行多次考试的再测方法。

（2）复本法。复本法就是用同一组被试者对两个（复本）测验得分的相关系数表示信度。它反映两个复本测验的等值程度，其相关系数又叫等值性系数。这种方法在实际中较少实施，因为除教师和学生付出双倍的劳动量之外，要编制一套完全等价的同类试卷也绝非易事。

（3）分半法（两分法）。分半法就是将一个测试工具的评分按照奇数题和偶数题分成两部分，求这两部分分数的相关，即可得到信度系数。这种方法较为简单易行，但必须注意两点：一是题目数量太少不宜分半；二是分半的试题在内容和形式上应大致相似。由于分半之后，把一次考试看成了题目减半的两次考试，因而求出的信度要比实际的小一些。

（4）同质法。同质法就是用测验内部不同分测验之间的相关系数表示信度，估计的是测验题目的同质性和普遍性，其相关系数也叫普遍性系数。

信度系数的最大值为 1，事实上是不可能达到的，因为完全没有误差的测验是不存在的，信度系数达到 0.8 左右就可以了。

3. 测验的难度

难度是指试题的难易程度。它是衡量题目质量的主要指标之一。有效的试题应该难度适当。

试题的难度具有一定的相对性。难度的大小，除了与内容或技能本身的难易有关，还同试题的编制技术和受测者的经验有关。一个本来很容易的问题可以由于题目的表述不清或受测者缺乏与之有关的知识经验而变难，一个很难的问题也可能因题目的提示明显或受测者曾经有类似经验而变容易。所谓难者不会、会者不难就是这个道理。那么，究竟是什么因素造成了试题的难度不当呢？

（1）对于教学大纲和教材理解不透。这样，就不可能根据教学的目的要求和教材内容有效地编制试题。在难度上失去了客观标准，必然会出现试题难度不当的情况。

（2）对学生的实际情况缺乏了解。不能正确地评估学生，过高或过低评估学生都会造成命题脱离学生的实际，出现难度不当的现象。

不同的测验题型，计算方法不同。

是非题：当只有正确或错误两种答案时，可以用通过该题人数的百分比代表难度：$P=R/N$（P：难度；N：受测总人数；R：通过该题的人数），也可以用极端组的方法计算难度：$P=(PH+PL)/2$[PH：高分组（总分最高的 27% 的学生）答对该题的人数占高分组学生总数的百分比；PL：低分组（总分最低的 27% 的学生）答对该题的人数占低分组学生总数的百分比。

选择题：K 个选项中（K>2）只有一个正确答案，难度可以在该项目的通过率 P 的基础上进行矫正，计算公式为 CP=(KP–1)/(K–1)(CP：矫正后的难度；P：未矫正的难度；K：选项的数量)。单选题可能随机猜测，用此公式可以排除这种影响。

论文型题目：用某题的平均分数为依据计算难度，P=M/W(M：全体考生某题的平均得分；W：某题规定的最高得分)，也可以用极端组的方法计算难度，P=(MH+ML–2NL)/2N(H–L)[MH：高分组（总分最高的 27% 的学生）全体考生该题得分之和；ML：低分组（总分最低的 27% 的学生）全体考生该题得分之和；N：所有考生总人数的 27%；H：该题最高得分；L：该题最低得分]。

题目的难度多高合适，取决于测验目的。为了考查学生对某些方面的知识、技能是否掌握（掌握性测验），可以不考虑其难度。测验如果用于选拔（选拔性测验），应采用难度值接近录取率的项目，0.50 左右的难度最合适。对项目的难度特征进行分析，应考虑测验的目的，一般在 0.3 ~ 0.7 为宜。

4. 测验的区分度

区分度又叫鉴别力，是指试题区分考生的优劣程度。区分度越高，说明试卷区分考生优劣的能力越强；反之，区分能力就越差。

影响区分度的因素主要有以下两个。

（1）试题的难度对区分度有直接的影响。试题太难和太容易，都不可能有较高的区分度。一般来说，中等难度的试题区分度较高。

（2）区分度与试题的层次密切相关。区分度高的试卷，其试题难易程度一般有三四个层次，由于题目难易不等，便可以将不同水平的学生区分开来。

第五章 大学生心理健康教育方法

第一节 大学生心理健康教育的新视角

主观生活质量指的是个人对重要的需求、目标、愿望在多大程度上获得实现的主观评估。主观生活质量可以是对整个生活领域的全面质量评估，也可以是对某一特定生活领域的质量评估。研究证实，大学生主观生活质量与个体自身人格特质和认知因素有关，同时一些外在的环境因素也会对主观生活质量产生一定影响。主观生活质量的相关研究给予学校心理健康教育工作很多启示，不断促进大学生主观生活质量的提高也成为学校心理和教育工作者的工作目标之一。

在过去很长一段时间里，学校心理和教育工作者们把工作重点放在对学生心理问题与疾病的事后干预与治疗上，然而对大学生积极行为的研究显示，只关注心理问题的事后干预的做法对学生日后的健康发展是很不利的。积极心理学认为更有效的做法是，在心理问题发生和发展之前先行培养学生自身的积极力量，这种力量使人能更好地适应多变的环境并可降低心理疾病的发生概率，也可以改善学生的学习表现，其中主观生活质量正属于我们要努力发展的这类心理力量之一。对儿童与大学生心理健康的调查研究表明，大学生的主观生活质量与他们的不良行为间呈显著负相关，大学生低水平的主观生活质量与物质滥用、暴力行为之间存在一定的关系，初中生主观生活质量能显著影响其学习成绩，儿童主观生活质量与其心理健康水平呈显著正相关。可见，学校在对学生进行心理健康教育时有必要关注学生的主观生活质量。

一、概念的提出

关于生活质量的早期研究非常强调生活的各项客观指标，如收入水平、健康水平、受教育水平、消费水平等，而现在研究者日益关注生活质量的各种主观指标。有观点认为，生活质量是“源于一个人对自己整体生活的当前体验而产生的主观的幸福感受”。Frisch 给主观生活质量如此定义：“a person’ s subjective evaluation of the degree to which his or her most important needs，goals，and wishes have been fulfilled(主观生活质量指的是个人对重要的需求、目标、愿望实现程度的主观评估）。”主观生活质量可以是对各个生活领域的全面评估，也可以是对某一特定生活领域的评估。不难看出，主观生活质量强调的是个人的主观体验和评价，与个人的认知密切相关。

二、大学生主观生活质量的相关因素研究

当前研究者们对成人的主观生活质量的研究成果丰富，对于大学生的主观生活质量的研究数量和程度远远不及对成人的研究，查阅已有的文献资料可把关于大学生的主观生活质量的相关因素大致分为两类：内部因素和外部因素。

（一）内部因素

大学生主观生活质量的相关研究显示，性别、年龄和社会经济地位不会显著影响大学生主观生活质量，而大学生自身的人格特征与他们的主观生活质量有着显著相关。Hubner 研究发现，与 3 ~ 13 岁儿童的主观生活质量最密切相关的是儿童的自尊感、内在控制感和外倾性。Fogle、Huebner 和 Laughlin 的研究发现，大学生的焦虑特质、神经质倾向等气质特征与主观生活质量水平呈现显著负相关。王胜兴、徐海波和李好兰对少年儿童社交焦虑水平与主观生活质量的相关性研究发现，社交焦虑少年儿童的主观生活质量较差。杨颖、鲁小周和罗思亮对留守儿童的研究证实，学业成绩对留守儿童的主观生活质量有显著影响。

同时也有部分研究者试图探索与大学生主观生活质量相关的认知因素，其中 Ash 和 Huebner 发现大学生的归因方式是消极事件作用于主观生活质量的中介因素，具体来说，大学生在生活中经常经历消极事件会使其对生活的控制感减弱，倾向于将生活事件进行外控归因，进而主观生活质量也随之下降。Fogle、Huebner 和 Laughlin 对气质和大学生主观生活质量关系的研究表明，中小学生体验到的自我社会效能感在外倾性与主观生活质量中起到中介作用。

（二）外部因素

越来越多的研究证实，居住环境、背景文化、生活事件等因素与儿童主观生活质量相关显著。如 Homel 和 Burns 的早期研究发现，住在住宅区的儿童比邻商业区或工业区居住的儿童的主观生活质量稍高。Sam 开展的一项针对背景文化结构影响主观生活质量的研究显示，生活于单一民族环境中的大学生比生活于多民族杂居环境中的大学生体验到更多的幸福感。另外，Ash 和 Huebner 的研究表明，大学生的主观生活质量与其生活中积极和消极事件的出现频率相关。Fogle、Huebner 和 Laughlin 进一步指出，生活中的积极事件相较于生活中的消极事件能更大地影响大学生的主观生活质量。

家庭因素，如家庭教养方式、来自父母的支持、父母的婚姻状态、父母关系等，都能影响大学生的主观生活质量。Huebner 的研究表明，尽管良好的同伴关系与大

学生主观生活质量呈显著相关，但他们的主观生活质量与亲子关系的相关程度更高。Dew 与 Huebner 也发现，父母间的关系比他们自己的外貌和他们对学业的自我评价更能影响他们的主观生活质量。Leung 和 Leung 的跨文化研究进一步证实了亲子关系对大学生主观生活质量的影响力。周琴、刘晓瑛和宋媛对苏州市某社区 8 ~ 10 岁外来儿童主观生活质量及其影响因素的调查发现，外来儿童的家庭关系对其主观生活质量影响较大。胡华、张波和陈云华在研究儿童主观生活质量的影响因素时发现，家庭关系对儿童主观生活质量影响较大。

大学生的主观生活质量也与他们的校园经历相关。如 Huebner、Funk 和 Gilman 发现，大学生低水平的主观生活质量与他们对学校与教师的消极态度显著相关。Baker 的研究显示，对老师与学校怀有积极态度的学生更能体验到较高的主观生活质量并表现出更多的社会期许行为。Baker 研究证明，大学生较高的主观生活质量水平与其参与课外活动（如体育运动、俱乐部活动等）的程度相关。胡华、张均华和梁剑玲研究指出，校园同伴关系对少年儿童主观生活质量中的总体满意度、情感成分和认知成分有显著影响。

三、大学生主观生活质量研究对学校心理健康教育工作的启示

对大学生主观生活质量的相关研究给予学校心理健康教育工作很多启示，主观生活质量不仅是一种结果变量，它也可以作为外部环境与大学生行为之间的中介变量发生作用，因此，不断促进学生主观生活质量既是学校的心理健康教育的最终目标之一，也是预防学生问题行为产生的有效手段之一。

（一）对心理评估方式的启示

学校传统的心理评估重在对心理疾病严重程度的评估（如使用 SCL-90 量表进行评估），对大学生主观生活质量的研究为学校心理和教育工作者提供了一种新的工作视角，学校心理工作者应考虑对学生自身积极力量与环境中的积极因素的评估，其中就包括对学生主观生活质量的测量。对学生主观生活质量的日常测量能为学校心理健康教育工作提供重要信息，大学生主观生活质量量表作为筛选工具，对处于危机边缘的大学生能起到识别作用。已有研究表明，在各类学习问题（如辍学）与健康问题（如抑郁、自杀、呼吸道感染）出现前，个体的主观生活质量都会有所下降。显然，主观生活质量量表可作为一种快速诊断工具。因此，对学生主观生活质量的评估不仅能在学生的心理问题与不良行为的预防工作中发挥作用，而且也为促进学生心理健康的工作提供了方向。

（二）对心理干预策略的启示

学校心理和教育工作者以改变大学生人格特质为目标的长期干预是比较困难的，

旨在提高学生主观生活质量的干预策略更切实有效，这种心理干预可采取综合的方法，应体现出学校、家庭和学生个人的共同努力。在学校，学校心理和教育工作者可以采取短期认知—行为疗法，改变学生的消极认知（如外控归因方式、低社会自我效能等），进而改变他们对人生的消极评价。与此同时，鼓励学生参与有意义的校内集体活动、培养学生解决问题的技能，让学生的个人努力对干预过程发挥积极作用。另外，必须注意的是，家庭的支持对学生的主观生活质量水平的提高有重要意义，若能对学生家长进行必要的培训，则会让干预过程更完整。对学生家长的培训首先是为了帮助家长认识到他们对学生心理健康潜在的影响力，然后帮助他们发展家庭对学生的支持性力量。

（三）对学校环境建设的启示

虽然主观生活质量是一种个人体验，但对它的研究已清楚地显示出生态因素的作用，可见，要改变学生的主观生活质量水平和行为，不仅要改变学生个人，也要改造周围环境。学生若对学校和教师持有积极评价，则更能体验到较高的主观生活质量，而且倾向于表现出更多的社会期许行为，那种只关注改变个体自身而忽视改造周围环境的干预过程明显是有欠缺的，因此学校心理和教育工作者如能更多关注学生对校园环境的体验，将有利于实现心理健康教育目标。学校应以提高学生主观生活质量为着眼点，建设积极校园环境，如积极开展绿色校园建设、组织丰富有趣的学习活动、举办各种校园公益活动等，以增加学生在学校中经历各种积极事件、获得积极情绪体验的机会，这对提高学生的主观生活质量水平是有帮助的。

目前国内关于大学生的主观生活质量的研究仍未全面展开，已有研究也大都限于特殊儿童（如多动症儿童、留守儿童、社交恐惧症儿童等）群体，且数量不多，国外关于大学生主观生活质量的研究虽不及成人研究，但也积累了一定的成果。研究表明，大学生高水平的主观生活质量能预测更多的适应行为，与适应功能相关的各种变量与大学生的主观生活质量相关。但是主观生活质量的相关研究中大部分都只是以一次性的相关研究为基础，变量间彼此相关的方向尚不清晰，需要更多的设计严格的纵向研究对这些问题加以解释。不断促进学生主观生活质量既是学校的心理健康教育的最终目标之一，也是预防学生问题行为产生的有效手段之一。学校心理与教育工作者们应从当前研究中搜集有价值的信息，在学校心理健康教育的实践当中自觉应用研究成果，对传统的学校心理健康教育进行必要的补充与改革，最终为实现学校心理健康教育目标服务。

第二节　音乐教育与大学生心理健康

教育部部长陈宝生强调，以新的方式推进立德树人工作，培养德、智、体、美、劳全面发展的社会主义建设者和接班人。积极尝试在音乐教育方面帮助大学生提升心理品质是贯彻落实习近平总书记会议精神的具体体现。这就需要从大学生心理健康现状入手，分析音乐教育对心理健康成长的促进作用，在音乐欣赏教学中采用以活动为主、开展合唱训练、鼓励和引导等手段帮助学生心理健康发展。

音乐教育属于美育的一部分，它能提高学生心理素质、培养审美情趣，达到修身养性、净化心灵的目的，是开展学校德育教育，培养大学生立德树人的重要途径。大学生是中国特色社会主义的接班人，随着现在物质水平的逐步提高，他们更需要心灵上的关爱和帮助，心理健康关系着他们一生的发展。教育部部长陈宝生在 2019 年全国教育工作会议上强调，要“重点针对长期以来疏于德、弱于体和美、缺于劳的问题，换脑筋、换思路、换办法，改环境、改途径、改习惯，让立德树人回归社会、回归家庭、回归生活，以新的方式推进立德树人工作，培养德、智、体、美、劳全面发展的社会主义建设者和接班人”。因此，通过音乐教育去促进、帮助大学生心理健康成长，制定切实可行的音乐欣赏教学模式具有重要意义。

一、大学生心理健康现状及原因分析

大学生时期主要指青年初期，大约十七、十八岁至二十五岁，也就是学龄中晚期。这个时期是由不成熟的童年期走向成熟的人生道路的转折时期，是人生极为重要的关键时期。在这一时期，大学生的生理、心理、知识、智力等各个方面都有巨大发展，他们不仅学习各科知识，发展智力，而且寻求友谊，探索人生的意义，树立理想，初步形成世界观和人生观。但同时，他们也面临着许多成长中的困扰和问题。

（一）大学生面临的心理健康问题

学习方面，大学生正处在学龄期，面对学习上的竞争压力，有的学生容易紧张，对自我要求较高，常在考试前或考试中产生焦虑情绪，严重的甚至表现为焦虑泛化，出现食欲不振、失眠、呼吸困难等生理问题。有的学生面对学习压力，在屡次遭到失败后产生厌学的情绪，遇到学习上的问题和困难采取逃避的态度，在学校被老师批评，在家受到父母的指责，对于学习越来越排斥。

人际关系方面，现在的大学生个性突出，以自我为中心，在生活中父母对其百依百顺，面对集体生活时很少能主动关心他人，宽容他人。因此，若与老师、同学意见

不合或发生摩擦、矛盾等，他们往往缺乏沟通和交流，甚至变得孤僻、独来独往。还有的学生因缺乏与父母之间的沟通，常处在不和睦的家庭关系中，性格专横、固执，再加上有的学生属于单亲家庭，会感到自卑或得不到关爱。

大学生进入青春期后，由童年期逐渐向成人期过渡，在这一段特殊时期，他们的生理、心理都发生着巨大的变化，但他们的认知还处在天真、理想化的状态，因此往往容易出现自卑、逆反等心理。一方面他们迫切地希望自己独立，具有成人感，另一方面他们在学习、生活、经济上都需要依赖父母和老师，当父母或老师不能认同他们的观念或过度干涉时，他们就会产生强烈的反感，有的甚至走向另一个极端，完全拒绝家长和老师的帮助，这就形成了所谓的“叛逆期”。

（二）大学生心理健康问题的原因

随着现代信息化的不断发展，大学生可以接触到不同国家、文化、宗教信仰等各方面的思想，由于他们的身心还尚未成熟，许多负面、不良的社会风气和思想会侵害他们的身心健康。有的网络游戏渲染暴力、色情，还有许多垃圾影音制品充斥文化市场，导致大学生的世界观、人生观、价值观产生问题和偏差，也势必会诱发许多社会问题。

习近平总书记在第一届全国文明家庭表彰大会中强调：家庭是人生的第一个课堂，父母是孩子的第一任老师。家庭教育对孩子的心灵成长有着潜移默化的深远影响。有的父母对孩子属于“溺爱型”，特别是隔代抚养的家庭，对孩子提出的各种物质要求有求必应，却疏忽了思想上的引导；有的父母属于“专制型”，对于孩子方方面面都加以严格控制，很少倾听孩子的心声，导致孩子出现叛逆或自卑；有的父母属于“放任型”，孩子只管养、不管教，对孩子在学校的表现不闻不问，导致孩子学习习惯差，组织纪律性差，对任何事都采取无所谓的态度。

学校教育和管理水平的参差不齐也影响着学生的健康成长。在我国长期以来的应试教育体制下，学校追求升学率，看重学生的考试成绩，老师也要忙于如何帮助学生提高成绩，因此学生的心理健康教育、素质教育被排在了次要的位置。但学生在成长中除了需要学习知识武装头脑，更需要在思想上获得引导，帮助他们树立正确的是非观，使他们将来成为社会的有用之才。

大学生之所以会产生各种心理健康问题，还有一个因素就是他们自身。进入初中后，也是学生“心理危险期”的开始，他们在生理和心理上都逐渐发生变化，迫切地需要别人把他们当作成人看待，希望得到更多的独立的活动空间以及认可，但又缺乏生活经验，不能正确看待自己的问题。若在这一阶段家长、老师能充分认识到孩子的问题，及时处理，就能帮助他们顺利渡过这个阶段；反之，这种心理问题可能会延续到高中阶段甚至更久。

大学生时期是每个人心理发展的重要阶段，出现心理健康问题是很常见的现象，想要走进学生的内心，引导学生的思想，音乐教育有着比其他学科更独特的优势。

二、音乐教育对大学生心理健康发展的促进作用

音乐是心灵的迸发，它来自于人们的内心，又对人的心灵产生反作用。柏拉图曾说：“音乐教育除了非常注重道德和社会目的外，必须把美的东西作为自己的目的来探求，把人教育成美和善的。”因此，将音乐教育用于帮助促进大学生心理健康发展是尤为重要的。

（一）帮助自我认识与接纳

认识自我，是我们认识整个世界的起点；接纳自我，是我们与外部世界和谐相处的基础。大学生时期正是自我意识发展的重要时期，尤其是进入青春期以后，他们忽然意识到了“我”的存在，开始学习独立思考问题。在这个过程中，针对自己大量的反思难免给他们带来“迷失”的感觉。聆听、感受音乐不仅能帮助他们内在思考和领悟，还能通过音乐与外部环境建立联系，在接触音乐的过程中回顾自己的童年，了解自己的喜好与个性，从而建立良好的自尊、自信，帮助他们认识自己，以积极乐观的心态接纳自我。

（二）调节情绪

心理健康的重要表现之一就是对情绪的良好感知和控制，这既包括自己的情绪管理，也包括对他人情绪的感知。大学生由于生理和心理的快速转型，对外部环境容易过于敏感，情绪反应往往十分激烈，表现出冲动、易怒、暴躁、叛逆的特点。音乐是情感的艺术，欣赏音乐能帮助大学生提高情绪的感知力，还能有效缓解不良情绪带来的心理压力，让情绪有所排解。贝多芬说过：“谁能渗透我的音乐，便能超脱寻常人无法自拔的困难。”可见在学习音乐的过程中，学会感知苦痛、感知他人的情绪体验，也能帮助自己形成坚韧、坚强的心理品质。

（三）树立正确的人生观、价值观

有的大学生虽然没有表现出明显的心理问题，但每天昏昏欲睡，得过且过，对于自己的未来缺乏目标，这种状态是一种心理“亚健康”。对自己未来的职业生涯进行合理的规划，是每个人人生的重大课题。合理的规划需要建立在正确的人生观和价值观基础上，而诸如《我和我的祖国》《黄河大合唱》《旗正飘飘》《毕业歌》等具有中华民族特色的经典音乐作品，不仅能让学生感知到音乐家那种不屈不挠的顽强精神，更能培养学生对青春、对生命、对祖国的热爱，帮助、促进学生树立有追求、有理想的人生目标，潜移默化地影响大学生价值观的形成。

三、在音乐欣赏教学中促进大学生心理健康发展的途径

（一）以活动为主，强调主观体验，帮助学生融入课堂

大学生正处于自我认识和自我管理的能力较弱的时期，想要对他们进行心理健康辅导，不能只讲道理、摆案例，这样的方式大多数学生都很难接受。传统的音乐欣赏课只停留在介绍和聆听，乐曲虽好，但缺乏互动参与。若在课堂上设计有趣味性的音乐体验活动，例如在播放一段音乐时，让学生用左右手相互配合，根据老师给出的口诀，学习配合音乐简单地打节奏。通过类似的团体训练活动帮助学生在轻松的氛围中进行主动的参与和体验，既能减少学生对于“课堂说教”的抵触情绪，也降低了学生在学习过程中的紧张感、压力感，使他们可以更自然地展现自己的特长与优势，体会在课堂活动过程中带来的体验和认识。

（二）开展合唱训练，创设学生互动学习，加强信任合作

处在同一年龄阶段的大学生遇到的问题和困惑往往十分相似，而预防大学生出现心理健康问题的重要手段之一是同伴的关心和帮助。相比老师与学生、家长与学生，同龄学生之间更容易进行心灵的沟通，他们也更渴望得到身边同学的接纳与信任。现如今合唱艺术已经与流行音乐、新音乐打成一片，成为年轻人喜爱的音乐类型。音乐欣赏课中正好可以给学生开展合唱训练的机会，一方面让学生接触、了解不同类型的音乐作品，开阔眼界，提升欣赏水平；另一方面通过集体合唱训练能增强同学之间的集体荣誉感和归属感。在学习合唱的过程中既需要同学之间相互交流、相互帮助，也需要他们相互配合、相互信任。因此，开展合唱训练能较好地促进学生之间形成良好、积极、健康的心理状态。

（三）丰富教学内容，鼓励学生主动展示

促进大学生心理健康发展包括方方面面，其中除了发展自我意识、情绪调控、人际交往等，还包括学习潜能的开发。科学研究表明，人的大脑两半球有一定的分工，左半球执行着言语和抽象思维的功能，称为优势半球；而右半球的功能与空间位置、形状、音乐及情感等方面的信息有关，在生活中也具有重要意义。音乐虽不能表达明确的思想，但它对称的结构、起伏的旋律、张弛的节奏都能对人的感官产生直接的刺激，让大脑及神经系统放松或兴奋，帮助想象力的开发。课堂上可以通过用色彩与音乐、音乐的情绪、音乐冥想等方式充分调动学生的视觉、听觉、触觉、嗅觉，鼓励学生在小组和班级里分享自己的体验与感受。在学习的过程中，学生从被动听，到主动展示，不仅能提高他们的学习效率和记忆力，还能锻炼他们的心理素质，提升其心理健康水平。

（四）适时引导，为学生的成长保驾护航

课堂活动就是善意的“圈套”，它把学生引入其中，让他们不知不觉地获得成长。学习的过程绝不是一帆风顺的，学生可能会遇到各种各样的问题，有的学生对于音乐及艺术感兴趣，但认识较浅，了解范围仅限于流行音乐或街舞；有的学生一开始就认为自己五音不全，对于音乐学习有自卑和抗拒的心理，这时老师需要及时了解学生的心理状态，根据不同学生的情况给予适当的引导。因此教师必须掌握教育学、心理学以及专业知识，根据大学生身心发展规律有的放矢地开展教学活动，关注学生的成长动态，在教学时耐心地辅导学生，帮助他们克服心理障碍，助力他们健康成长。

音乐教育对大学生的心理健康起着重要作用，也是提高素质教育不可或缺的重要内容。聆听音乐、感受音乐、分析音乐、记忆音乐、评价与鉴赏音乐不仅是在激发学生学习兴趣，开阔学生视野胸襟，更是在丰富学生的精神世界，开发学生潜能，提升学生的心理素质。只要坚持科学的教育思想，遵循学生心理发展规律，采取正确的教学手段，将音乐教育与心理健康教育有机结合起来，就能有针对性地促进学生心理健康发展，为促进大学生心理健康贡献一份力量。

第三节　大学生活动中心实施心理健康教育

大学生是国家的未来。俗话说：“少年强，则国强。”所以，在大学生的成长阶段，成绩的优异与否已经不是大学生成长时期的主流了。学校及家长关注的重点，是大学生的心理健康与否。而且，近年来出现的很多案例也说明了对大学生心理健康教育的重要性。基于此，本节就对大学生活动中心实施心理健康教育做简单的分析和阐述。

高校在对大学生的教育期间，除了要保证大学生的学习成绩，还要重视对大学生的心理健康的建设，多组织学生进行一些大学生的心理健康活动，这样才能保证学生的全面发展。

一、事例说明对学生心理健康教育的重要性

在现实生活中，很多案件的主人公都是大学生，有未成年的学生，也有上大学的学生。在看到这些令人痛心的新闻时，人们的第一反应就是，“上学的时候，学生都学了什么？怎么考了这么好的大学，成绩这么优异，还能干出这种事情呢？”所以，这也就证明了，大部分的家长都会认为，只要学生的学习成绩优异，那么其他方面也一定很优异。

实则不然，放眼整个社会中，有很多优秀的人，成绩优异，事业有成。但是，这

些人还是会做出违法犯罪的事情，这证明他们的心理是不健康的。举例说明：2016 年最火的“江歌案件”。凶手“陈世峰”身为日本留学生，成绩也很优秀，而且他所学的专业还是汉语专业，这证明他的文化底蕴还是很深厚的。但是，为什么他会做出这种伤天害理的事情呢？通过调查他身边的人，大家对他的评价是：虽然长得一表人才，看起来也很温柔，也很会与人相处，但是一涉及自身的利益关系，他就会变得很凶。调查他的前女友，前女友也表示，两个人发生争吵时，陈世峰会动手打人，而且是属于报复行为。

这就完全说明了，陈世峰的心理是有点扭曲的。在他的认知里，他不允许别人伤害自己，但是自己可以伤害别人。所以一个人的心理健康与否，与成绩和外貌无关。

这些类似的案例引起了我们对学生心理健康的重视，在学生未成年之前，应做好对其心理健康的建设，从而保证学生的未来能有一个更好的发展。因此，在对大学生的教学过程中，一定要高度重视对学生心理健康的教育，校方以及家长应该多带领学生去一些大学生活动中心，让学生感受到学习心理健康教育的重要性。

二、对学生心理健康教育的具体措施

其实在教育部门提出对学生心理健康教育的时候，我们学校就已经积极地响应了教育部门的号召。而且，为了保证对学生心理健康教育的实施，我们学校分别在 2017 年和 2018 年组织了很多的比赛和活动。

在 2017 年，为了丰富学生的课余生活以及拉近老师和学生、家长和孩子之间的距离，我们举办了风筝大赛和益智器具比赛，并且邀请了所在社区的党员带领学生进行了入党誓词以及重温红色教育的活动。其目的就是让学生牢记革命前辈为我们现在美好生活的付出，在学生的心里打下坚实的爱国基础。

在 2018 年，我们学校还接待了工农分局禁毒大队的参观，对学生进行禁毒教育，为学生普及毒品的危害以及让学生学习到各种可以保护自己的技能和方法。学生是祖国的花朵，是我们的未来，我们不能保护他们一辈子，但是可以教他们保护自己的方式。

而且，学生在老师的心里，除了是学生的身份，更像自己的孩子，与我们朝夕相处。因此，教育学生就像教育自己的孩子一样，用心且尽力，传授他们知识的同时，还要关注他们的心理变化和心理健康，为他们的未来发展提供保障。

三、大学生活动中心存在的意义

从当今的社会发展来看，教育从质量教育变成了素质教育，而社会也慢慢地变成了素质社会。因此，除了在学校对学生进行心理健康教育，设立相应的活动机构也是必要的。而且，随着时代的发展，越来越多的问题会慢慢浮现，应对学生做好心理问题的预防，从而杜绝或减少危险事情的发生。

大学生活动中心的设立，就是为了给学生提供一个活动和学习的区域。而且，在大学生活动中心，学生可以接触和学习到课本之外的知识和内容，更能够全面地对学生进行心理辅导。更重要的是，在大学生活动中心，学生可以在社区参加各种积极向上的活动，这是学校方面做不到的。而大学生活动中心建设的意义就是为大学生打造属于他们自己的天地。学生可以在这里释放自己，学习新的知识和内容，与此同时还能培养自己的优良习惯和生活能力。

大学生活动中心的创立，能更好地了解学生的内心，向学生普及更多适合他们的学习方式或者心理知识。这都是为了帮助学生在未来的生活中，能够积极正确且健康地生活和成长。

总而言之，在大学生的成长阶段，不应该过多地重视学生的学习成绩。学生的优异与否，不仅仅指学习成绩，还包括道德素质和心理健康等方面。所以，在教育的过程中，一定要重视学生的各个方面，而心理健康问题，更值得老师和家长的关注。并且在教育的过程中，一定要结合社会各个方面的资源和能力，从而为国家培养出心理健康、综合素质优良的社会主义人才。

第四节　案例法介入大学生心理健康教育

为更好地提高大学生心理健康教育实效，本节通过理论阐释与案例分析相结合，分析了案例法的内涵和特点，重点分析了在大学生心理健康教育中的应用策略，切实丰富学生的心理健康知识，提高学生对有关心理健康问题的认识，增强他们的自我调适能力，促进学生形成良好的心理品质，塑造健全的人格，操作性强，效果好。

自 20 世纪 80 年代中期始，我国中小学相继开展心理健康教育，将心理健康教育纳入工作计划之中，并启动心理健康教育的理论与实践研究。随着我国心理健康教育改革逐步深入，陆续提出了情景教学法、角色扮演法、体验教学法、案例分析法等一系列心理健康教育方法。本节结合笔者多年的教学实践，重点探讨案例分析法在大学生心理健康教育中的介入应用，以期更好地提高大学生的心理健康教育效果。

一、案例法的内涵阐释

19 世纪 80 年代，哈佛大学首先提出了案例法，后被哈佛商学院用于更好地培养高级经理人才，提高商业精英的管理能力；又被许多公司借鉴过来，更好地提高员工的综合素质。今天，案例分析法已经成为各个企业对员工进行培训教育以及各类医疗卫生、教育教学研究活动中非常重要的教育培训方法。案例法最为突出的特点是结合学生实际，把抽象的教育理论、教育知识、教育技巧和现实案例有机结合起来，是学生分析和讨论最为重要的依据，也是帮助学生更好地提高理论认识水平、增强实践应用能力的重要纽带。

从心理学的角度来看，案例又被称作个案，是社会生活中的一些个别现象或者事件，案例是对具体情境的真实客观描述。首先，案例应具有真实性，必须来源于学生的生活实际，是学生生活中确实发生，并且学生比较认可的一些事实，这些事实可能是某些学生的真实经历，或者是其他学生能够在生活中真切感受到的事件。其次，案例要具有突出的典型性，虽然是某个学生或者某一事件，但是代表着生活中的一类现象或者问题，这个问题在学生生活中经常见到，在学生身上经常发生，可能是每一个学生在生活中都会出现的问题。最后，案例还必须具有启发性，能够让学生从具体的案例分析中认识到相关的问题，透过事件现象来更好地反映背后本质性、规律性的东西;让学生能够得到更多的启发，认识现象背后的本质特征，帮助学生更好地开拓思路，进而促进学生更好地学习相关理论和知识，真正让学生从思想上认识、从行为上改变，教给学生具体的思考问题、解决问题的方法。

二、大学生心理健康案例法介入的基本特征

案例法介入是对大学生进行心理健康教育非常有效的方法，能有效提高学生的心理健康水平，培养学生良好的人格修养，促进学生性格全面发展。案例法在心理健康教育中具有明确的目的性、突出的问题性、深刻的启发性、师生的互动性和较强的综合性。而案例法介入在大学生心理健康教育中具有以下几个方面的明显特征。

（1）问题突出。运用案例法对大学生进行心理健康教育，要给学生展现一个个非常鲜活的案例，每个案例都有特定的个人经历，而且是很常见的一些心理健康问题和行为问题，这些问题都具有非常突出的特点，所表现出的行为都具有明显的异常特点。引导学生进行心理健康学习就是从学生的学习和生活实际出发，让学生通过分析具体案例中所表现出来的非常明显的问题，通过分析探究找到各种问题的根源，分析这些异常行为背后的心理问题，让学生掌握相关的心理健康知识，帮助学生更好地进行自我心理调适，提高学生的分析和自我调节能力。

（2）目的明确。案例法是一种非常有效的心理健康教育方法，教师为了更好地提高心理健康教育的效果，实现预定的教学目标，要对案例进行深入分析、精心选择，在编排和组织教学活动中，尤其是在具体实施过程中，围绕着学生所存在的心理健康问题，结合教学目标，通过具体的教学任务引导学生对相关的案例认真阅读、讨论思考、领悟总结。所选的案例应具有典型性，能够针对学生的生活实际，结合学生的心理健

康发展阶段特点和突出问题，对学生进行有针对性的分析指导，以达到预期的教学目标。

（3）启发深刻。案例法在大学生心理健康的介入教育，具有比较明显的启发性。每一个案例都要在教师的引导下给学生以更好的启发，引导学生独立思考、深度分析，然后小组讨论。让学生在小组讨论过程中相互启发、相互促进，实现思维方式的灵活转变、思维方法和观点的碰撞，让学生获得更多的知识，不断拓展学生的思路，丰富学生分析和解决问题的方法和技巧，增强学生对相关知识的认识程度和领悟能力，从而不断提高学生对各种心理偏差的认知和分析能力。

（4）互动性强。案例法不仅要对学生进行分析阐述，更为重要的是教师和学生能够很好地结合案例进行有效的互动，让学生去更好地分析知识、发现问题。通过师生之间、学生之间的对话交流，让学生能够得到更多的启发，获得更多的共鸣，从而实现教学的共振，让学生在多元互动的学习氛围中获得更多的心理健康知识，促进学生更好地针对问题进行思考，不断提高自我调节能力。

三、大学生心理健康教育案例法介入的步骤与要求

教师精心选择案例，确保学生真切体验。选择案例是对学生进行心理健康教育的前提，教师要针对学生的实际，围绕教学目标，整理更多的教学案例，从中选择最适合学生发展和能力提升的典型案例。比如，针对学生入校以后所表现出来的意志消沉、理想陨落、精神颓废等现象，给学生进行相关的心理健康教育，引导学生更好地守护心灵，重新燃起学习的热情、拼搏的斗志。

案例：小刘是一个让家长引以为豪、亲戚羡慕不已、同学小有嫉妒的好学生，有理想、有抱负、爱学习、有追求，希望依靠自己的努力拼搏考入理想的象牙塔，圆自己的大学梦。因此，为了能够问鼎名校，他刻苦学习、废寝忘食，放弃了很多爱好，利用一切能够利用的时间学习，但还是感到自己比不上那几个优秀的学生，无论怎么努力，总是有一定的差距，无法实现超越。于是，他开始怀疑自己，产生了自卑、嫉妒心理，甚至有了放弃理想的念头，心理上渐渐心灰意冷，行为上开始放纵自己，偷偷抽烟、喝酒。

这些心理、行为在学生中经常会出现，也是很多学生在遭遇挫折时所采取的一些行为方式。这个案例就具有典型性、普遍性、真实性、代表性，很容易让学生获得思想上的认同，并且能够激发学生的学习兴趣，让学生能够针对各种问题去思考、去自我认知，提高学生的心理健康品质。

精心组织分析讨论，做好师生有效互动。对典型案例进行分析讨论是实施案例法心理教育的核心环节，做好这个环节应该设计好相关的问题。要为学生提供较好的话

题，结合学生已有的知识，围绕学生的心理特点，针对要实现的教学目标，提出与学生心理和教学目标密切相关的并且富有启发性的问题，让学生合作交流讨论，并且能够和学生一起参与讨论，做好师生之间的互动。比如，为了让学生能够更好地了解人的情绪表现形式、学会自控，笔者通过多媒体播放动画，给学生介绍一个案例供学生感知分析。

案例：在体育课篮球训练中，小文与小夕发生了肢体碰撞，小夕很生气地指责小文动作不规范、篮球技术差，让他立即下队。小文感到很难堪，一生气就跑了，跑了一段距离后原路返回，对着小夕歇斯底里地大吼："你真没有修养、缺乏教养……" 并动起手来，经过其他同学竭力劝阻才平息下来。发泄了自己的愤怒之后，看到小夕生气的模样，小文有些许的痛快。这些现象司空见惯，很多都发生在学生自己身上。接下来给学生提出问题：小文此时表现出来的是一种什么样的情绪？这样的心理和行为表现具有哪些特点？根据你的理解，你认为小文这样的表现合适吗？接下来就可以组织学生进行讨论。

这样，通过具体的案例给学生提出一定的问题，并针对问题组织学生进行合作交流，让学生能够站在不同的立场，从不同的角度进行分析，探讨事件背后的原因以及解决的措施，找出问题的根源。教师要鼓励他们根据自己的理解大胆思考、积极发言，并认真倾听学生所提出的各种问题和观点，尊重学生的观点和见解，针对学生所出现的问题或者偏离讨论主题的现象应该提出有针对性的引导策略，引导学生对问题进行深入的思考和讨论。

做好师生角色定位，认真做好总结评价。实施案例法教学，教师不能简单地灌输知识，还要给学生提供鲜活生动的案例，组织学生分析研讨，做好激励指引。学生不再是被动地接受教师的机械说教，而是成为积极参与互动研究的主体，结合自身实际认真研究，在实践中加深认识，以实际行动践行相关理论。教师引导学生分析讨论以后，应该给学生留出更多的时间和空间，让学生对问题进行深入的思考、探究和总结，形成自己的结论性认识。最后，教师要对学生进行总结性评价。

例如，教师在组织学生讨论小文的行为、心理以及应对策略之后，需要针对学生自由发表阶段所出现的各种观点和认识，进行针对性评价，允许学生提出不同的观点和认识。一方面能够很好地反映出学生的问题，实际上也是学生的心理表现，同时对相关现象进行深入的剖析和点评，对学生正确的认识加以肯定，对学生不同的思维方式加以赞扬。另一方面对学生所出现的问题以及不正确的现象或者认识应该加以纠正，并提出一定的见解，最后还要归纳总结、补充有关的知识，再对学生进行方法和技能辅导，提高学生的心理健康质量，让学生能够在教师的总结和评价中受益更多。另外，对案例的点评应该做到因势利导、层次清晰、合乎情理。

注重课堂有效延伸，确保学生能迁移提升。心理健康教育要能够通过具体的案例，帮助学生更好地掌握相关的心理健康知识，提高学生的心理健康分析能力，加强学生自身心理健康意识的培养，帮助学生更好地认识自己，善于分析自己的心理和他人的行为，掌握各种心理自我调适的技巧和方法，从而引导学生进行心理健康的自我调适，提升心理健康水平。因此，要想真正地提高学生的心理健康水平，必须在案例教学的过程中做好有效的拓展延伸，让学生将有关案例中学到的知识、分析方法应用到自己的生活和学习实践中去。

例如，体育课上发生一些肢体接触和碰撞是很正常的事情，每一个学生在体育课上都会遇到这种情况，现在设想事情就发生在你们身上，你们应该用怎样的措施来应对？在我们身边也发生过类似的事情，他们是怎样处理的？如果你在旁边，你会用怎样的方式来帮助他们解决这样的问题？这样能够很好地把学生所学的有关知识进行有效的拓展和延伸，从而把知识和技能与社会生活实践有机统一起来，不断提高学生的分析和解决问题的能力。

明确教法实施原则，凸显教法教育作用。

（1）保护个人隐私。案例教学法的实施要遵循一定的原则，首先要保护好当事人的个人隐私。运用案例法开展心理健康教育，所选的各个典型案例都是真实案例，为了更具说服力，选择的很多案例就发生在学生身边，当事人有可能就是学生的同学，甚至就是在座的学生，很多情况会关系到学生的个人隐私，影响到学生的同学关系、心情等。因此，一定要保护好当事人的个人隐私，必要时还要争取当事人的理解和支持。

（2）设计情理相融。心理健康教育是一门科学，需要理性引导，同时又是情感因素非常重的学问，要想更好地得到学生的认可，需要给学生真实的情感体验。为此，在设计相关教学案例时要考虑情感因素的融入，给学生一个较好的情感体验，增强教学效果。

（3）选择兼顾正反面。很多心理健康教育都是针对学生心理健康上存在的不良问题，反面案例居多，能够引导学生更好地结合具体问题进行分析和改进。事实上，适当穿插一些正面案例更有启发作用，为此，一定要结合学生的实际问题，案例选择兼顾正反性质。

在教学过程中，教师要根据学生的年龄阶段认真研究其心理特点，针对每一个学生的心理特点和行为表现采取有针对性的教学，切实丰富学生的心理健康知识，提高学生对有关心理健康问题的认识能力，增强他们的自我调适能力，促进学生形成良好的心理品质，塑造健全的人格。

第五节 大学生心理健康教育政策的经济环境

大学生心理健康教育政策受不同经济发展水平的影响，对其经济环境进行研究十分必要。大学生心理健康教育政策环境主要是指影响大学生心理健康教育政策实施的物质设施设备生产、分配、交换和消费的情况，以及资源、师资、专家、生产力发展水平、人们心理健康需求水平等内容。研究者提出了建立心理健康教育成本分担机制、专项经费机制和监管机制的建议。

历史唯物主义告诉我们，社会的经济基础决定上层建筑，上层建筑反作用于经济基础。任何一项教育政策的实施都需要经济保障，需要经济发展提供物质基础，否则就无法取得预期成效。作为教育政策的组成部分，大学生心理健康教育政策也是这样的，也需要经济发展所带来的足够的物质基础和保障。

我国心理健康教育事业可以借用艾宾浩斯对心理学发展史的论断来形容——“心理学有着长久的过去，但是却只有很短的一段历史”，我国心理健康教育事业有着一个漫长的过去，但大学生心理健康教育政策却只有很短的一段历史。教育部于 1999 年 8 月 13 日颁布了《关于加强中小学心理健康教育的若干意见》，被认定为我国大学生心理健康教育工作的一个里程碑。随后国家在《国务院关于基础教育改革与发展的决定》《中共中央办公厅、国务院办公厅关于适应新形势进一步加强和改进中小学德育工作的意见》《中共中央 国务院关于进一步加强和改进未成年人思想道德建设的若干意见》《国家中长期教育改革和发展规划纲要（2010—2020 年）》等多个文件中都对加强心理健康教育有相当篇幅的说明和强调。《中小学心理健康教育指导纲要》及其升级版《中小学心理健康教育指导纲要（2012 年修订）》更是当前指导与规范心理健康教育发展的“好声音”。期间，《教育部关于地震灾区中小学开展心理辅导与心理健康教育的通知》《教育部办公厅关于公布首批全国中小学心理健康教育示范区名单的通知》《教育部办公厅关于实施中小学心理健康教育特色学校争创计划的通知》等专业政策的出台，为完善学校心理健康教育政策系统发挥了各自的作用，更为开展心理健康教育提供了标杆和榜样。

这些政策的实施、执行都离不开足额的经费、充分的物质保障（无论这些经费、物质基础是隐性的投入还是显性的保障），否则就会寸步难行。一项好的心理健康教育政策并不在于它设想得有多么美好，也不在于制定者提出的预期目标有多么高，而是取决于这一政策的实施成本，社会、政府、学校等政策实施主体是否可以承担。显而易见，对大学生心理健康教育政策的实施、执行，一旦超过经济发展水平的预算、投入，就无法达到预期目标，甚至会阻碍教育改革与发展。这就需要对心理健康教育政策所生存的经济环境进行必要分析。

一、大学生心理健康教育政策的经济环境

所谓经济环境，是指对政策系统有重要影响的各种经济要素的总和，主要由社会生产力和社会关系的发展状况构成，包括生产力的结构、性质（科技发展、国民收入、资源分配等）和生产资料的所有制形式（个人所有、集体所有、国家所有等）。经济环境是人类社会生活中最基本的环境。政策系统不可能超越经济环境所提供的条件和要求。只有正确地认识经济环境，才能有效制定和执行公共政策。教育政策运行的经济环境是指一定社会中影响教育政策运行的物质资料生产、分配、交换和消费的情况，以及资源、人口、生产力发展水平、人们生活水平等内容。参考这一定义，研究者试着对大学生心理健康教育政策的经济环境进行定义。笔者以为，大学生心理健康教育政策的经济环境主要是指影响大学生心理健康教育政策实施的物质设施设备生产、分配、交换和消费的情况，以及资源、师资、专家、生产力发展水平、人们心理健康需求水平等内容。它主要包括了影响心理健康教育政策实施的经济发展水平与经费投入情况等。

党的十九大报告指出，十八大以来的五年，我国经济建设取得重大成就。发展理念、发展观念、发展方式、发展质量和发展效益都在不断提升。经济保持中高速增长，在世界主要国家中名列前茅。可以说，大学生心理健康教育政策实施、执行所处的经济发展水平是十分优越的。各级地方政府也非常重视，培育名师、设咨询室、开展活动，个体咨询与团体咨询结合开展，政府、社会与校园相向而行。教育部印发《中小学心理辅导室建设指南》就是重视心理健康教育的突出表现，为心理健康教育政策的执行提出了明确的物质要求。

二、需求经费投入：基于心理健康教育专业政策文本的分析

自 1999 年至 2015 年，主要有七个心理健康教育专业政策文本。就中小学生来说，开展心理健康教育、实施心理健康教育政策需要经济保障，无论是开展心理健康专业师资培训、课程研发，还是心理咨询室建设，都与这些政策所处的经济环境无法分割、不能分离。这七个心理健康教育专业政策文本关于经费投入的内容分别如下。

1999 年 8 月 13 日，由教育部颁布的《关于加强中小学心理健康教育的若干意见》要求，各级教育行政部门和学校要积极为心理健康教育创造必要的条件，大中城市具备条件的中学要逐步建立和完善心理咨询室（或心理辅导室）。除了教师辅导参考用书，不要编印学生用教材，更不能要求学生统一购买教材。该文本要求大中城市具备条件的中学建立专业心理辅导部门，没有延伸到小学学段，没有从学生教材方面提出支持。

这与当时的经济发展水平有着直接关系。

2002 年 8 月，教育部颁布的《中小学心理健康教育指导纲要》要求，要创设符合心理健康教育所要求的物质环境、人际环境、心理环境。统筹安排中小学专职心理辅导教师专业技术职务评聘工作。根据学校实际可以聘请一定数量的兼职教师或心理咨询人员。大中城市具备条件的中小学校要逐步建立和完善心理咨询室（或心理辅导室），配备专职人员。严格遵循保密原则，谨慎使用心理测试量表或其他测试手段，不能强迫学生接受心理测试，禁止使用影响学生心理健康的仪器，如测谎仪、CT 脑电仪等。该文本明确提出创设物质环境的要求，设立心理咨询室的要求从初中延伸到了小学，并对心理健康教育从业教师提出了评聘支持。

2008 年 7 月 23 日，教育部下达《关于地震灾区中小学开展心理辅导与心理健康教育的通知》要求，灾区各级教育行政机构要有部门负责这项工作，并提供人财物的保障。这一文件是在“5・12”汶川特大地震发生下，为了让灾区中小学生更好地应对灾难带来的心理应激创伤，渡过心理志愿服务应急期后的中小学如期开学而出台的。其对“提供人财物的保障”的要求为地震灾区的学生特别是如期开学提供了必要支持。

2012 年 11 月 22 日，教育部下达的《关于推荐首批全国中小学心理健康教育示范区的通知》在“经费保障”上要求，行政区域内政府、教育行政部门有专款支持学校开展心理健康教育工作。行政区域内 90% 以上学校设置了心理健康教育辅导室等专门场所。该文本对中小学生心理健康教育的经费保障提出了要求，虽然没有提出资金额度、占比、出处，但这是教育行政部门第一次明确提出经费保障的要求。

2012 年 12 月 7 日，教育部出台的《中小学心理健康教育指导纲要（2012 年修订）》要求，加快制度建设、课程建设、心理辅导室建设和师资队伍建设。谨慎使用心理测试量表或其他测试手段，不能强迫学生接受心理测试，禁止使用可能损害学生心理健康的仪器，要防止心理健康教育医学化的倾向。大力开展心理健康教育教师培训。加强心理健康教育材料的管理。这个纲要是对 2002 年 8 月指导纲要时隔十年的修订，既是基于心理学、教育学等理论的不断发展，更是基于经济发展水平的变革。制度建设、课程建设、心理辅导室建设和师资队伍建设，以及心理测试量表、心理健康仪器研发，都离不开经济保障。这个文件把心理健康教育政策对经济基础、物质保障的要求渗透在了字里行间之中。

2014 年 3 月 14 日，教育部下达了《关于实施中小学心理健康教育特色学校争创计划的通知》要求，对争创心理健康教育特色学校的单位提出了“条件保障”要求，具体是：配齐配好老师；加强培养培训；保障教师待遇；加强阵地建设；加大经费投入。这五个条件均是指向经费、资金的，尤其是“加大经费投入”明确规定，设立心理健康教育专项经费，纳入学校年度经费预算，原则上每年学生人均心理健康教育经费不低于 10 元，保证心理健康教育工作的正常开展，这是首次对心理健康教育经费定标准。

2015年7月29日，教育部出台的《中小学心理辅导室建设指南》中对“经费投入”要求：学校应设立心理健康教育专项经费，纳入年度经费预算，保证心理辅导室工作正常开展。心理辅导室应免费为本校师生、家长提供心理辅导。这个文件的指导意义、实践意义、规范意义远远大于象征意义、号召意义，即便没有对经费标准提出要求，也对心理辅导室建设的“基本设置”提出了具体要求，从基层学校、基层教师的角度来说，这比表面上强调加大心理健康教育经费投入更具实效、更有应用价值。

对这七个专业政策文本进行梳理，发现我国政府在不断调整对大学生心理健康教育工作的经费措施，以确保经费投入。可以看出，我国大学生心理健康教育经费的来源主要是由财政投入为主，社会投入较少参与。另外，除了特色学校争创计划中明确了经费保底额度、生均标准，其他的文本大都是通过对教师培训、仪器配备等方面实现经费投入，即使在心理辅导室建设指南中，也仅仅是提出要设立专项经费，都未明确提出经费额度、经费标准。这样一来，心理健康教育经费除了在要创建心理健康教育特色学校中才有凸显外，其他都没有明确的政策刚性要求，可操作、可调控的空间比较大，不利于心理健康教育工作开展。

三、关于大学生心理健康教育经济环境的改进建议

第一，进一步明确大学生心理健康教育经费投入主体责任，建立合理的成本分担机制。综观各大学生心理健康教育专业政策文本，可以发现目前我国主要实行的是以政府财政为主体，学校、个人为辅的成本分担机制。但由于地区经济发展水平、经费投入主体重视程度、教师工资收入、素质教育政策执行力度等因素的不同，大学生心理健康教育政策的实施出现差别。建议根据地域的实际情况，制定富有弹性、科学合理的成本分担机制，鼓励各级各类社会单位、个人承担一定的心理健康教育成本。

第二，落实好大学生心理健康教育专项经费制度。建议在年度教育经费预算中，单独列出心理健康教育专项经费，遵循先有预算、后有支出的原则，严格执行预算，并确保专款专用、不得挪作他用。同时，对心理健康教育专项经费预算进行全过程动态监控，逐步建立健全预算绩效管理体系，增强心理健康教育经费预算执行的严肃性，提高心理健康教育经费预算执行的准确率。

第三，建立相应的监督机制，确保心理健康教育经费的每一分钱都真正用到位。成立心理健康教育专项资金的监管机构，监督相关部门严格按照相关文件规定的比例与标准进行拨款。同时，协调审计部门或组织会计师事务所等第三方机构，对心理健康教育使用情况进行审计、监管，确保真正把心理健康教育经费的每一分钱都用在学生身心健康成长的刀刃上，切实提升心理健康教育质量。

参考文献

[1] 俞国良 . 大学生心理健康 [M]. 北京：北京师范大学出版社，2018.

[2] 李国毅 . 大学生心理健康教育 [M]. 北京：国家行政学院出版社，2019.

[3] 胡盛华 . 现代大学生心理健康教程 [M]. 长春：吉林大学出版社，2014.

[4] 李梅，黄丽 . 大学生心理健康十二讲 [M]. 北京：北京师范大学出版社，2012.

[5] 邓志军 . 大学生心理健康教育 [M]. 北京：北京理工大学出版社，2010.

[6] 黄希庭 . 大学生心理健康教育 [M]. 上海：华东师范大学出版社，2004.

[7] 叶星，毛淑芳 . 大学生心理健康指导 [M]. 北京：高等教育出版社，2017.

[8] 陈娟，龚燕 . 大学生心理健康：体验与训练 [M]. 重庆：重庆大学出版社，2017.

[9] 瞿珍 . 大学生心理健康 [M]. 上海：华东理工大学出版社，2018.

[10] 马斯洛 . 马斯洛人本哲学 [M]. 成明，译 . 北京：九州出版社，2003.

[11] 阳志平 . 积极心理学团体活动课操作指南 [M]. 北京：机械工业出版社，2010.

[12] 冉龙彪 . 大学生心理健康 [M]. 北京：人民出版社，2019.

[13] 肖红 . 高职大学生求职择业的心理困扰及其调适 [J]. 高教高职研究 .2007(11)：176-177.

[14] 马晓慧，岑瑞庆，余媚 . 大学生网恋的心理成因及干预措施 [J]. 校园心理，2011(6)：414-415.

[15] 尹怀玉 . 马斯洛需要层次理论对大学生心理健康工作的启示 [J]. 知识经济，2013(9)：164.

[16] 卓然 . 大学生职业生涯规划中的心理问题及对策分析 [J]. 德育与心理 .2016(29)：69-72.

[17] 陈京明 . 当代成人大学生自我实现路径探析 [J]. 中国成人教育，2016(14)：24-26.

[18] 李明 . 当代大学生自我意识发展的特点及其调控 [J]. 牡丹江教育学院学报，2015(11)：68-69.

[19] 胡凯 . 大学生网络心理健康的标准 [J]. 思想政治教育研究，2012(3)：133-135.

[20] 唐嵩潇 . 谈抑郁症的心理干预方法 [J]. 吉林化工学院学报，2017（12）：75-77.

[21] 吴玉伟 . 大学生健全人格的标准探索 [J]. 社会心理科学，2012（6）：9-12.

[22] 姚振 . 新时期大学生心理健康标准整合的探索性研究 [J]. 高教学刊，2017（5）：176-177.

[23] 文娟 . 高校大学生心理健康现状及对策研究 [J]. 智库时代，2020（5）：114-115.

[24] 何安明，惠秋平 . 大学生手机依赖与生活满意度的交叉滞后分析 [J]. 中国临床心理学杂志，2019（6）：1260-1263.

[25] 魏杰 . 新时期大学生心理健康标准整合的探索性研究 [D]. 南京：南京大学，2013.

[26] 王飞飞 . 大学生情绪管理能力与心理健康的关系研究 [D]. 重庆：西南大学，2006.

[27] 王玉娇 . 农村初中生人际关系对心理健康影响的实证研究 [D]. 银川：宁夏大学，2014.

[28] 祖静，封孟君，郝爽，等 . 手机依赖大学生抑制控制特点及与渴求感的关系 [J/OL]. 中国学校卫生，2020.

[29] 唐嵩潇 . 谈抑郁症的心理干预方法 [J]. 吉林化工学院学报，2017（12）：75-77.